全国高职高专规划教材·电子商务系列



# 电子商务物流应用实务

主　编　付淑文
副主编　王海芹　考立军
参　编　高明浩　张雪飞
王翠平　张　明
孔大力　鲍建峰
孙金龙

北京大学出版社
PEKING UNIVERSITY PRESS

## 内容简介

本书介绍了电子商务物流的基本理论知识，包括电子商务概述、电子商务与现代物流、电子商务物流模式、电子商务物流系统等。电子商务物流技术是电子商务与物流的结合，没有电子商务的信息化就没有物流的自动化。本书将电子商务物流信息技术分为电子商务物流硬技术和电子商务物流软技术。电子商务物流硬技术强调操作性，电子商务物流软技术则强调各种软件的实用性和适用性。这些是进行电子商务物流的物质基础和信息技术基础。本书实用性强，符合高职高专学校教学要求和特点，适合作为高职高专学校的教学与培训教材。

**图书在版编目(CIP)数据**

电子商务物流应用实务/付淑文主编. —北京：北京大学出版社，2013.1
(全国高职高专规划教材·电子商务系列)
ISBN 978-7-301-21854-9

Ⅰ.①电… Ⅱ.①付… Ⅲ.①电子商务—物流—高等职业教育—教材 Ⅳ.①F713.36 ②F252

中国版本图书馆CIP数据核字(2012)第308912号

书　　名：电子商务物流应用实务
著作责任者：付淑文　主编
策 划 编 辑：周　伟
责 任 编 辑：周　伟
标 准 书 号：ISBN 978-7-301-21854-9/TP·1268
出 版 发 行：北京大学出版社
地　　址：北京市海淀区成府路205号　100871
网　　址：http://www.pup.cn　　新浪官方微博：@北京大学出版社
电 子 信 箱：zyjy@pup.cn
电　　话：邮购部62752015　发行部62750672　编辑部62754934　出版部62754962
印 刷 者：山东省高唐印刷有限责任公司
经 销 者：新华书店
787毫米×1092毫米　16开本　15.25印张　376千字
2013年1月第1版　2013年1月第1次印刷
定　　价：32.00元

---

# 前　言

电子商务物流融物流理论、电子商务理论和现代管理方法于一体，与传统的物流相比，它具有信息化、自动化、网络化、智能化、柔性化、个性化和互动化的特点。这些特点决定了电子商务物流具有高效化、准时化以及低成本等优势，促使物流向社会化、系统化和专业化的方向发展。作为电子商务专业和物流专业的主干课程，本书突出了电子商务和物流的结合，在编写过程中尽量用“事实”说话，加强了案例分析过程和学生的实践操作能力的培养。

本书共分为以下四个部分。

第一部分为电子商务物流的基本理论知识，包括电子商务概述、电子商务与现代物流、电子商务物流模式和电子商务物流系统。这些内容是进行电子商务物流实际操作的理论基础。

第二部分为电子商务物流信息技术，没有电子商务的信息化就没有物流的自动化。本书将电子商务物流技术分为硬技术和软技术：硬技术强调操作性；软技术则强调各种软件的实用性和适用性。这些是进行电子商务物流的物质基础和信息技术基础。

第三部分为电子商务物流应用实务，主要讲解了电子商务企业的运营策略以及物流企业的电子商务化战略，其目的就是将两者结合起来，发挥电子商务物流的最大价值。另外，本部分还涉及电子商务网上购物、网上创业和网上开店。本部分将第一部分“电子商务物流的基本理论知识”和第二部分“电子商务物流信息技术”融合起来，突出电子商务物流的实用性和操作性。

第四部分为电子商务物流案例，所选案例比较注重实操性。基本上每一个案例都与本书相关章节相对应，学生学完一章后可以通过案例的练习题来复习所学知识。另外，这些案例也是理论知识的应用过程，加强了所学理论知识的实用性。

附录部分为本书的知识点总结，以方便学生在复习时查找相关知识点。

本书的特点是：

(1) 案例贯穿于理论之中，有助于学生对电子商务物流理论的理解，并指导其进行电子商务物流实践。

(2) 图表较多，增加了理论知识的直观性。

(3) 配备电子课件，方便教师授课和学生学习。

本书在编写过程中获得了如下老师的大力帮助与支持：日照职业技术学院的高明浩老师、张雪飞老师、王翠平老师、张明老师，山东水利职业学院的考立军老师、孔大力老师，淄博职业技术学院的鲍建峰老师，山东德州科技职业学院的王海芹老师，中德学院励志班的孙金龙老师，在此一并表示感谢。

另外，日照职业技术学院的2010级物流管理专业学生和2010级市场营销专业学生在本书的试教学过程中给予了全面配合并提出了宝贵意见，在此深表谢意。

本书由天津大学管理学院教授、博士生导师陈卫东老师审稿，衷心感谢陈老师的辛勤工作！

由于水平和时间的关系，书中难免存在错漏之处，在此恳请广大的读者批评指正并提出宝贵意见。

编　者

2012年5月

# 目　录

## 第一部分　电子商务物流的基本理论知识

# 第一部分 电子商务物流的基本理论知识

◎ 第一部分为电子商务物流的基本理论知识，共四章。

◎ 第1章为电子商务概述，讲述了电子商务的发展历史，电子商务的概念，电子商务的特点、功能、作用和特性，电子商务的分类，最后提出了电子商务存在的问题和解决策略。为了加强对电子商务基本理论的理解，讲述了“海尔的电子商务之路”的案例。

◎ 第2章为电子商务与现代物流，讲述了电子商务物流的含义、过程以及特点，现代物流对电子商务的影响以及电子商务对物流的影响。

◎ 第3章为电子商务物流模式。电子商务物流模式是以市场为导向，以满足顾客要求为宗旨，获取系统总效益最优化的适应现代社会经济发展的模式。电子商务物流模式的主要类型有自营物流、第三方物流、物流联盟、第四方物流和物流一体化。

◎ 第4章为电子商务物流系统，讲述了电子商务物流系统的含义、基础设施和特点，并对电子商务物流系统进行了设计和评价。

# 第1章 电子商务概述

**案例导读**

## 阿里巴巴和淘宝网①

登录阿里巴巴网站(www.alibaba.com),体验B2B电子商务。

登录淘宝网(www.taobao.com),体验B2C电子商务。

阿里巴巴是全球企业间(B2B)电子商务的著名品牌,是全球国际贸易领域内领先、最活跃的网上交易市场和商人社区,目前已经成功融合了B2B、C2C、搜索引擎和门户,帮助全球客户和合作伙伴取得成功。

良好的定位,稳固的结构,优秀的服务使阿里巴巴成为全球用户超过千万的电子商务网站之一,遍布220个国家和地区,每日向全球各地的企业及商家提供数百万条商业信息,成为全球商人网络推广的首选网站,曾被《远东经济评论》读者评为"最受欢迎的B2B网站"。

杰出的成绩使阿里巴巴受到各界人士的关注。WTO首任总干事萨瑟兰出任阿里巴巴顾问,美国商务部、日本经济产业省、欧洲中小企业联合会等政府和民间机构均向本地企业推荐阿里巴巴。

阿里巴巴两次入选哈佛大学商学院MBA案例,在美国学术界掀起研究热潮;连续五次被美国权威财经杂志《福布斯》选为全球最佳B2B站点之一;多次被相关机构评为全球最受欢迎的B2B网站、中国商务类优秀网站、中国百家优秀网站、中国最佳贸易网;被国内外媒体、硅谷和国外风险投资家誉为与雅虎、亚马逊、易趣、美国在线比肩的五大互联网商务流派代表之一。

2003年5月,阿里巴巴投资1亿人民币推出个人网上交易平台淘宝网,致力打造全球最大的个人交易网站,2004年7月又追加投资3.5亿人民币,2005年10月再次追加投资10亿人民币。

2003年10月,阿里巴巴创建独立的第三方支付平台——支付宝,正式进军电子支付领域。目前,支付宝已经和国内的工商银行、建设银行、农业银行和招商银行,国际的VISA国际组织等各大金融机构建立战略合作,成为全国最大的独立第三方电子支付平台。2005年8月,阿里巴巴和全球最大门户网站雅虎达成战略合作,阿里巴巴兼并雅虎在中国所有资产,阿里巴巴因此成为中国最大的互联网公司。目前,阿里巴巴旗下拥有如下业务:B2B(以阿里巴巴网站为主);C2C(淘宝、一拍);电子支付(支付宝);门户+搜索(雅虎)。

---

① 资料来源:根据阿里巴巴网站相关内容整理。

阿里巴巴的创始人、首席执行官马云被著名的“世界经济论坛”选为“未来领袖”，被美国亚洲商业协会选为“商业领袖”，是50年来第一位成为《福布斯》封面人物的中国企业家，并曾多次应邀为全球著名高等学府麻省理工学院、沃顿商学院、哈佛大学讲学。2002年5月，马云成为日本最大财经杂志《日经》的封面人物，《日经》杂志高度评价阿里巴巴在中日贸易领域里的贡献。

“倾听客户的声音，满足客户的需求”是阿里巴巴生存与发展的根基，调查显示：阿里巴巴的网上会员近五成是通过口碑相传得知阿里巴巴并使用阿里巴巴；通过阿里巴巴商务平台达成合作的会员占总会员比率近五成。世界精英的梦幻组合团队是阿里巴巴大厦的基石，完美坚固的团队组合，坚定不移的目标信念，使阿里巴巴每天都在实践着自己的使命：“让天下没有难做的生意！”

**理论与实务**

## 1.1　电子商务的发展历史

考察电子商务产生与发展的历史，从普遍的意义上讲，自从电话、电报、传真开始进入商业应用，电子商务活动就开始出现了。由于当时商务活动信息流的电子化水平太低，所以还不是真正意义的电子商务。现代意义的电子商务经历了两个阶段：基于EDI的电子商务阶段和基于Internet的电子商务阶段。

### 一、基于EDI的电子商务(20世纪60年代至90年代)

从应用的角度来看，人类利用电子通信的方式进行国际贸易活动已有几十年的历史了。早在20世纪60年代，人们就开始了用电报报文发送商务文件的工作。20世纪70年代人们又普遍采用方便、快捷的传真机来替代电报。但是由于传真文件是通过纸面打印来传递和管理信息的，不能将信息直接转入信息系统，因此人们开始采用EDI(Electronic Data Interchange，电子数据交换)作为企业间电子商务的应用技术，这也就是国际电子商务的雏形。EDI在20世纪60年代末期产生于美国。当时的贸易商在使用计算机处理各类商务文件的时候发现，由人工输入一台计算机的数据有70%来源于另一台计算机输出的文件，过多的人为因素影响了数据的准确性和工作效率的提高。人们开始尝试在贸易伙伴之间的计算机上使数据能够自动传输和交换，EDI应运而生。EDI是贸易伙伴根据事先达成的协议，对事务信息按照一定标准进行结构格式化处理，并把这些格式化的数据，通过计算机通信网络，在它们的电子计算机系统之间进行交换和自动处理。由于EDI应用大大提高了效率，减少了纸张票据，人们形象地将EDI称之为“无纸贸易”或者“无纸交易”。

### 二、基于Internet的电子商务(20世纪90年代至今)

由于EDI使得单证和文件处理的劳动强度、出错率和费用都大为降低，效率大为提高，极大地推动了国际贸易的发展，显示出巨大的优势和强大的生命力，因此基于EDI的国际电子商务在全球范围内得到了较广泛的应用。但EDI推广面临自身难以克服的困难，主要表现为三个方面：(1) EDI通信系统的建立需要较大的投资，使用VAN的费用很高，仅大型企业才会使用;(2) EDI标准的专用化和普遍性矛盾,使得EDI标准越来越复杂,推广应用困难;(3) EDI专用软件开发成本高,比较适合具有大量的单证和文件传输的大型跨国公司,限制了基于EDI的国际电子商务应用范围的扩大。

随着大型跨国公司对信息共享需求的增加和中小企业对EDI的渴望,迫切需要建立一种新的成本低廉、能够实现信息共享的电子信息交换系统。20世纪90年代中期后,Internet的迅速普及,逐步地从大学、科研机构走向企业和一般百姓家庭,其功能也已从信息共享演变为一种大众化的信息传播工具。从1991年起,一直排斥在Internet之外的商业贸易活动正式进入这个王国,因而使电子商务成为Internet应用的最大热点。全球普及的Internet克服了EDI应用的网络环境不足,满足了中小企业对于电子数据交换的需要。Internet作为一个费用更低、覆盖面更广、服务更好的系统,已表现出替代VAN成为EDI的数据交换载体的趋势。在Internet基础上建立的电子信息交换系统,既成本低廉又能实现信息共享,为在所有的企业中普及商务活动的电子化——电子商务提供了可能。

随着互联网的高速发展,电子商务显现了旺盛的生命力。在发达国家,电子商务的发展非常迅速,通过互联网进行交易已成为潮流。1996年,全球互联网用户不足4 000万,到2006年已经达到了10亿以上,并且仍在迅速增长。2011年全球在线人口达13.5亿,占全球人口总数的五分之一。这意味着电子商务市场也将逐步走向繁荣。2012年5月29日商务部发布的《中国电子商务发展报告(2010—2011)》显示:2011年我国电子商务交易总额创新高,达5.88万亿元,同比增长29.2%,相当于当年国内生产总值的12.5%。大中型电子商务交易额2012年预计将达10.69万亿元,发展迅猛。该报告指出,近年来电子商务服务、电子支付、现代物流和电子认证等支撑体系的快速完善,有效带动了服务业的快速发展,围绕电子商务信息交易和技术的服务企业相继涌现。截至2011年年底,中国电子商务服务企业突破15万家,电子商务服务业收入达到1 200亿元,2010年我国第三方网上支付交易达到2 610亿元,远远超过同期社会商品零售额的增长。

2011年年底,中国网络购物用户达到1.94亿人,实现网络零售总额7 825.6亿元,同比增长53.7%,网络零售总额占社会消费品零售总额比重达到4.32%,预计2013年中国有望成为全球第一大网络零售市场。

## 1.2 电子商务的概念

电子商务引起了人们的普遍关注,但人们对电子商务还没有一个统一规范的认识。不同的专家学者、企业、社会组织以及政府机构对电子商务从不同的方面作出了不尽相同的描述,可以说是众说纷纭,莫衷一是。因此,如果要对电子商务有一个科学的理解,应该对各种不同的说法进行科学的比较、概括。

### 一、IBM公司对"电子商务"的定义

IBM公司在1997年首次提出了电子商务(Electronic Business)的概念,他们给电子商务下的定义是:电子商务是在Internet的广阔联系与传统信息技术系统的丰富资源相互结合的背景下,应运而生的一种在Internet上展开的相互关联的动态商务活动。电子商务有广义和狭义之分。狭义的电子商务称作电子交易,主要是利用Web提供的通信手段在网上进

行的交易。而广义的电子商务是包括电子交易在内的，利用 Web 进行的全面的商业活动，如市场调查分析、财务核算、生产计划安排、客户联系、物资管理等，所有这些活动涉及企业的内外。

二、上海市电子商务安全证书管理中心给“电子商务”下的定义

电子商务，是指采用数字化电子方式进行商务数据交换和开展商务业务活动。电子商务主要包括利用电子数据交换(EDI)、电子邮件、电子资金转账(Electronic Funds Transfer, EFT)及 Internet 的主要技术在个人间、企业间和国家间进行无纸化的业务信息的交换。

三、世界电子商务会议关于“电子商务”的概念

1997 年 11 月，国际商会在巴黎举行了世界电子商务会议，从商业角度提出了电子商务的概念：电子商务，是指实现整个贸易活动的自动化和电子化。电子商务涵盖的业务包括：信息交换；售前售后服务(如提供产品和服务的细节、产品使用技术指南、处理顾客意见)；销售；电子支付(如使用电子资金转账、信用卡、电子支票、电子现金等)；运输(包括商品的发送管理和运输跟踪以及可以电子化传送的产品)；组建网上企业等。

四、加拿大电子商务协会关于“电子商务”的定义

加拿大电子商务协会则给出了电子商务的较为严格的定义，电子商务是通过数字通信进行商品和服务的买卖以及资金的转账，它包括公司内利用电子邮件(E-mail)、数据交换(EDI)、文件传输、传真、电视会议、远程计算机联网所能实现的全部功能(如市场营销、金融结算、销售和设备谈判)。

归纳起来，电子商务的概念可以有广义和狭义之分。

### 1.2.1 广义的电子商务

广义的电子商务(Electronic Business, EB)，是利用网络实现所有商务活动业务流程的电子化，不仅包括电子商务面向外部的业务流程(如网络营销、电子支付、物流配送等)，还包括企业内部的业务流程(如企业资源计划、管理信息系统、客户关系管理、供应链管理、人力资源管理、网上市场调研、战略管理和财务管理等)。

电子商务包含两个方面：一是商务活动；二是电子化手段。它们之间的关系是：商务是核心，电子化是手段和工具。这里的商务包括：企业通过内联网的方式处理与交换的商贸信息；企业与企业之间通过外联网或者专用网方式进行的业务协作和商务活动；企业与消费者之间通过互联网进行的商务活动；消费者与消费者之间通过互联网进行的商务活动；政府管理部门与企业之间通过互联网或者专用网方式进行的管理以及商务活动。这里的电子化手段包括自动捕获数据、电子数据交换、电子邮件、电子资金转账、网络通信和无线移动技术等各种电子通信技术手段。

### 1.2.2 狭义的电子商务

我们一般也将狭义的电子商务(Electronic Commerce, EC)称为电子交易，是指通过 Internet 进行的商务活动。在大多数情况下，我们一般说的电子商务概念就是狭义的电子

商务。

美国政府在《全球电子商务纲要》中比较笼统地指出，电子商务是指通过互联网进行的各项商务活动，包括广告、交易、支付和服务等活动。这是从狭义意义上的电子商务，类似的还有 Intel 公司对电子商务的定义：电子商务＝电子市场＋电子交易＋电子服务。

## 1.3 电子商务的特点和功能

### 1.3.1 电子商务的特点

一、交易虚拟化

通过以 Internet 为代表的计算机互联网络进行的贸易，贸易双方从贸易磋商、签订合同到支付等，无须当面进行，均通过计算机互联网络完成，整个交易完全虚拟化。

二、交易成本低

(1) 距离越远，网络上进行信息传递的成本相对于信件、电话、传真的成本而言就越低。

(2) 买卖双方通过网络进行商务活动，无须中介者参与，减少了交易的环节。

(3) 电子商务实行“无纸贸易”，可减少 90%的文件处理费用。

(4) 卖方通过互联网进行产品介绍、宣传，可以减少相关费用。

三、交易效率高

电子商务克服了传统贸易方式费用高、易出错、处理速度慢等缺点，极大地缩短了交易时间，使整个交易非常快捷与方便。

四、交易透明化

买卖双方从交易的洽谈、签约到货款的支付、交货通知等整个交易过程都在网络上进行。通畅、快捷的信息传输可以保证各种信息之间互相核对，可以防止伪造信息的流通。

### 1.3.2 电子商务的功能

一、广告宣传

电子商务可凭借企业的 Web 服务器和客户的浏览，在互联网上发布各类商业信息。客户可借助网上的检索工具(Search)迅速地找到所需商品信息，而商家可利用网上主页(Home Page)和电子邮件在全球范围内做广告宣传。与以往的各类广告相比，网上的广告成本最为低廉，而给客户的信息量却最为丰富。

二、咨询洽谈

电子商务可借助非实时的电子邮件、新闻组(News Group)和实时的讨论组(Chat)来了解市场信息和商品信息、洽谈交易事务，如有进一步的需求，还可用网上的白板会议

(Whiteboard Conference)来交流即时的图形信息。网上的咨询和洽谈能超越人们面对面洽谈的限制,提供多种方便的异地交谈形式。

三、网上订购

电子商务可借助Web中的邮件交互传送实现网上的订购。网上的订购通常是在产品介绍的页面上提供十分友好的订购提示信息和订购交互格式框。当客户填完订购单后,通常系统会回复确认信息单来保证订购信息的收悉。订购信息也可采用加密的方式使客户和商家的商业信息不会泄露。

四、网上支付

电子商务要成为一个完整的过程,网上支付是重要的环节。客户和商家之间可采用信用卡账号进行支付。在网上直接采用电子支付手段可以节省交易中很多人员的开销。网上支付将需要更为可靠的信息传输安全性控制以防止欺骗、窃听、冒用等非法行为。

五、电子账户

网上的支付必须要有电子金融来支持,即银行或者信用卡公司及保险公司等金融单位要为金融服务提供网上操作的服务。而电子账户管理是其基本的组成部分。信用卡号或者银行账号都是电子账户的一种标志。而其可信度需配以必要技术措施来保证。如数字证书、数字签名和加密等手段的应用提高了电子账户操作的安全性。

六、服务传递

对于已付了款的客户应当将其订购的货物尽快地传递到他们的手中。而有些货物在本地,有些货物在异地,电子邮件能在网络中进行物流的调配。而最适合在网上直接传递的货物是信息产品,如软件、电子读物、信息服务等。它能直接从电子仓库中将货物发到用户端。

七、意见征询

电子商务能十分方便地采用网页上的“选择”、“填空”等格式文件来收集用户对销售服务的反馈意见。这样使企业的市场运营能形成一个封闭的回路。客户的反馈意见不仅能提高售后服务的水平,更使企业获得改进产品、发现市场的商业机会。

八、交易管理

整个交易的管理涉及人、财、物多个方面,企业和企业、企业和客户以及企业内部等各方面的协调和管理。因此,交易管理是涉及商务活动全过程的管理。电子商务的发展将会提供一个良好的交易管理的网络环境和多种多样的应用服务系统。这样能保障电子商务获得更广泛的应用。

## 1.4 电子商务的作用和特性

### 1.4.1 电子商务的作用

电子商务之所以得到西方发达国家企业的重视，是因为它能够有效提高企业的竞争优势。电子商务以现代化的电子技术和信息手段为基础，利用互联网在信息传递和资源共享方面的特长，在成本节约、信息获取、企业管理等方面起到了积极的作用，具体体现在以下五个方面。

一、降低企业经济活动成本，提高经济效益

电子商务使用现代通信技术和信息手段，加快了社会流通，直接降低了企业经济活动的成本。电子商务的低成本优势决定了它必将在广泛领域替代传统商务活动的方式，并能够以此促进商务活动的进一步发展。

二、降低信息的获得成本，改善经营环境

对于企业来说，得到信息是获取商业机会的第一步。现代化的电子商务是以互联网为基础的，网络的特点是开放性和信息的共享性。企业可以通过互联网浏览到接入网络的信息，理论上这种信息是跨地区、跨国界的，而且与传统的书面广告、传真、电话相比，其成本是非常低的。信息获得成本的降低间接地减少了经济活动主体的经营成本，改善了企业的经营环境。

三、推动产品创新，带动市场创新

电子商务的创新作用体现在两方面：一方面，电子商务本身包含着传统商业服务和新产品服务，基于网络的商品销售属于传统的商业服务。网络信息服务、网络娱乐、通信等是新的产品，是基于电子商务的产品创新。在美国所有的电子商务营业中有超过70%与网络创新的产品有关。另一方面，电子商务通过产品创新推动了市场创新，并且带动了新型信息企业的崛起，成为经济的新增长力量。

四、提高管理水平，改善管理环境

电子商务将信息传递数字化，使用标准的数据传输，能有效地改善管理环境。在微观上，企业内部网络实现了企业内部信息的低成本共享，管理信息可以通过网络迅速传递到每个部门和责任人员，实现信息传递的扁平化，从而可以实现中间管理人员的裁减，降低管理成本，信息的传递也会更快捷而准确。同时通过接入互联网，企业可以实现外部信息的内化，管理人员可以获得及时的商务信息，加快决策速度。

五、扩大企业影响力，构成企业未来的竞争优势

电子商务本身的技术含量较高，属于前瞻性的行业。率先使用电子商务的企业将在同行中树立起进取的形象，体现出容易接纳新事物、具有创新的精神，有助于企业建立健康、向

上的良好形象。因此，企业可以通过使用电子商务树立领先形象，使商业伙伴对企业形成良好的商业印象，建立未来的竞争优势，同时也可以对企业已有的传统商务活动产生良好的影响。

### 1.4.2　电子商务的特性

一、普遍性

作为一种新型的交易方式，电子商务将生产企业、流通企业以及消费者和政府带入了一个网络经济、数字化生存的新天地。

二、方便性

在电子商务环境中，人们不再受地域的限制，客户能以非常简捷的方式完成过去较为繁杂的商务活动，如通过网络银行能够全天候地存取资金账户、查询信息等，同时使得企业对客户的服务质量可以大大提高。

三、整体性

电子商务能够规范事务处理的工作流程，将人工操作和电子信息处理集成为一个不可分割的整体，这样不仅能提高人力和物力的利用，也可以提高系统运行的严密性。

四、安全性

在电子商务中，安全性是一个至关重要的核心问题，它要求网络能提供一种端到端的安全解决方案，如加密机制、签名机制、安全管理、存取控制、防火墙、防病毒保护等，这与传统的商务活动有着很大的不同。

五、协调性

商务活动本身是一种协调过程，它需要客户与企业内部、生产商、批发商、零售商间的协调，在电子商务环境中，它更要求银行、配送中心、通信部门、技术服务等多个部门的通力协作，往往电子商务的全过程是一气呵成的。

## 1.5　电子商务的分类

### 1.5.1　B2B 模式

一、B2B 的含义

企业对企业(Business to Business，B2B)的电子商务，是指企业与企业之间依托互联网等现代信息技术手段进行的商务活动。尽管国内目前在企业对消费者的网上购物方面热热闹闹，网站的宣传和各种媒体的报道都表现了极大的热情和关注，但大多数的交易是在企业之间发生的。据 eMarketer 最新研究报告，目前，世界上 80% 的电子商务交易额是在企业之间,而不是企业与消费者之间完成的。因此可以看出企业之间的电子商务有着巨大的需求和旺盛的生命力,是电子商务的主体。

并不是说两个企业之间通过网络进行了一次买卖就实现了B2B交易。许多企业之间的一次性交易还是B2C交易,只有在上下游相关企业之间达成了某种合作协议的前提下所进行的交易才算是B2B交易。B2B交易的货款支付不是随买随付的,而是定期结算的。在B2B交易模式中,企业可以将内联网有限度地对合作伙伴开放,即允许合作伙伴有条件地通过互联网将订货信息直接发送到自己的企业内部网,进而自动将订单分解到生产车间,从而最大限度地实现商业信息传输和信息处理的自动化。

图1-1为助商网B2B商业运行模式图。

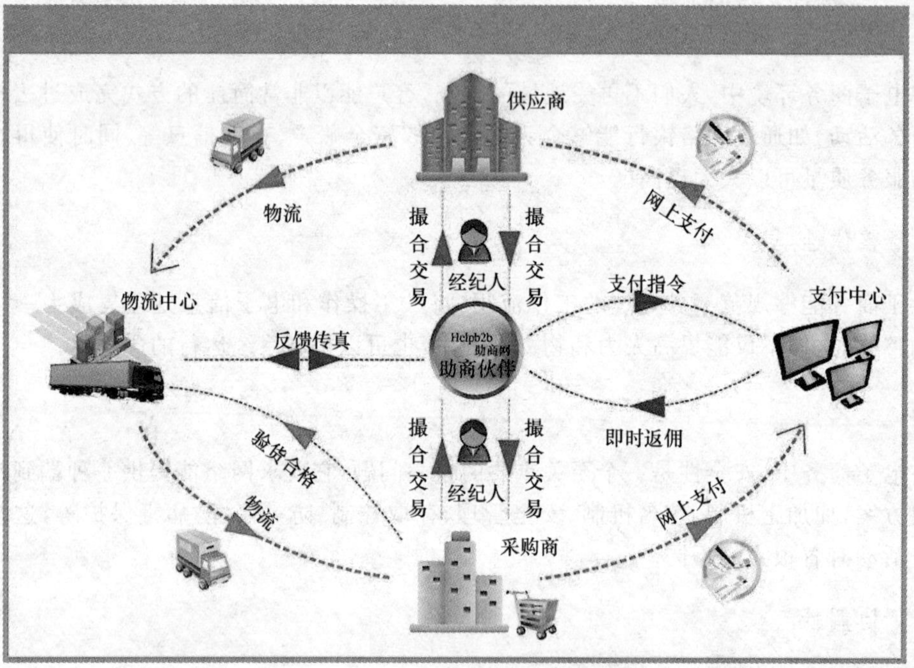


图1-1 助商网B2B商业运行模式图

二、B2B的分类

企业间电子商务模式又可以分成两种类型,即综合式的B2B和垂直型的B2B。

1. 综合式的B2B

综合式的B2B网站是指这样一些网站的集合:它们为买卖双方创建起一个信息和交易的平台,买方和卖方可以在此分享信息、发布广告、竞拍投标、进行交易。之所以称这些网站为"综合式网站",是因为它们涵盖了不同的行业和领域,服务于不同行业的从业者。B2B综合式网站的代表是阿里巴巴全球贸易信息网(网址为http://china.alibaba.com/)。综合式的B2B模式追求的是"全",这一模式能够获得收益的机会很多,而且潜在的用户群落也比较大,所以它能够迅速地获得收益。但是其风险主要体现在用户群是不稳定的,被模仿的风险也很大。

2. 垂直型的B2B

垂直型的B2B网站也可以将买方和卖方集合在一个市场中进行交易。之所以称之为“垂直型”网站,是因为这些网站的专业性很强,它们将自己定位在一个特定的专业领域内,如IT、化学、钢铁或者农业。垂直型的B2B网站是将特定产业的上下游厂商聚集一起,让各阶层的厂商都能很容易地找到物料供应商或者买主。在美国由三大汽车厂所形成的汽车零件交易网便是一种垂直市场,汽车厂不但能很快地找到有足够货源的零件供应商,供应商还可以更迅速地将产品销售出去,甚至库存品也可以通过拍卖的方式售出。在国内也有不少垂直型的B2B网站,如易创化工网、中国粮食贸易网、中国纺织在线、中国纸网、美家美装饰网和易连电子商务网等。垂直型的B2B模式追求的是“专”。垂直型的B2B网站吸引的是针对性较强的客户,这批针对性较强的客户是这些网站最有价值的财富,是真正的潜在商家,这种市场一旦形成,就具有极大的竞争优势。所以,垂直型的B2B网站更有聚集性和定向性,它比较喜欢吸收团体会员,易于建立起忠实的用户群体,吸引着固定的回头客。结果是垂直型的B2B网站形成了一个集约化市场,它拥有真正有效的客户。

## 三、B2B一般交易过程

企业间电子商务通用的交易过程包括:交易前的准备;交易谈判和签订合同;办理交易前的手续;交易合同的履行和索赔。

1. 交易前的准备

(1) 买方。

买方根据自己要买的商品,准备购货款,制订购货计划,进行货源市场调查和市场分析,反复进行市场查询,了解各个卖方国家的贸易政策,反复修改购货计划和进货计划,并利用Internet和各种电子商务网络寻找自己满意的商品和商家。

(2) 卖方。

卖方根据自己所销售的商品,召开新闻发布会,制作广告进行宣传,全面进行市场调查和市场分析,制定销售策略和销售方式,了解各个买方国家的贸易政策,利用互联网和各种电子商务网络发布商品广告,寻找贸易伙伴和交易机会,扩大贸易范围和商品所占市场的份额。

(3) 中介和服务机构。

其他参加交易的各中介方(如银行金融机构、信用卡公司、海关系统、商检系统、保险公司、税务系统、运输公司)也都要为进行电子商务交易做好相应的准备。

2. 交易谈判和签订合同

进行交易谈判后,将双方在交易中的权利、义务,以及所购买商品的种类、数量、价格、交货地点、交货期、交易方式和运输方式、违约和索赔等合同条款,全部以电子交易合同作出全面详细的规定。合同双方可以利用EDI进行签约,也可以通过数字签名等方式签名。

3. 办理交易前的手续

办理交易前的手续,是指买卖双方从签订合同后到合同开始履行之前办理各种手续的过程,也是双方进行贸易前的交易准备过程。交易中要涉及有关各方,如中介方、银行金融机构、信用卡公司、海关系统、商检系统、保险公司、税务系统、运输公司等,可利用EDI进行各种电子票据和电子单证的交换。

4. 交易合同的履行和索赔

买卖双方办完所有的各种手续之后，卖方要备货、组货，同时进行报关、保险、取证、发信用证等。在将所购商品交付给运输公司包装、起运、发货后，买卖双方可以通过电子商务服务器跟踪发出的货物。银行和金融机构也按照交易合同，处理双方收付款、进行结算，出具相应的银行单据等，直到买方收到自己所购的商品，完成了整个交易过程。在买卖双方的交易过程中出现违约时，要进行违约处理的工作，受损方要向违约方索赔。

### 1.5.2 B2C 模式

商业企业对消费者的电子商务(Business to Customer,B2C)，是指企业以互联网为主要服务提供手段，实现公众消费和提供服务，并保证与其相关的付款方式的电子化的电子商务运营模式。

图 1-2 为 B2C 电子商务运行模式。

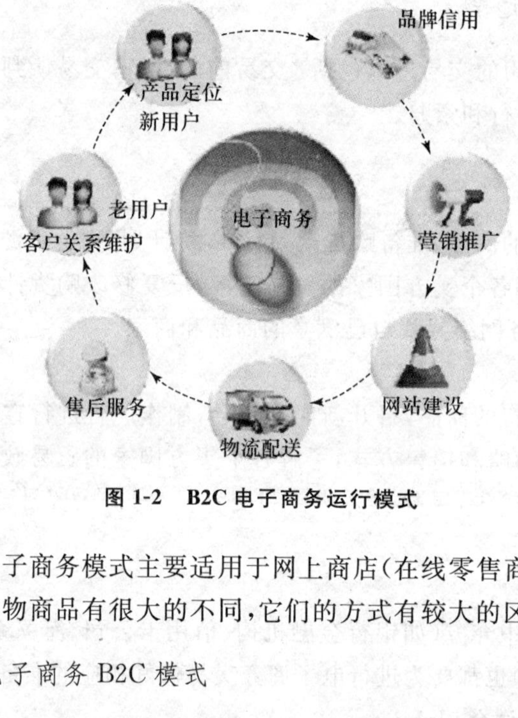


**图 1-2 B2C 电子商务运行模式**

企业对消费者的电子商务模式主要适用于网上商店(在线零售商店)。但是网上销售无形产品和劳务与销售实物商品有很大的不同，它们的方式有较大的区别。

一、无形产品的电子商务 B2C 模式

网络本身既具有信息传递的功能，又具有信息处理的功能，因此无形产品和劳务(如信息、计算机软件、视听娱乐产品等)就可以通过网络直接向消费者提供。无形产品和服务的电子商务主要有网上订阅模式、付费浏览模式、广告支持模式和网上赠予模式四种。

1. 网上订阅模式

网上订阅模式，是指企业通过网页安排向消费者提供网上直接订阅、直接信息浏览的电子商务模式。该模式主要用来销售报纸杂志、有线电视节目等，主要包括在线服务、在线出版、在线娱乐等。

2. 付费浏览模式

付费浏览模式，是指企业通过网页安排向消费者提供计次收费性网上信息浏览和信息下载的电子商务模式。付费浏览模式让消费者根据自己的需要，在网址上有选择地购买一篇文章、一本书的内容或者参考书的一页。目前，在互联网上开展付费浏览模式的网站主要是期刊论文网，如中国知网、万方数据网等。

3. 广告支持模式

广告支持模式，是指在线服务商免费向消费者或者用户提供信息在线服务，而营业活动支出全部用广告收入支持。如雅虎和百度等在线搜索服务网站就是依靠广告收入来维持经营活动的。

4. 网上赠予模式

网上赠予模式，是指企业借助于互联网全球广泛性的优势，向互联网上的用户赠送软件产品，扩大知名度和市场份额。这种模式实质是指"先试用，后购买"。用户先免费下载有关软件，试用一段时间后，再决定是否购买。适宜采用这种模式的企业主要包括软件公司和出版商。在这方面成功的例子如微软公司在网上赠送 IE 浏览器。

二、实物商品的电子商务 B2C 模式

这种模式是指产品或者服务是在互联网上成交的，而实际产品和劳务的交付仍然要通过物流配送方式，不能够通过电脑的信息载体来实现。目前，网上交易比较活跃并热销的产品有电脑产品、服饰、书籍、礼品、鲜花等。以网络直销模式而闻名天下的美国戴尔电脑公司、亚马逊书店等。

### 1.5.3 B2G 模式

企业对政府(Business to Government，B2G)的电子商务，是指企业与政府机构之间依托互联网等现代信息技术手段进行的商务或者业务活动。

企业对政府的电子商务主要包括：政府机构通过互联网进行工程的招投标和政府采购；政府利用电子商务方式实施对企业行政事务的管理——管理条例发布以及企业与政府之间各种手续的报批；政府利用电子商务方式发放进出口许可证，为企业通过网络办理交税、报关、出口退税、商检等业务。这类电子商务可以提高政府机构的办事效率，使政府工作更加透明、廉洁。例如，香港特别行政区政府从 2000 年 4 月开始应用政府电子商务采购服务系统——电子投标系统，半年多时间就处理了 429 次投标，涉及金额 5.78 亿港元，占香港特别行政区政府采购投标总额的 79%。电子投标系统使全球范围内的供应商通过互联网下载有关文件，进行查询，递交投标书，以及查看投标结果。近年来，为了加强对政府采购的管理，提高财政性资金的使用效益，促进交易的公开性，我国一些地方政府的国家机关、事业单位和其他社会组织财政性资金采购物资和服务的行为都受到法律的约束和规范，不少省市已陆续开始实行"政府采购"政策。随着政府对电子商务的重视，企业与政府间的电子商务活动将越来越广泛。

开展 B2G 电子商务具有以下意义。

一、对政府的意义

(1) 促进政府职能的转变。

(2) 节约行政成本、提高行政效率。

(3) 增加政府管理服务的公平、公正以及透明度。

(4) 提高反腐倡廉的能力。

二、对社会的意义

(1) 促进信息产业的发展，加快社会信息化进程。

(2) 有利于提高政府的决策理性和公共政策的品质。

(3) 促进信息流通利用和平等共享。

(4) 政府信息化可以使人力资源和信息资源得到最充分的利用和配置。

(5) 政府信息化的发展使政府的管理呈现出一种动态的和透明的趋势，有利于加强政府的管理职能和服务职能，消除官僚主义，有利于反腐倡廉。

(6) 政府信息化有利于促进政府重组，节约行政成本，提高政府效率。

### 1.5.4 C2C 模式

个人对个人的电子商务(Customer to Customer，C2C)，是指买方是消费者，卖方也是消费者，即消费者之间的电子商务。典型的 C2C 类型是拍卖网站。

个人对个人的电子商务的特点是消费者与消费者讨价还价进行交易。实践中较多的是进行网上个人拍卖。如易趣网是中国第一个真正的个人物品竞标站。易趣网提供一个虚拟的交易场所，就像一个大市场，每一个人都可以在市场上开出自己的“网上商店”，不用事先交付保证金，凭借独有的信用度评价系统，借助所有用户的监督力量来营造一个相对安全的交易环境，使买卖双方能找到可以信任的交易伙伴。买卖双方在易趣网上可以交易许多的物品，大到计算机和电视，小到邮票和电话卡。个人可以 24 小时自由地卖出、买入各种物品。

图 1-3 为易趣网 C2C 平台。

图 1-3 易趣网 C2C 平台

C2C的交易过程包括:(1) 交易者登录C2C网站;(2) 卖方发布拍卖商品的信息,确定起拍价和竞价阶梯、截止日期等信息;(3) 买方查询商品信息,参与网上竞价;(4) 买卖双方成交,买方付款,卖方交货,交易完成。

### 1.5.5　C2G模式

消费者与政府之间的电子商务(Customer to Government,C2G),是指政府对个人的电子商务活动。这方面的电子商务应用目前还很少,但随着电子商务技术的发展,随着企业与消费者之间和企业与政府之间电子商务的发展,政府也将会把电子商务扩展到福利费发放和税款征收方面,如税务征管部门可以通过网络进行个人所得税及其他一些税务的申报、征缴等。

在目前电子商务发展的初期阶段,电子商务的应用主要还是以企业与企业之间和企业与消费者之间的活动为主。但随着电子商务的发展,企业与政府、消费者与政府之间电子商务活动的潜力也是不可忽视的。

## 1.6　电子商务存在的问题和对策

### 1.6.1　电子商务存在的问题

互联网的普及和网络通信技术的成熟为电子商务提供了迅速发展的机会。但是,在电子商务发展的同时,也给各国政府和企业带来了许多新问题。

一、法律问题

电子商务本身所具有的特点可以为用户带来颇丰的经济效益,但作为一种有别于传统技术和概念的载体,对现行民商法律提出了挑战。1996年6月,联合国国际贸易法委员会推出《电子商务示范法》,对电子合同成立的时间、地点、合同的有效性,电子证据的有效性等方面作了规定。

二、标准化问题

标准化是电子商务普及中的重点和难点。随着电子商务在互联网上的兴起,制定电子商务标准的要求日益迫切。由Ziff-Davis杂志牵头,301位世界著名的Internet和IT业巨头、相关记者经过半年多时间,于1999年12月14日,公布了世界上第一个Internet商务标准(The Standard for Internet Commerce,Version 1.0—1999)。这一标准共有七项,四十七款。在相当程度上规范了Internet从事零售业的网上商店需要遵从的标准。

三、税收问题

现有的税法和税种主要建立在商务主体开发的传统商务模式之上。交易双方的交易信息和账册都存储在纸质介质上,营业主体都有固定的地点和经营范围,利于税务部门的核查、监控以及催收。在电子商务实施过程中,营业主体的地点和经营范围不固定,数据信息易于删除、修改、复制等。这为税务部门获取电子商务的真实交易资料带来极大的不便。此外，电子商务中生产、流通、分配、消费等环节的界线也在一定程度上难以区分，这对网上交易征税时税种的确定带来的困难。为适应电子商务交易的特点，有必要制定电子商务税收法律制度。

四、安全问题

互联网给人们带来方便的同时，也把人们引进了安全陷阱。目前，阻碍国际电子商务广泛应用的首要的也是最大的问题就是安全问题。2001年，曾有人利用普通技术手段，轻而易举地从多个商业站点窃取了8万余个信用卡账号和密码，并标价26万美元出售。安全性是影响电子商务健康发展的关键。如何采取高效的安全措施保证电子商务的顺利展开，解决电子商务中存在的一系列安全问题，成为电子商务良好运作的基础。为营造一种可信赖的电子商务环境，解决安全保密问题至关重要。它包括有效保障通信网络，信息系统的安全程度，确保信息的真实性、保密性、不可否认性和不可更改性，以防止非法侵入使用、盗用、修改和破坏等。

五、支付问题

电子商务的支付问题一直困扰着它的发展，尤其是在发展中国家中的发展。目前，在发达国家已经存在的电子商务付款协议采用的都是收取一定数量的固定费用，再加上交易金额的一定百分比的方法，因而一般适用于较大金额的交易。除此之外，用信用卡支付是简单而可靠的方法，只要消费者手中有卡，销售商得到信用卡授权，就可以通过将信用卡号码传给销售商，再由销售商与信用卡公司联络进行付款，由后者保留账户与交易记录。

六、物流问题

现代物流发展制约了电子商务的发展。建立网上商店自身的配送体系，时机尚未成熟；供应商配货不及时，有时容易出现缺货情况；零售商发货不及时，容易引起顾客对网上购物的反感。所以，要发展电子商务，应当在提高配送环节的技术含量上多下工夫。直到目前为止国内依然缺乏系统化、专业化的全国性货物配送企业，而电子商务开展网络购物最需要的也就是物流和配送。没有足够的后勤保障，想做强做大电子商务也就成为一句空话。

七、人才问题

电子商务是现代信息技术与商务的有机结合，所以能够掌握运用电子商务理论与技术的人才自然是掌握现代信息技术、精通现代商贸理论与实务的复合型人才。而一个国家、一个地区能否培养出大批这样的复合型人才，就成为该国、该地区发展电子商务能否成功的关键因素。技术人才的短缺可能成为阻碍发展中国家电子商务发展的一个重要因素。

以上这些不利因素，不容忽视。克服不利因素，发展优势，是我国目前电子商务上规模、求发展的唯一途径，然而电子商务不同于发展一个产业或者一个行业，它涉及全社会各个环节，面对如此新兴的一个领域，相对落后的中国必须非常慎重。

### 1.6.2 我国应当采取的对策

一、政府应当把握好自己在电子商务发展过程中的地位

与发达国家相比,我国企业规模偏小,信息技术落后,债务偿还能力低,发展电子商务需要政府的直接参与和帮助。因为政府的参与有助于引进技术、扩大企业规模和提高企业偿还债务的能力。另外,我国的信息产业处于政府高度管制之下,没有政府的积极参与和帮助将很难快速地发展电子商务。所以,就目前情况来看,中国要让政府"多管"。当然,这种"管",主要是指起推动作用。等到我国的电子商务有了较大的发展,政府再进一步放权于企业。

二、加快建立适应电子商务的法律法规

鉴于保护知识产权以及防范网络犯罪的重要性,目前一个迫切需要解决的问题是建立保护知识产权的协议,包括保证版权、专利与商标等,制定一些相关的电子商务法律,以解决电子商务上发生的各种纠纷,防止诈骗等案件的发生。另外,还要制定相关的电子支付制度、电子商务规约,以规范贸易的顺利进行,同时也要制定相关的进出口关税的法律制度。这些制度中应当包含金融监管的内容,禁止利用互联网进行过度投机。只有出台地方、国家和国际法律所认可的、明确的、共同的法律原则,也只有当客户、政府和企业认为电子商务与其目前进行的面对面的或者纸上的交易具有同样的确定性时,全球电子商务才能发挥出其全部潜能,中国参与全球电子商务也才有其意义。我国参照联合国国际贸易法委员会制定的统一通用的规则即《电子商务示范法》制定本国的《电子商务法》,在坚持我国国家利益的前提下与该法保持一致,并尽可能地参与到解决电子商务争端的国际立法和实施法律的方式和负责部门的工作中,以维护我国的合法权益。

三、加强基础设施建设和网络信息服务

目前,我国进行信息服务的机构还很少,广大用户所接触的大部分是外文信息,这样就束缚了电子商务的扩展。为了普及电子商务,应该大力开发中文信息,建立集约化的信息系统,为企业提供准确、方便的商务服务,使我国企业能够按系统、按类别及时地查找本领域信息,消费者能够很容易地找到所需产品的信息。

四、积极参与国际对话

目前的电子商务国际谈判主要集中在美国等少数发达国家,这样的国际磋商机制与互联网的基本原则是不符的,对形成电子商务的国际框架也是不利的。因此,应该吸收更多的发展中国家参加到对话中来,而且对话应当包括区域、政府和企业几个不同的层次。中国政府和企业应当积极参与到国际对话中,通过广泛的国际磋商,建立一个国际社会普遍接受的电子商务国际框架。

五、加强标准制定和安全技术研究

"统筹规划,国家指导;统一标准,联合建设;互联互通,资源共享"是我国信息化建设方

针。其中“统一标准”确立了标准化工作在政府实施信息化领域职责中的重要位置,同时表明标准化是信息化建设的重要技术支持和保障体系。而安全是广大企业和消费者最为关心的问题,是电子商务的核心问题。所以,电子商务要适应市场全球化的新形势,并且得到广泛的普及应用,为中国企业参与国际市场竞争提供现代化的信息手段,其标准和安全非常重要。

六、加速金融电子化进程

电子商务的基础设施是商业电子化和金融电子化。只有金融网与商业网互通,才有电子货币流通的可能。在电子商务环境下,电子货币有着替代现金流通的重要作用,但电子商务的特点决定了电子货币必须在灵活性、安全性、保密性和国际化达到一定水平后,才能在电子商务中广泛地应用。因此,对于数字化电子货币的发行、支付和管理是我国金融业必须探索和解决的问题。这些基础设施有的还没有建设,金融业自身有的没有实现电子化,全国性的金融网络还没有形成,商业电子化又落后于金融电子化,有的甚至还没有起步。只有加快金融机构的电子步伐并提供高质、高效、安全的金融服务,加快商业电子化和金融电子化网络形成,才能确保电子商务的支付和结算的顺利进行。

七、加强宣传、电子商务意识的普及和人才培养工作

针对我国的国情,加大宣传的力度是一项非常重要的工作。电子商务只是在信息部门热是不行的,要让社会普遍都了解。面向大众的宣传要通俗易懂,增强趣味性和说服力。宣传要恰如其分,实事求是,要如实介绍电子商务的局限性和发展的阶段性。有条件的地方,应当开展面向不同阶层和不同需要的计算机、网络知识和技能以及电子商务知识的教育,逐步启动“全民电脑普及工程”,以构建推进电子商务应用普及的社会环境。

目前,我国广泛开展电子商务活动缺乏计算机和网络人才,尤其是缺乏具备国际电子商务专业知识和专业技术的人才,绝大多数企业还不了解电子商务处理方式,不懂得如何应用电子手段来改进企业的经营。为此,必须要充分利用各种途径和手段,培养、引进并合理使用好一批素质较高、层次合理、专业配套的网络、计算机以及经营管理等方面的专业人才,为电子商务应用普及提供人才保障。

## 1.7 案例分析:海尔的电子商务之路①

### 1.7.1 电子商务是海尔的必由之路

海尔集团是世界第四大白色家电制造商、中国最具价值品牌。旗下拥有 240 多家法人单位,在全球 30 多个国家建立本土化的设计中心、制造基地和贸易公司,全球员工总数超过 5 万人,重点发展科技、工业、贸易、金融四大支柱产业,已发展成为大规模的跨国企业集团。

2011 年,海尔集团积极推进人单合一双赢模式创新,并取得良好的市场业绩。2011 年,

① 资料来源:中华管理学习网。

海尔实现全球营业额 1 509 亿元，是 1984 年创业时的 4 万倍。利税总额 122 亿元，其中利润总额 75.2 亿元。据了解，自 2007 年集团推进模式转型以来，五年间的利润复合增长率达到 38%。这些数字充分说明海尔人单合一双赢模式符合互联网时代的需要，持续赢得市场和用户的认可。这 1 509 亿元营业收入有 60%属于青岛海尔。其中 50%成为青岛海尔自己的营业收入，还有 10%是控股公司海尔电器带来的收入。

青岛海尔营业收入占海尔集团半壁河山，可以实现营业收入 715 亿元，以 4%的净利润率计算，应该实现净利润 28.6 亿元，以 2011 年年末 26.851 3 亿股计算，每股收益应为1.065 元，而控股的海尔电器全年实现 5.72 亿元净利润的话，以控股海尔电器 51%折算，应该可以为青岛海尔带来 2.9 亿元的净利润，增加每股利润 0.10 元，青岛海尔实际每股收益可达 1.16元。

网络经济时代的到来，企业如何发展是一个崭新而迫切的问题。1999 年达沃斯"世界经济论坛"提出了"企业内部组织适应外部变化、全球知名品牌的建立、网上销售体系的建立"三条原则。今年的达沃斯会议又提出了人类在新世纪将面临"网络革命和基因革命"的观点，对应于这种新趋势，海尔从 1999 年 4 月就开始了"三个方向的转移"。第一是管理方向的转移(从直线职能性组织结构向业务流程再造的市场链转移)，第二是市场方向的转移(从国内市场向国外市场转移)，第三是产业的转移(从制造业向服务业转移)。这些都为海尔开展电子商务奠定了必要的基础。

进军电子商务是海尔国际化战略的必由之路。国际化是海尔目前一个重要发展战略。而电子商务是全球经济一体化的产物，所以，我们必须要进入，而且要进去就得做好，没有回头路。中国企业如果在网上再没有拓展，传统业务与网络挂不上钩，在网络经济时代就没有生存权。在由网络搭建的全球市场竞争平台上，企业的优劣势被无情的放大，因为在新经济时代下，企业就是在(信息)高速公路上行驶的车辆，车况好的车，能够在信息高速公路上发挥优势，而破旧的车，即使在高速公路上，也只有被远远抛在后面的结局。

新经济下海尔的特点，可以从我们对"Haier"五个字母所赋予的新含义体现出来。

H：Haier and Higher。

A：@网络家电。

I：Internet and Intranet。

E：www.eHaier.com (Haier e-Business)。

R：Haier 的世界名牌的注册商标。

这五个字母的新含义，涵盖了海尔电子商务的发展口号、产品趋势、网络基础、电子商务平台、品牌优势五大方面。

海尔的电子商务的特色由"两个加速"来概括，首先加速信息的增值：无论何时何地，只要用户点击 www.eHaier.com，海尔可以在瞬间提供一个 E+T>T 的惊喜；E 代表电子手段，T 代表传统业务，而 E+T>T，就是传统业务优势加上电子技术手段大于传统业务，强于传统业务。其次是加速与全球用户的零距离，无论何时何地，www.eHaier.com 都会给用户提供在线设计的平台，用户可以实现自我设计的梦想。

图 1-4 为海尔商城主页面。

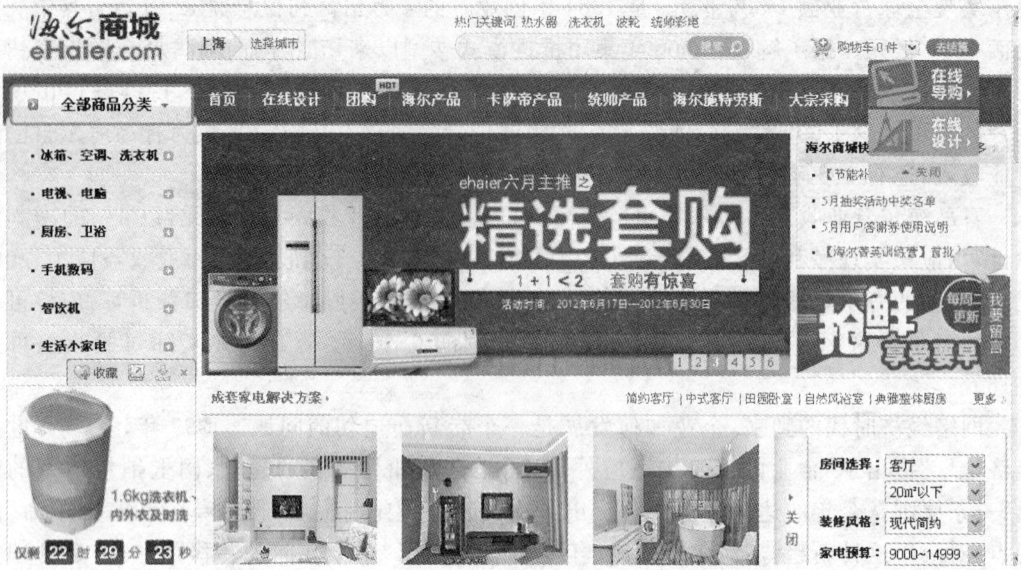


**图 1-4　海尔商城主页面**

### 1.7.2　海尔与众不同的电子商务模式

通过电子商务手段更进一步增强海尔在家电领域的竞争优势，不是靠提高服务费来取得盈利，而是以提高在 B2B 的交易额和 B2C 的个性化需求方面的创新。

2000 年 3 月 10 日，海尔投资成立电子商务有限公司。2000 年 4 月 18 日海尔电子商务平台开始试运行，6 月份正式运营。截止到 2000 年 12 月 31 日，B2B 的采购额已达到 77.8 亿元，B2C 的销售额已达到 608 万元。海尔的电子商务为什么魅力四射，用户为什么会有如此大的热情，可以看这样两个例子。

例一：我要一台自己的冰箱。

青岛用户徐先生是一位艺术家，家里的摆设都非常富有艺术气息，徐先生一直想买台冰箱，他想，要是有一台表面看起来像一件艺术品但又实用的冰箱就好了。徐先生从网上看到“用户定制”模块，随即设计了一款自己的冰箱。他的杰作很快得到了海尔的回音：一周内把货送到。

例二：从网上给亲人送台冰箱。

北京消费者吴先生的弟弟下个月结婚，吴先生打算买一台冰箱表达当哥哥的情意。可是弟弟住在市郊，要买大件送上门，还真不太方便。海尔作为国内同行业中第一家做电子商务的信息传来后，吴先生兴冲冲地上网下了一张订单，弟弟在当天就收到了冰箱。弟弟高兴地打来电话说，他们家住 6 楼，又没有电梯，但送货人员却把这么大的冰箱送到了家里，太方便了，今后他买家电也不用跑商场了，就在海尔网站上买！

海尔电子商务从两个重要的方面促进了新经济的模式运作的变化。一是对于 B2B 的电子商务来说，它促使外部供应链取代自己的部分制造业务；通过 B2B 业务，仅给分供方的成本的降低就收益 8%～12%。从 B2C 的电子商务的角度来说，它促进了企业与消费者的继续深化的交流，这种交流全方位提升了企业的品牌价值。

一位供应商在通过互联网与海尔进行业务后给海尔来了一封信：我是一家国际公司的中国业务代表，以前我每周都要到海尔，既要落实订单，还要每天向总部汇报工作进展，非常忙碌。有时候根本顾不上拓展新的业务……自从海尔启用电子商务采购系统后，可以在网上参加招投标、查订单、跟踪订单等工作，大大节省了人力、物力和财力，真是一个公开、公平、高效的平台。而且我也有更多的时间来了解海尔的需求，并为公司又谈下了一笔大生意，得到了公司的表扬……更重要的是，我作为中国人也为海尔而自豪：我们总部也是刚刚采用类似的系统，而在中国海尔已经运作起来了，与海尔合作体现了国际的先进手段和效率。

海尔电子商务最大的特点就是个性化。海尔在内部就提出了与客户之间是零距离，而此前客户的选择余地是有限的，这对厂家有利，现在一上网，用户要定制他自己的产品，这并不是所有企业都能做到的。

要做到与客户之间零距离，不能忽视企业的作用。因为企业最了解客户需要什么样的商品，要与客户之间零距离，就要与企业之间零距离，让企业代替客户来定制产品。B2B 的模式符合实际情况，也帮我们培养了一大批海尔产品用户的设计师。

海尔提出的商家、消费者设计商品理念是有选择的，海尔不可能让一个普通的商家或者消费者代替专家纯粹从零开始搞设计，这样他们不知从何下手，海尔也难以生产。海尔现共有冰箱、空调、洗衣机等 58 个门类的 9 200 多个基本产品类型，这些基本产品类型就相当于 9 200 多种“素材”，再加上提供的上千种“佐料”——2 万多个基本功能模块，这样海尔的经销商和消费者就可以在海尔提供的平台上，有针对性地自由地将这些“素材”和“佐料”进行组合，并产生出独具个性的产品。

当然，海尔这种 B2B 的模式若只定位在某一地方就肯定不行，因为成本太大了，海尔是着眼于全球市场，这样需求就大大地增加，成本就大大地降低。一般来讲，每一种个性化的产品如果产量能达到 3 万台，一个企业就能保证盈亏平衡，而事实上海尔的每一种个性化的产品的产量都能达到 3 万台以上。这成本平摊下来，企业和消费者所得到的产品价格的增长是很微小的。

### 1.7.3 海尔实施电子商务的优势

张瑞敏首席执行官提出海尔实施电子商务靠“一名两网”的优势：“名”是名牌，品牌的知名度和顾客的忠诚度是海尔的显著优势。“两网”是指海尔的销售网络和支付网络。海尔遍布全球的销售、配送、服务网络以及与银行之间的支付网络是解决电子商务的两个难题的答案。

海尔不相信在没有任何基础情况下搞电子商务会取得成功，因为没有业务流程的重组，没有企业内部网与外部网的应用，没有企业各种信息应用系统作为基础，电子商务平台无异于空中楼阁。

第一，在产业方向转移方面，海尔已实现了网络化管理、网络化营销、网络化服务和网络化采购，并且依靠海尔品牌影响力和已有的市场配送、服务网络，为向电子商务过渡奠定了坚实的基础。在管理转移方面，传统企业的金字塔式的管理体制绝不适应市场发展的需要，所以在管理机制上把“金字塔”扳倒，建立了以市场为目标的新的流程，企业的主要目标由过去的利润最大化转向以顾客为中心、以市场为中心。

第二，在企业内部，每个人要由过去的“对上级负责”转变为“对市场负责”。海尔集团还成立了物流、商流、资金流三个流的推进本部。物流作为“第三利润源泉”直接从国际大公司采购，降低了成本，提高了产品的竞争力，商流通过整合资源降低费用提高了效益；资金流则保证资金流转顺畅。

第三，海尔拥有比较完备的营销系统，在全国大城市有40多个电话服务中心，1万多个营销网点，甚至延伸到6万多个村庄。这就是为什么有些网站对订货的区域有限制而海尔是可以在全国范围内实现配送的原因。

### 1.7.4 海尔电子商务平台的搭建

海尔是国内大型企业中第一家进入电子商务业务的企业，率先推出电子商务业务平台。海尔不是为了概念和题材的炒作，而是要进入一体化的世界经济，为此海尔累计投资1亿多元建立了自己的IT支持平台，为电子商务服务。

目前，在集团内部有内部网、有ERP(Enterprise Resource Planning，企业资源计划)的后台支持体系。海尔现在有7个工业园区，各地还有工贸公司和工厂，相互之间的信息传递，没有内部网络的支持是不可以想象的。各种信息系统(如物料管理系统、分销管理系统、电话中心、C3P系统等)的应用也日益深入。海尔以企业内部网络、企业内部信息系统为基础，以互联网(外部网，海尔从1996年年底起就建立了自己的网站)为窗口，搭建起了真正的电子商务平台。

当然，进行电子商务并不是一相情愿的事，不仅要有各方面的基础准备，还要让经销商和消费者接受，这样才能顺利实现。海尔为经销商、供应商和消费者提供了一个简单、操作性强的电子商务平台，而且进行了循序渐进式的培训，而且在平台设计的时候就考虑如何为应用者提供方便和帮助，就连电子商务平台的设计海尔也遵循了以客户为中心的原则。这样才可以让海尔的业务伙伴和海尔一同发展和成长。

海尔的电子商务平台将发展成为公用的平台，不仅可以销售海尔的产品，也将销售其他各类的产品；不仅可以为海尔自身的采购需求服务，也将为第三方采购和配送服务。

互联网时代是信息爆炸的时代，海尔要利用信息进行发展。通过网站，海尔可以收集到大量的用户的信息和反馈。这些用户对海尔的信任和忠诚度是海尔最大的财富。目前在海尔的网站上，除了推出产品的在线订购销售功能之外，最大的特色就是有面对用户的四大模块：个性化定制；产品智能导购；新产品在线预定；用户设计建议。这些模块为用户提供了独到的信息服务，并使网站真正成为海尔与用户保持零距离的平台。

海尔将利用系统，进一步优化分供方。如果上网，就可以加快这种优化的速度。一颗小螺丝钉到底世界上谁生产的最好，一上网马上就会知道。这不仅仅是简单的降低价格，关键是找到了最好的分供方。正是这种交流，海尔在短时间内建立了2个国际工业园，引进了国际上最好的分供方到青岛建厂，为海尔配套。

海尔电子商务系统还处在进一步的建设和完善中，海尔将充分利用海尔的“一名两网”的优势，通过网络连接用户，大力推进CRM系统的建立，以具有充分个性化的产品和特色服务拢住原有用户、新用户和潜在的用户，以及供应商、采购商，提供完善的服务。在新经济时代保持和发扬企业的优势，更加快海尔的创新机制，缩短进入的国际化进程。

## 本章练习题

1. 电子商务的狭义概念和广义概念是什么?
2. 电子商务有哪些特点?
3. 简述电子商务的功能。
4. 描述电子商务的作用。
5. 电子商务有哪些特性?
6. 电子商务有哪些分类模式? 请你为每一类模式列举两个典型的网站案例。
7. 电子商务存在哪些问题? 我们应当如何解决这些问题?

# 第2章　电子商务与现代物流

案例导读

## 网络生存实验①

一、微软所作的“网络生存”试验

1998年5月11日9：00—15日13：00，这四天中，英国微软实验室4间独立的小屋里分别“关”着4名志愿参加“挑战极限”的“网络生存测试”的男女。在他们面前的这个空荡荡的小屋里，只有一台连着互联网的电脑，其余一切皆无。他们怎么办？电脑上安装的摄像机摄下了每个人通过网络生存的状况。

这四个人进去时他们都只穿着浴衣，又冷又饿。主办单位发给每人一张存有500英镑的信用卡，要求他们只能通过互联网与外界联系，去获得他们赖以生存的一切东西。但在这100个小时中，参加这次实验的格林、爱尔玛、罗宾和马丁有着不同的选择。

45岁的报纸编辑格林是电脑爱好者，对于被“困”在小屋子里，他看得非常平淡。他已经将计划存在脑海里了。他准备在网上找些旅游信息，到国外游一趟，同时过一把国际象棋瘾，再给侄女买份生日礼物。第一个24小时里，他在网上购买了许多礼品，准备回去后送给自己的亲友，还为去北爱尔兰的旅行预订好酒店。他试图从网上看日出、日落，结果没有能如愿，这多少使他感到有点失望。第二个24小时里，他开始与人下棋，结果与一名职业棋手打成平局。第三个24小时还是不太顺心，下棋屡败，他开始厌倦下棋。在最后24小时里，他干脆疯狂购物，上网聊天，结果交上了“桃花运”，他结识了一个挪威女子，并且相见恨晚，他们相约在“获释”后相见。

爱尔玛当时30岁，对电脑并不精通，没有工作。她被关后的第一件事就是准备找些移民到澳大利亚的资料和求职信息，结果非常成功。第二个24小时里，她应聘了一份工作，对于新的工作可谓称心如意。而同时，第一个24小时里，她在网上订购的衣物和食品、用品顺利到达。她还参加了新闻组询问移民问题的讨论，回了大量的邮件，并且还学会发电子贺卡。不料，在第三天的24小时里爱尔玛几乎被电子邮件淹没了，她一一回复了，不过她还是忙里偷闲去了一个美丽的沙滩，并在聊天室跟她远在澳大利亚的姐姐相会、聊天。她说，这段日子终生难忘。

中年妇女罗宾46岁，与爱尔玛一样，也是一个对互联网所知甚少但很好奇的人。她的想法却是在100小时里成为网络高手。在这几天中，她几乎废寝忘食，把全部时间全泡在上

① 资料来源：新浪新闻中心。

网上。到最后一天临别时，她依然处在兴奋状态，甚至不想离开实验室。

60岁的马丁属于怀旧的那一代，他是一个超级网虫。他要做的是在网上寻找小学时代的同学。在一个专门帮人寻找失散亲友的网站上贴出寻人告示，还给该小学的现任校长写邮件求助。除了购物，几天中他一直在孜孜不倦地寻找小学同学。不过，到测试结束时他还没得到老同学的回应，马丁虽然很失望，但表示不会就此作罢。

四天后，他们悉数走出了自己的小屋子。微软公司对此发表的专题报告认为，他们都能成功地通过互联网与外界交流，网络应用水平都有了大幅度的提高，同时也意识到生活中有了更多的挑战。上网确实给众人提供了一种新的生活乐趣，而这种乐趣是以前无法体验到的。

二、中国：72小时网络生存测试

1999年9月3日从数千名报名者中遴选出来的12名志愿测试者分赴北京、广州和上海开始为期72小时的"网络生存"大测试。他们的生存空间为酒店标准房，有基本的生活工具，包括起居设备、沐浴设备，但没有生活饮水，没有电话、电视等电器，有一个"没有内存"的冰箱，卫生间中只有厕纸，与外界的沟通，只是一台可以上网的电脑。

在这72小时中，测试者不能携带任何物品进入房间，主办者提供1 500元现金以及限额1 500元的信用卡，还有当地ISP的上网账号和密码。直至测试结束，测试者不能离开房间，他必须通过网络获取食物、水来维生。当生存不成为问题之后，测试者可以尝试通过网络获取或者满足生活上或者精神上的需求。

测试现场装备有摄像机和网上摄像机，详细记录测试者每天的活动内容以及上网记录。主办单位将依测试者的网络购物能力、网络社交能力、网络应用能力以及网络学习能力等项目进行评判，优胜者将获得最高5 000元的奖励。

这样的测试，不单是对400万中国网民网上生存能力的测试，也是对ISP和ICP服务质量的测试，更具体的是对网上销售商反应速度和银行对电子货币受理、确认速度的大测试。一句话，中国互联网络在我们的生活中扮演着什么样的角色？

1999年9月7日下午，72小时网络生存北京站四位测试者满载而归离开北京，他们带上过去72小时里网上订购的物品，还有网友赠送的礼物，分别坐飞机回上海和广州。

在著名的网上72小时的生存实验中，人们发现了影响电子商务发展的一个重要因素——物流问题，具体如下。

(1) 在网上交易的情况下，如何有效地实现网上交易商品的网下交割问题。

(2) 物流运作的问题。在网上交易的情况下，交易的双方如何选择物流的运作模式。

(3) 在确定了物流运作模式之后，如何以较低的成本完成实现物流的运作。

以上由网上交易所引发的物流问题，使人们认识到物流的发展方向。如何在当今信息化浪潮的时代背景下，充分地利用现代信息技术，特别是计算机技术、互联网技术等来促进和实现物流的发展，成为物流发展的一个热点问题。在此背景下，物流中的一个新概念——"电子商务物流"产生了。之后，人们在物流实践活动中，不断地将计算机技术和互联网技术等信息技术引入到物流活动之中，促进了电子商务物流的发展。

理论与实务

## 2.1 电子商务物流的含义

根据《物流术语》的定义，物流是物品从供应地到接收地的实体流动过程，根据实际需要，将运输、储存、装卸、搬运、包装、流通加工、配送和信息处理等基本功能实施有机的结合。电子商务物流，就是信息化、现代化和社会化的物流。也就是说电子商务物流就是在电子商务的条件下，依靠计算机技术、互联网技术、电子商务技术以及信息技术等所进行的物流(活动)。

电子商务物流是伴随电子商务技术和社会需求的发展而出现的，它是电子商务真正的经济价值实现不可或缺的重要组成部分。由于电子商务所独具的电子化、信息化和自动化等特点，以及高速、廉价和灵活等诸多好处，使得电子商务物流在其运作和管理等方面也有别于一般物流。

## 2.2 电子商务物流的过程

电子商务的物流作业流程同普通商务一样，目的都是要将用户所订货物送到用户手中，其主要作业环节与一般物流的作业环节一样，包括商品包装、商品运输、商品储存、商品装卸和物流信息管理等。

电子商务物流系统的基本业务流程因电子商务企业性质的不同而有所差异。制造型企业的电子商务系统，其主要业务过程可能起始于客户订单，中间可能包括与生产准备和生产过程相关的物流环节，同时包括从产品入库直至产品送达客户的全部物流过程；而对于销售型的电子商务企业(如销售网站)而言，其物流过程就不包括生产过程物流的提供，但其商品组织与供应物流和销售物流的功能则极为完善；对于单纯的物流企业而言，由于它充当为电子商务企业(或者系统)提供第三方物流服务的角色，因此，它的功能和业务过程更接近传统意义上的物流或者配送中心。

虽然各种类型的电子商务企业的物流组织过程有所差异，但从电子商务物流过程的流程来看还是具有许多相同之处。具体而言，其基本业务流程一般都包括进货、进货检验、分拣、储存、拣选、包装、分类、组配、装车以及送货等。与传统物流模式不同的是，电子商务的每个订单都要送货上门，而有形店铺销售则不用，因此，电子商务的物流成本更高，配送路线的规划、配送日程的调度、配送车辆的合理利用难度更大。与此同时，电子商务的物流流程可能会受到更多因素的制约。

图 2-1 为电子商务物流的一般过程。

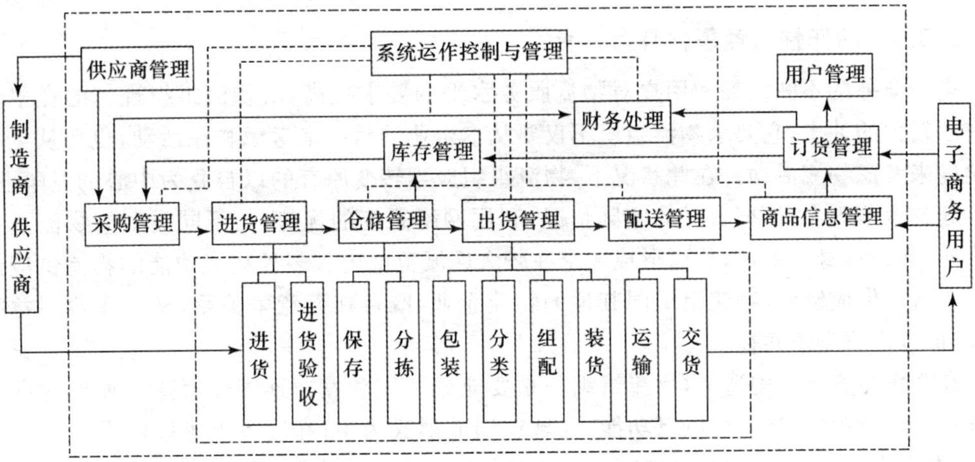


图 2-1　电子商务物流的一般过程

## 2.3　电子商务物流的特点

### 2.3.1　实体性与虚拟性并存

在现有的条件下，物流活动大都具有一定实体形态，如进行物流作业的工具和对象都是具有一定物质形态的。在未来的经营环境中，随着电子商务的发展和应用，物流具有虚拟化的特征，如虚拟管理、虚拟仓库、虚拟物流作业等。物流所输送的产品也可能成为无形的信息或者可信息化的产品，以数字化的形式进行传输。尽管在电子商务条件下，物流具有虚拟性的特点，但是，其并不能完全取代现有物流的实体性质。因为，货物以及进行货物运作的工具是不会被“数字化”的，它仍然具有实体的性质。这就是说，在电子商务条件下，物流具有实体与虚拟并存的特点，它们所传输的既有具备实体特征的货物，也有由此形成的虚拟产品——信息和对物流进行虚拟化的管理等。

### 2.3.2　实时性与预测性并存

实时性，是指在电子商务条件下，进行物流活动的组织可以有效地通过网络系统来实时地掌握和了解自身内部、外部的各种物流信息和物流作业的动态，并依据环境的变化通过虚拟现实的方法和手段，实时地对企业自身物流活动进行调整和协调。实时性的特点使物流组织的物流活动更具效率和活力，更能有效地为用户提供优质的服务和实现物流资源的合理配置。

网络系统为物流的实时性运作提供了良好的基础，但是，对于物流组织来说，大规模和频繁地实时性运作需要具有一定的物流作业设备和相当数量的库存，这必然会带来物流作业成本的大幅上升。因此，要较好地进行实时性的物流运作，物流组织必须具备较强的预测能力，不仅要准确地预测用户的需求规模、时间和地点，也要较好地把握经济的发展趋势。

### 2.3.3 合作性与竞争性并存

电子商务的不断发展和用户对物流服务水平的要求提高，对物流组织现有的竞争形态形成了较大的冲击，它要求物流组织不仅要从本企业的角度来考虑物流活动，也要从全社会的角度来考虑物流活动。在此状况下，物流组织应当转变原有的以自我为中心的竞争业态，树立新的竞争观念，依据自己的实际情况，利用网络系统的优势，与不同类型的物流企业进行合作，弥补自身的不足，从而形成一个在较大区域范围内有多种物流功能的物流供应链系统。在这一供应链中，物流组织同其他的物流企业，既存在着竞争关系，又存在着利益的一致性，即合作与竞争共存。

在合作与竞争的构造上，物流组织一是要充分利用和发挥连锁经营这一独特的商业经营方式。在组织形式上，可以以功能、区域连锁的形式为主；在服务上可以以提供配送服务为主；在方式上，可以根据自身实际情况和其他物流企业的特点，分别采取直接连锁、自愿连锁和特许连锁等；在数量上，要注意规模效益以及连锁企业的观念、实力以及服务水平；在空间上，要注意连锁经营的地域范围。二是要积极开展代理经营。物流代理经营的发展，不仅可以有效地扩大物流组织的经营规模，开拓市场，提高企业收益，而且也可以有效地稳定物流组织与其他企业的关系。

### 2.3.4 个性化与大众化并存

电子商务为物流组织创造了一个个性化的商务活动，在物流的运作过程中，物流组织可以根据用户的特殊需要，为用户提供个性化的物流服务。需要注意的是，物流组织在确定自身的特殊物流服务项目即个性化物流服务项目时，应当充分考虑自身物流能力等各方面的因素，谨防为了扩大市场份额而过多地设置自身达不到的个性化服务项目，使企业的信誉受损，给企业带来不应有的损失。

个性化物流服务尽管给物流拓展了市场，带来了用户，但对于物流组织来说，仅仅只开展个性化物流服务是远远不够的，它还应当根据用户对物流服务的共同需求，开展大众化的物流服务。就目前来看，这应当作为物流组织开展物流服务的重点，这样，物流组织的物流规模才能得到有效地扩大，效益才能得到有效地提高。

### 2.3.5 安全性和开放性并存

开放性是互联网的一大特点，对于物流组织来说，其网络系统也应该具备开放性的特点，用户可以通过此网络查询相关的物流信息，掌握物流组织所提供的物流服务项目以及自身委托物流服务项目的实施等情况；物流组织也可以通过此网络掌握和了解用户所需要的物流服务，传输物流信息，与用户进行沟通，对物流活动进行协调。

互联网的开放性同时也带来了互联网的安全性问题，对于物流组织和用户来说，网上信息的传输和存放可能被非法截取和非法利用，从而泄露了商业机密，使双方的利益受到损害。尽管有一系列网上交易的安全规范协议与政策措施（如 SET 协议）来保证网上信息传递的安全性，但网络的安全性仍不十分可靠，因此，对于物流组织来说，如何保证网络系统的安全性，使用户和自身的商业机密不被泄露或者非法截取和使用，将是一个值得重视的问题。

### 2.3.6　信誉与服务水平并存

信誉是企业形象的标志，也是企业服务水平质量高低的代表。一个没有信誉的物流组织，在电子商务时代是很难得到生存和发展的，而一个信誉良好的物流组织将会得到更多消费者的欢迎。

在电子商务时代，企业和消费者的交易活动是在网上完成的，而物流活动更多的是在网下来进行的，如果一个物流组织在自己提供的物流服务项目中，不能准时地根据企业和用户的要求完成物流活动，那么该物流组织将会在企业和消费者中丧失信誉。

此外，从经营的角度来看，电子商务物流还具有专业化、社会化和一体化的特点。

## 2.4　现代物流对电子商务的影响

### 2.4.1　物流是电子商务概念模型的基本要素

电子商务概念模型是对现实世界中电子商务活动的一般抽象描述，它由电子商务实体、电子市场、交易事务和信息流、商流、资金流、物流等基本要素构成。

图 2-2 为电子商务概念模型。

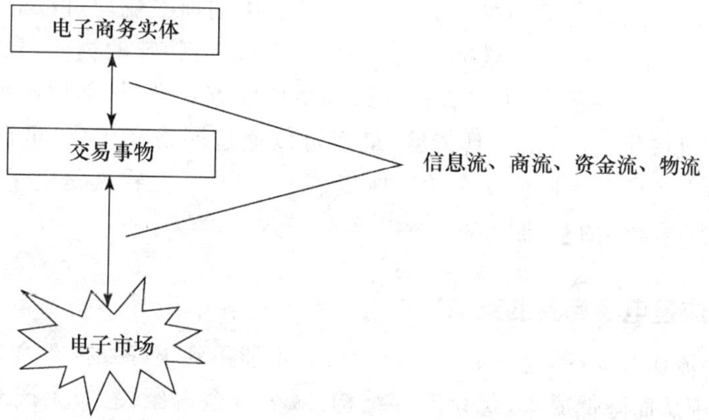


**图 2-2　电子商务概念模型**

在电子商务概念模型中，电子商务实体是指能够从事电子商务的客观对象，它可以是企业、银行、商店、政府机构和个人等。电子市场，是指电子商务实体从事商品和服务交换的场所，它是各种各样的商务活动参与者利用各种通信装置，通过网络连接成的一个统一整体。交易事物，是指电子商务实体之间所从事的具体的商务活动的内容，如询价、报价、转账支付、广告宣传和商品运输等。

电子商务中的任何一笔交易都包含着几种基本的“流”，即信息流、商流、资金流和物流。其中，信息流既包括商品信息的提供、促销、行销、技术支持和售后服务等内容，也包括诸如询价单、报价单、付款通知单和转账通知单等商业贸易单证，还包括交易方的支付能力和支付信誉等。商流，是指商品在购、销之间进行交易和商品所有权转移的运动过程，具体是指商品交易的一系列活动。资金流，是指资金的转移过程，包括付款和转账等过程。在电子商务中，以上三种流的处理都可以通过计算机和网络通信设备实现。作为四流中最为特殊的一种，物流是指物质实体(商品或者服务)的流动过程，具体指运输、储存、配送、装卸、保管和物流信息管理等活动。对于少数商品和服务来说，可以直接通过网络传输的方式进行配送，如各种电子出版物、信息咨询服务、有价信息软件等。而对于大多数商品和服务来说，物流仍要由物理方式传输，但由于一系列机械化、自动化工具的应用，准确、及时的物流信息对物流过程的监控将使物流的流动速度加快，准确率提高，能有效地减少库存，缩短生产周期。

### 2.4.2 物流是电子商务的重要组成部分

电子商务概念的提出首先是在美国，而美国的物流管理技术自1915年发展至今已有90多年的历史，通过利用各种机械化、自动化工具以及计算机和网络通信设备，早已日臻完善。同时，美国作为一个发达国家，其技术创新的本源是需求，即所谓的需求拉动技术创新。作为电子商务前身的电子数据交换技术的产生是为了简化烦琐、耗时的订单等的处理过程，以加快物流的速度，提高物资的利用率。电子商务的提出最终是为了进一步提高现代化的物流速度。

可见，美国在定义电子商务概念之初就有强大的现代化物流作为支持，只需将电子商务与其对接即可，而并非电子商务过程不需要物流的电子化。我们知道，电子商务＝网上信息传递＋网上交易＋网上结算＋物流配送。一个完整的商务活动，必然要涉及信息流、商流、资金流和物流等四个流动过程。在电子商务下，四流中的前三流均可以通过计算机和网络通信设备实现，可形象地称之为“鼠标”；而作为四流中最为特殊的物流，只有诸如电子出版物、信息咨询等少数商品和服务可以直接通过网络传输方式进行，其他不可能在网上实现，则需借助一系列机械化、自动化工具传输，最多可以通过网络来优化，可形象地称之为“车轮”。也就是说，电子商务＝鼠标＋车轮。所以，在一定意义上物流是电子商务的重要组成部分，是信息流和资金流的基础与载体。

### 2.4.3 物流是电子商务的支点

没有现代物流作为支撑，电子商务的巨大威力不能得到很好发挥。合理化、现代化的物流，通过降低费用从而降低成本，优化库存结构，减少资金占压、缩短生产周期，保障现代化生产的高效进行。如果没有现代化的物流，生产不能顺利进行，电子商务将成为无米之炊。电子商务领域的先锋——亚马逊网上书店比世界上最大的零售商沃尔玛开通网上业务早3年。然而，沃尔玛拥有遍布全球的由通信卫星联系的物流配送系统，这就使沃尔玛在送货时间上比亚马逊快了许多。

### 2.4.4 物流是电子商务所具优势正常发挥的基础

电子商务的开展能够有效地缩短供货时间和生产周期，简化订货程序，降低库存水平，同时使得客户关系管理更加富有成效。在电子商务下，商品生产和交换的全过程，即从原材料的采购、各工艺流程的生产到成品的交付，都需要各类物流活动的支持。物流还是商流的后续者和服务者。在电子商务交易过程中，消费者通过网上购物，完成了商品所有权的转移过程，即商流过程。但是电子商务的活动并未就此结束，只有商品或者服务真正转移到消费者手中，即只有通过物流过程，商务活动才得以终结。因此，物流系统的效率高低是电子商务成功与否的关键，而物流效率的高低很大一部分取决于物流现代化的水平。没有现代化的物流运作模式支持，没有一个高效的、合理的、畅通的物流系统，电子商务所具有的优势就难以得到有效的发挥，没有一个与电子商务相适应的物流体系，电子商务就难以得到有效的发展。

### 2.4.5 物流是实施电子商务的关键

无论在传统的贸易方式下，还是在电子商务下，生产都是商品流通之本，而生产的顺利进行需要各类物流活动的支持。生产的全过程从原材料的采购开始，便要求有相应的供应物流活动将所采购的材料到位，否则生产就难以进行；在生产的各工艺流程之间，也需要原材料、半成品的物流过程，即所谓的生产物流，以实现生产的流动性；部分余料、可重复利用的物资的回收，就需要所谓的回收物流；废弃物的处理则需要废弃物物流。可见，整个生产过程实际上就是系列化的物流活动。合理化、现代化的物流，通过降低费用从而降低成本、优化库存结构、减少资金占用、缩短生产周期，保障了现代化生产的高效进行。相反，缺少了现代化的物流，生产将难以顺利进行，无论电子商务是多么便捷的贸易形式，现代化生产将是纸上谈兵。

在商流活动中，商品所有权在购销合同签订的那一刻起便由供方转移到需方，而商品实体并没有因此而移动。在传统的交易过程中，除了非实物交割的期货交易，一般的商流都必须伴随相应的物流活动，即按照需方(买方)的需求将商品实体由供方(卖方)以适当的方式、途径向需方(买方)转移。而在电子商务下，消费者通过上网点击购物完成了商品所有权的交割过程，即商流过程。但电子商务的活动并未结束，只有商品和服务真正转移到消费者手中，商务活动才告以终结。在整个电子商务的交易过程中，物流实际上是以商流的后续者和服务者的姿态出现的。没有现代化的物流，如此轻松的商流活动都将会化为一纸空文。

### 2.4.6 物流是电子商务中实现“以顾客为中心”理念的根本保证

电子商务的出现，在最大程度上方便了最终消费者。他们不必再跑到拥挤的商业街，一家又一家地挑选自己所需的商品，而只要坐在家里，在互联网上搜索、查看、挑选，就可以完成他们的购物过程。但试想，他们所购的商品迟迟不能送到，或者商家所送并非自己所购，那消费者还会选择网上购物吗？

物流是电子商务实现以“以顾客为中心”理念的最终保证。缺少了现代化的物流技术，电子商务给消费者带来的购物便捷等于零，消费者必然会转向他们认为更为安全的传统购物方式，那网上购物就没有存在的必要了。

### 2.4.7 物流是实现电子商务跨区域物流的重点

我国加入 WTO 后，电子商务的应用将更加重视跨区域物流。要解决电子商务中跨国物流、跨区域物流可能出现的问题，有赖于完善的物流系统。借助互联网，电子商务将整个世界联系在一起。电子商务的推广加快了世界经济的一体化，因为电子商务的跨时域性和跨区域性，使得物流活动必然呈现跨国性，国际物流在整个商务活动中愈来愈占有举足轻重的地位。

随着电子商务的发展日趋成熟，跨国、跨区域的物流将日益重要，没有物流网络、物流设施和物流技术的支持，电子商务将受到极大的抑制，如果没有完善的物流系统，电子商务虽然能降低交易费用，但却无法降低物流成本，电子商务所产生的效益将大打折扣。只有大力发展电子商务，广泛开展国际物流合作，才能促进世界经济繁荣。

从以上的论述中可见，物流是电子商务重要的组成部分。我们必须摒弃原有的重信息流、商流和资金流的电子化，而忽视物流电子化的观念，大力发展现代化物流，以进一步推广电子商务。

### 2.4.8 我国物流现状已成为电子商务发展的瓶颈

随着科技的发展，网上结算和网络安全都构不成瓶颈。中国 1 000 多家上市公司，几百万人民币的网上交易已经成功运作多年就是很好的证明。而物流却是电子商务实实在在的发展瓶颈。这种瓶颈目前表现为，在网上实现商流之后，没有一个有效的物流配送系统对实物的转移提供适时、适量、低成本的转移服务。

我们可以从两方面对物流瓶颈进行理解。一方面，互联网可以优化物流，但无法解决物流问题，虽然互联网可以解决商流、信息流和资金流。物流问题的解决，尤其是社会化物流平台的构建，需要大规模的基本建设。另一方面，物流本身发展滞后，和电子商务的发展相比，即便是发达国家的物流，其发展速度也难以和电子商务的发展速度并驾齐驱。这是因为物流系统的建设是基础性的东西，需要一点一滴的建设和积累。我国在这方面更不可能实现“跨越式发展”，不存在“后发优势”。

## 2.5 电子商务对物流的影响

### 2.5.1 电子商务为物流创造了一个虚拟性的运动空间

在电子商务的状态下，人们在进行物流活动时，物流的各种职能以及功能可以通过虚拟化的方式表现出来，在这种虚拟化的过程中，人们可以通过各种的组合方式，寻求物流的合理化，使商品实体在实际的运动过程中，达到效率最高、费用最省、距离最短、时间最少的功能。

### 2.5.2 电子商务将改变物流企业对物流的组织和管理

在传统经济条件下，物流往往是由某一企业来进行组织和管理的，而电子商务则要求物流以社会的角度来实行系统的组织和管理，以打破传统物流分散的状态。这就要求企业在组织物流的过程中，不仅要考虑本企业的物流组织和管理，而且更重要的是要考虑全社会的整体系统。

### 2.5.3 电子商务将改变物流企业的竞争状态

在传统经济活动中，物流企业之间存在激烈的竞争，这种竞争往往是依靠本企业提供优质服务、降低物流费用等方面来进行的。在电子商务时代，这些竞争内容虽然依然存在，但有效性却大大降低了。原因在于电子商务需要一个全球性的物流系统来保证商品实体的合理流动，对于一个企业来说，即使它的规模再大，也是难以达到这一要求的。这就要求物流企业应当相互联合起来，在竞争中形成一种协同竞争的状态，以实现物流高效化、合理化、系统化。

### 2.5.4　电子商务将促进物流基础设施的改善

电子商务高效率和全球性的特点，要求物流也必须达到这一目标。而物流要达到这一目标，良好的交通运输网络、通信网络等基础设施则是最基本的保证。

### 2.5.5　电子商务将促进物流技术的进步

物流技术主要包括物流硬技术和物流软技术。物流硬技术，是指在组织物流过程中所需的各种材料、机械和设施等。物流软技术，是指组织高效率的物流所需的计划、管理、评价等方面的技术和管理方法。从物流环节来考察，物流技术包括运输技术、保管技术、装卸技术和包装技术等。电子商务的飞速发展，促使传统的物流技术向现代物流技术转变。传统的物流技术主要是指物资运输技术，包括运输材料、机械、设施等。现代物流技术则是以计算机信息技术为基础的，如地理信息系统、全球卫星定位系统、电子数据交换、条形码技术等。物流技术水平的高低是决定物流效率的一个重要因素，要建立一个适应电子商务运作的高效率的物流系统，加快提高物流的技术水平则有着重要的作用。

### 2.5.6　电子商务将促进物流管理水平的提高

物流管理水平的高低直接决定和影响物流效率的高低，也影响电子商务高效率优势的实现问题。只有提高物流的管理水平，建立科学合理的管理制度，将科学的管理手段和管理方法应用于物流管理当中，才能确保物流的畅通进行，实现物流的合理化和高效化，促进电子商务的发展。

### 2.5.7　电子商务可使物流实现网络的实时控制

传统的物流活动在其运作过程中，不管其是以生产为中心，还是以成本或者利润为中心，其实质都是以商流为中心，从属于商流活动，因而物流的运动方式是紧紧伴随着商流来运动的。而在电子商务中，物流的运作是以信息为中心的，信息不仅决定物流的运动方向，而且也决定物流的运作方式。在实际运作过程中，通过网络上的信息传递，可以有效地实现对物流的实施控制，实现物流的合理化。

## 2.6　电子商务物流管理

### 2.6.1　电子商务物流管理的含义

电子商务物流管理，简单地说，就是研究应用电子商务物流活动规律，对电子商务物流活动全过程、各环节和各方面所进行的计划、组织、指挥、协调、控制和决策等。

图 2-3 为生产型企业的电子商务物流管理模式图。

电子商务物流管理的目的就是使各项物流活动实现最佳的协调与配合，追求以最低的物流成本向客户提供优质的物流服务，也就是既降低物流成本，又提高物流效率和经济效益。

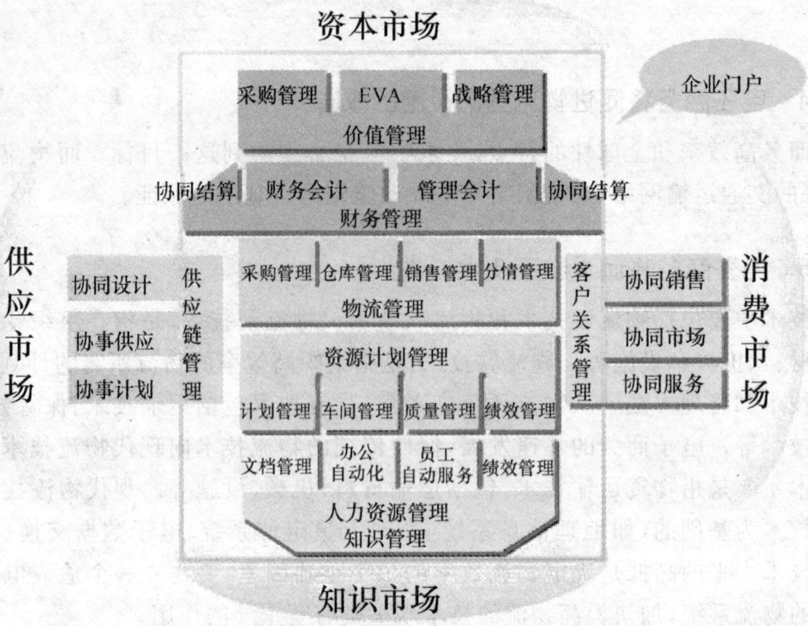


图 2-3 生产型企业的电子商务物流管理模式图

电子商务物流管理在服务理念、配送体系、技术支持和管理特征等方面都具有明显的创新特征(参见表 2-1)。

表 2-1 传统物流管理与电子商务物流管理的比较

| | 传统物流管理 | 电子商务物流管理 |
|---|---|---|
| 服务理念 | 以规模为中心 | 以客户为中心 |
| 配送体系 | 单一线性配送网 | 网状配送网络体系 |
| 技术支持 | 传统管理技术 | 网络技术、信息技术 |
| 信息响应 | 信息传递迟缓、响应慢 | 信息化程度高、反应迅速 |
| 管理特征 | 刚性化 | 柔性化 |
| 合作程度 | 格局分散 | 强调协同合作 |

### 2.6.2 电子商务物流管理的职能

一、计划职能

计划职能是对整个物流过程的科学的计划和管理，主要包括编制、执行、修正和监督年度物流的供给和需求计划、月度供应作业计划、各个物流环节的具体作业计划以及与物流营运相关的经济财务计划。

二、组织职能

组织职能的主要工作内容有：确定物流系统的机构设置、劳动分工、定额定员；配合有关部门进行物流的空间组织和时间组织的设计；对电子商务中的各项职能进行合理分工，对各个环节的职能进行专业化协调。

三、协调职能

电子商务物流管理协调职能，是指除物流业务运作本身的协调功能外，还需要物流与商流、资金流、信息流相互协调才能保证满足电子商务用户的需求。

四、控制职能

控制职能具有广泛性和随机性，这是由于电子商务涉及面广，其物流活动参与人员众多且人员情况变化大，所以物流管理的标准化、标准的执行与督查、偏差的发现与矫正等控制职能相应具有广泛性和随机性。

五、激励职能

人是物流系统和物流活动中最活跃的因素，激励职能主要包括物流从业人员的选拔和录用、培训与提高、绩效的考核与评估、工作报酬与福利、激励与约束机制的设计。

六、决策职能

电子商务物流管理的决策职能主要包括运输方式、运输路线选择的决策，原材料、半成品、产成品库存量的决策，采购量、采购时间的决策，包装容器和包装材料选择与设计的决策，采用有效物流信息的决策等。

### 2.6.3　电子商务时代物流管理的趋势

一、由顾客服务转向关系管理

过去物流管理的着重点在企业内部作业与组织的整合，对下游顾客的对应仍以服务品质为主要管理重心。因此，评价管理绩效多数为订单周期时间的速度、供货率等。然而在电子商务供应链管理模式发展下，企业之间的关系逐渐转向强调跨企业界限的整合，使得顾客关系的维护与管理变得越来越重要。随着电子商务时代中客户关系管理理念的出现，物流管理已从物的处理提升到物的附加值方案管理。

二、由对立转向联合

在传统商业通道中，企业间多以自我为中心，追求自我利益，因此往往造成企业间的对立局面。然而在追求更大竞争力的驱动下，许多企业开始在各个商业流通机能上相整合，通过联合规划与作业，形成高度整合的电子商务供应链通道体系，使通道整体绩效大幅提升。

三、由预测转向终测

传统的流通模式通过预测下游通道的资源来进行各项物流作业活动，但预测的准确性不高，因而浪费了商业资源。新兴的物流管理趋势是强调通道成员的联合机制，成员间愿意互换营运和策略的信息，尤其是内部需求以及生产的资料，使得上游企业无须去预测，流通模式是逐渐由预测基础转向终测基础发展。

四、由功能整合转向程序整合

在渠道竞争日趋激烈的环境中，企业必须更快响应上、下游顾客的需要，因而必须有效地整合各部门的营运，以程序式的操作系统来运作。物流作业与活动具有跨功能、跨企业的特性，故程序式整合是物流管理成功的必要条件。

五、由垂直整合转向虚拟整合

在传统渠道中，一些大型企业会进行通道的垂直整合，以期对通道掌握有更大的力量。事实证明这并不成功，反而分散了企业的资源，并将主业削弱。今后企业经营的趋势是将非核心业务委托给专业管理企业，形成虚拟企业整合体系，为主体企业提供更好的产品和服务。在虚拟整合趋势下，供应链体系得以成功发展，物流产业也得到很大的支持，得以配合主体企业商流之需，不断开发新的增值服务项目，形成更专业的第三方物流，为市场提供更好、更多和更有价值的服务。

六、由信息保密转向信息分享

在供应链管理结构下，供应链内相关企业必须将供应链整合所需的信息与其他的企业分享，否则无法形成有效的供应链体系。

七、完善对物流科学的研究

物流科学是融合了技术科学和经济科学的综合科学，其内容相当广泛，包括系统科学、管理科学、环境科学、流通科学、运输科学、仓储科学、营销科学、再生科学以及机械、电子等方面专门技术。物流科学是现代大生产、大流通的必然产物。随着电子商务时代经济发展的需要，对我国的物流业将提出更高的要求，物流科学和理论的研究更具有积极的作用。

### 2.6.4 我国电子商务物流管理发展的对策

经济全球化使我国电子商务物流管理的发展面临巨大的机遇和挑战。经济全球化是一个长期的过程，我们必须真正解读和把握物流管理的新理念，抓住物流管理革命性变革的机遇，改革我国的物流管理体制，大力发展我国的物流管理和交通运输事业(包括海运、空运、铁路运输、公路运输等)，大力发展新型交通运输工具，积极抢占国际物流市场份额，这就需要做到以下几个方面。

在立足国内市场的基础上，面向国际市场，适应经济全球化发展的根本要求。制定我国发展电子商务物流管理的投融资规则，使我国电子商务物流管理的发展迅速纳入法制化的轨道，保障我国发展电子商务物流管理的投资能够有效地参与经济全球化的大竞争，为我国电子商务物流管理的健康发展创造有利的投融资条件。

迅速制定经济全球化时代我国电子商务物流管理发展的配套政策和措施，真正确立我国电子商务产业的先导地位，在经济全球化发展进程中逐步创造我国电子商务产业的局部竞争优势。

在经济全球化发展进程中，坚持电子商务协调发展的长期政策导向，使信息流、资金流和物流三者协调发展，大力发展信息技术，建立安全的信息和资金渠道，形成有效的物流管理体制和功能，以信息流促进资金流、带动物质流，以资金流推进信息流、拉动物质流，以物质流支持资金流、推动信息流，形成三者优势互动、良性循环的电子商务发展态势。

在大力推进、鼓励我国企业发展国际商务的同时，积极推进、鼓励他们大力发展国际电子商务，通过政策性鼓励和推动，促进我国电子商务的拓展，推进以创造电子商务产生局部竞争优势或者市场竞争优势为目的的海外投资规模性扩张。

## 本章练习题

1. 简述电子商务物流的含义。
2. 电子商务物流有哪些特点?
3. 现代物流对电子商务的影响有哪些?
4. 电子商务对物流有哪些影响?
5. 简述电子商务物流管理的含义。
6. 简述电子商务时代物流管理的趋势。
7. 我国电子商务物流管理发展的对策有哪些?

# 第3章　电子商务物流模式

案例导读

## 奥康创新物流运作模式打造零距离配送①

奥康集团创建于1998年，是一家从3万元起家，发展至拥有6亿多元资产，年销售额达到10.7亿元的民营企业。奥康是浙江省重点骨干企业，中国百强民营企业，该公司产品获得首批国家免检产品称号，并连续三届蝉联中国真皮鞋王称号。奥康拥有三大针对不同目标市场的品牌，即奥康、康龙和美丽佳人。据统计，奥康15年来的生产量足以使浙江省每人都拥有一双奥康鞋。

面对中国皮鞋业供大于求的不争事实，奥康集团通过对公司物流系统的不断改革与完善，终使奥康跨过了众多企业难以解决的物流瓶颈问题，使企业始终处于良性循环的发展轨道。

一、物流模式演进变革

奥康在物流系统建设的道路上有过几次反复。1998年以前奥康基本上是沿用“以产定销”的经营模式，总部生产部门生产什么，营销人员就推销什么，代理商就卖什么，这一套物流模式在奥康发展过中起过比较重要的作用。因为这样总部的“主动权”比较大，但在运作这套模式的过程中，矛盾也逐步暴露了出来：由于总部信息的片面性，形成了“以我为主”、“自己说了算”，最后导致与市场需求的脱离，特别是导致了库存的加大，利润的降低。

1999年，奥康生产、营销两分离，全面导入订单制，即生产部门生产什么，不是生产部门说了算，而是营销部门说了算，而营销部门则根据市场的信息、分公司的需求、代理商的订单进行信息整合，最后形成需求，向生产部门下订单，这叫订单制，也叫以销定产。这种订单制的实施，实质上就是把生产部门变成了营销部门的OEM(加工厂家)。这样，奥康的订单制，以客户为中心的物流运作模式得以慢慢形成。在整体思路以订单制为中心的物流模式中，奥康还通过对其中的几个“关键词”进行了改造，使得整个系统的运行有了保障。

二、物流运作无“网”不胜

很多消费者可能都有这样一种经历，电视台上有些大打广告的产品，当你心动准备去购买的时候，走遍了所在城市的每一个角落，也找不到它们的踪影。这是一个典型的终端不完善的表现，也是物流“不流”、“难流”的原因之一。

在这个“网络为主”的时代，谁拥有了完善而健全的终端，谁的终端渗透能力强，谁就能

① 资料来源：物流天下网。

够不断适应消费者的需求，从而在市场的变化中占领先机。奥康现在除了在我国的台湾、香港、澳门三地没有营销机构外，在全国31个省、直辖市、自治区都拥有了自己的营销网络，106个营销机构，2 800多家连锁专卖店，1 000多家店中店，并在意大利的米兰成立了境外分公司，在西班牙的马德里设立办事处。强大的终端网络，促使奥康物流"能流"、"速流"。现在奥康产品在三天内就可以通过专卖店及商场专柜等终端出现在消费者面前，实现了营销工作的第一步"买得到"。

三、物流运作速度为王

现代市场的竞争，就是比谁看得准，谁下手狠。特别是对皮鞋行业而言，许多是季节性的产品。对于这种类型的产品，就在于比时间、比速度，对于一些畅销的品种，如果你能抢先于你的对手一星期上货、一个月出货就抢先占领了市场。而对于市场的管理终极目的也在于此，如果你的产品慢于对手一步，就会形成积压。所以说市场的管理说到底是对库存的管理。

传统的库存管理主要是通过手工做账与每月盘点的方法来实现，这种方法在企业处于中小阶段不能适应，但是企业发展到一定阶段后，特别是面对当今市场高速运行，皮鞋季节分化日益明显的态势，不能及时清晰地对库存结构及数量作出准确的反映，就会在企业的运营中出现非常被动的局面。有时库存处于警戒线后，你必须在一个月后，经过全国大盘点后才可以得知，而这时，当你想进行调整时已经有些晚了。

为此，奥康与中国最大的软件商之一用友公司进行合作，着手建立了全国营销的分销系统，对每个分公司、办事处配备电脑，并与总部电脑进行链接，使各网点与总部进行联网，最后达到信息快速共享的目的。这样，总部与分公司、分公司与终端网点的信息沟通、反馈及处理就全部在电脑上操作完成，形成一个快速的信息反应链。这样每个销售分公司的销售网点每天的销售就一目了然。现在，奥康全国任何一个分公司、办事处的任何一台电脑都可以了解公司产品的库存总数、当天销售、累计销售、某一类型产品的数量以及尺码。总部对一些畅销品种能马上作出反应，打好时间战，迅速完成产品的南货北调，促进了总部的决策活动与全国物流整体把握，把全国物流风险降低，提高整体经济效益。

四、物流运作信息至上

在奥康的内部有一种共识，在金钱贪污、物品贪污、信息贪污中，最可怕的是信息贪污。信息的重要性由此可见一斑，为此，奥康设立专职的信息部门，负责收集全国的信息。现在的奥康总部专门设立了一个由20多人组成的信息部门，负责收集分析研究全国的市场信息，为公司的生产、营销、开发提供依据。同时期，每个分公司、每个专卖店也落实信息收集工作，并与总部进行对接。信息人员依据工作分工，每天收集不同季节、不同类型的产品信息，并及时反馈到开发部门，为开发工作提供依据；常年收集市场终端信息，为公司的市场规划提供依据。总部则第二天利用晨会，对信息筛选、分析并分流后，交由相关部门处理，并对前一天的信息处理结果进行反馈。公司还通过每天的《信息汇总》、每周的《信息汇总》、每月两期的《营销快讯》、E-mail等载体将信息落实传达到相关人员，为他们的工作提供依据。特别值得一提的是，每天全国每个专卖店、商场专柜都将当天的销售情况反馈到总部。为此，总部每天都能及时而又准确地了解到当天产品的销售情况，从而对市场作出迅速而又准确的反应。

这样，奥康通过对信息的收集和有效的处理，对市场的需求作出准确的反应，从而不断调整自己的物流工作，进而降低了库存，提高了效益，市场的竞争能力不断增强，企业效率连年递增。现在的奥康，企业经营实现了三个零：物流管理零库存；企业经营零运营资本；物流配送零距离。企业的市场占有率得到了进一步提高。

**理论与实务**

## 3.1 企业自营物流模式

电子商务企业借助自身的物质条件，自行开展经营的物流，称为自营物流。电子商务企业自身组织商品配送，可以说是自己掌握了交易的最后环节，有利于控制交易时间。但是电子商务的信息业务与物流业务是截然不同的两种业务，企业必须对跨行业经营产生的风险进行严格的评估，其中成本控制和程序管理是最大的麻烦。对于任何一个企业而言，拥有一支自己的配送队伍都将会是一笔庞大的开支。出于对成本的考虑，配送队伍的规模必须与企业的业务量相适应。另外，如何保持适当的库存规模，如何制定恰当的配送路线，如何选择合适的物流工具，如何确定合理的送达时间都是需要严格管理的。不是所有的电子商务企业都有必要、有能力自己组织商品配送的，具有以下特征的从事电子商务的企业适合依靠自身力量解决配送问题。

(1) 业务集中在企业所在城市，送货方式比较单一。由于业务范围不广，企业独立组织配送所耗费的人力不是很大，所涉及的配送设备也仅仅限于汽车以及人力车而已，如果交由其他的企业处理，反而浪费时间、增加配送成本。

(2) 拥有覆盖面很广的代理店、分销店、连锁店，而企业业务又集中在其覆盖范围内。这样的企业一般是从传统产业转型或者依然拥有传统产业经营业务的企业，如电脑生产商、家电企业等。

(3) 对于一些规模比较大、资金比较雄厚、管理能力强的企业，比较适合自营物流。

(4) 物流对企业具有非常重要的战略地位。

如果货物配送量巨大，企业有必要投入资金建立自己的配送系统以强化对供应和分销渠道的控制。如亚马逊网站已经开始斥巨资建立遍布美国重要城市的配送中心，准备将主动权牢牢地掌握在自己手中。

以下两点需要加以说明。

(1) 自营物流并非不能把有些功能外包。根据自身条件，电子商务企业可以将有关的物流服务委托给专门企业去做，即从市场上购买有关的物流服务(如向运输公司购买运输、向仓储公司购买仓储服务)。但这些服务只限于一次或者一系列分散的物流功能，而且是临时的、纯市场交易的服务。另外，即便物流服务的基础设施为自身所有，但委托有关的物流企业来运作，如请仓库管理公司来管理仓库或者请专业物流企业来运作管理现有的企业车队，从产业进化的角度来看这是一个进步。

(2) 自营物流应当充分借助于传统流通渠道。对于已经开展传统商务的企业，可以建立基于网络的电子商务销售系统，同时也可以利用原有的物流渠道承担电子商务的物流业务。传统流通渠道在电子商务环境下依然有其不可替代的优势。首先是传统商业历史悠久，有良好的顾客基础，已经形成的品牌效应在很大程度上是配送信用的保证。其次是那些具有一定规模的连锁店、加盟经营店使准确及时在全国范围内成为可能。另外，由于传统流通渠道本身也存在商品配送的任务，如果网站把商品配送任务交给传统流通渠道来解决，那么可以充分利用一些闲置的仓储、运输资源，相对于使用全新的系统，其成本降低了。

## 3.2　第三方物流模式

### 3.2.1　第三方物流的含义

第三方物流（Third Party Logistics，3PL）是由供方与需方以外的物流企业提供物流服务的业务模式。具体来说，是指由物流的实际需求方（第一方）和物流的实际供给方（第二方）之外的第三方部分或者全部利用第三方的资源通过合约向第一方提供的物流服务，因此也称合同物流、契约物流。第三方，是指提供部分或者全部物流功能服务的一个外部提供者，是物流专业化和社会化的一种形式。

图 3-1 为供应链中的第三方物流运作模式。

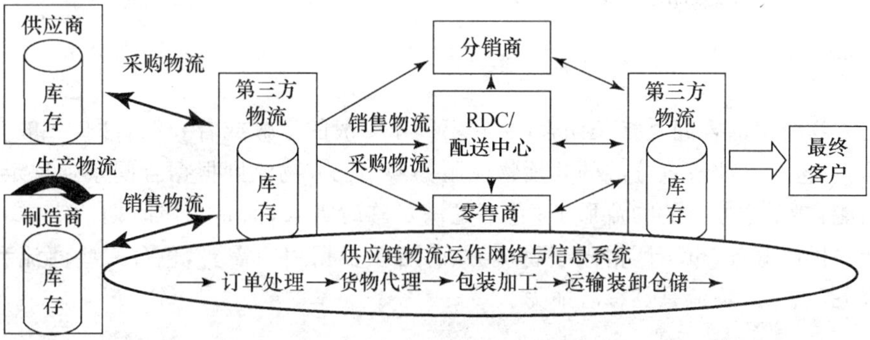


**图 3-1　供应链中的第三方物流运作模式**

### 3.2.2　第三方物流的产生

一、社会分工的结果

在外包（Out-Souring）等新型管理理念的影响下，各企业为了增强市场竞争力，而将企业的资金、人力和物力投入到其核心业务上去，寻求社会化分工协作带来的效率和效益的最大化。专业化分工的结果导致许多非核心业务从企业的生产经营活动中分离出来，其中包括物流业。

二、新型管理理念的要求

进入 20 世纪 90 年代后，信息技术特别是计算机技术的高速发展与社会分工的进一步细化，推动着管理技术和管理思想的迅速更新，由此产生了供应链、虚拟企业等一系列强调外部协调和合作的新型管理理念，既增加了物流活动的复杂性，又对物流活动提出了零库存、准时制(Just in Time，JIT)、快速反应。有效的顾客反应等更高的要求使一般企业很难承担此类业务，由此产生了专业化物流服务的需求。第三方物流的思想正是为满足这种需求而产生的。它的出现一方面迎合了个性需求时代企业间专业合作（资源配置）不断变化的要求，另一方面实现了物流的专业化整合，提高了物流服务质量，加强了对供应链的全面控制和协调，促进供应链达到整体最佳性。

三、改善物流与强化竞争力相结合意识的萌芽

物流研究与物流实践经历了成本导向、利润导向和竞争力导向等几个阶段，将物流改善与竞争力提高的目标相结合是物流理论与技术成熟的标志。这是第三方物流概念出现的逻辑基础。

四、物流领域的竞争激化导致综合物流业务的发展

随着经济自由化和贸易全球化的发展，物流领域的政策不断放宽，同时也导致物流企业自身竞争的激化，物流企业不断地拓展服务内涵和外延，从而导致第三方物流的出现。这是第三方物流概念出现的历史基础。

### 3.2.3 第三方物流的特征

一、第三方物流是合同导向的一系列服务

第三方物流中的合同是指长期合同，它不同于一般的运输或者仓储合同，一般合同针对一次交易，只包含一项或者分散的几项物流服务。第三方物流则根据合同条款规定的要求，提供多功能、甚至全方位的物流服务；它不是满足临时需求，而是一段时期的需求。第三方物流企业提供的服务，也不严格限于物流方面，可以根据用户需要，包含一些商流和信息流方面的服务，只不过物流是其核心能力。

二、第三方物流是个性化物流服务

第三方物流服务的对象一般都较少，只有一家或者数家。服务时间却较长，往往长达几年。这是因为需求方的业务流程各不相同，而物流、信息流是随商流或者价值流流动的，因而要求第三方物流服务应当按照用户的业务流程来设计传统的运输、仓储。

三、第三方物流建立在现代信息技术基础上

现代信息技术的发展是第三方物流产生的必要条件。计算机、网络和现代通信技术实现了数据处理的实时化、数据传递的高速化，使库存管理、运输、采购、订单处理和配送等物流过程自动化、一体化水平不断提高，用户可以方便地通过信息平台与物流企业进行交流和协作，消除物流外包带来的管理上的不便，这就使用户企业有可能把原来在内部完成的物流作业交由物流企业运作。常用于支撑第三方物流的信息技术有：实现信息快速交换的 EDI 技术；实现货物跟踪的 GPS 系统；实现资金快速支付的 EET 技术；实现数据快速采集的条形码技术；实现网上交易、查询的电子商务技术等。

四、第三方物流企业与用户企业是联盟关系

第三方物流企业与用户（或者货主）企业不是一般的市场交易关系，而是介于市场交易

与纵向一体化(即企业内部提供物流服务)之间的联盟关系。这就要求物流企业与用户企业之间相互信任,充分共享信息、共担风险和共享收益,以达到比单独从事物流活动所能取得的更好效果即双赢。表现在物流服务提供者的收费政策上,不看重单项业务的盈利,而着眼于整个时期的利润。无论从哪一方面讲,合作伙伴对自己都有战略价值,故这种联盟关系的存续时间都较长。据一项调查表明,西欧使用第三方物流的企业服务时间在5年以上的达到60%。

### 3.2.4 第三方物流的利与弊

在当今竞争日趋激化和社会分工日益细化的大背景下,第三方物流具有明显的优越性,具体表现在以下四个方面。

一、企业集中精力于核心业务

由于任何企业的资源都是有限的,很难成为业务上面面俱到的专家。为此,企业应当把自己的主要资源集中于自己擅长的主业,而把物流等辅助功能留给物流企业。如美国通用汽车的萨顿工厂通过与赖德专业物流公司的合作,取得良好的效益。萨顿工厂集中于汽车制造,而赖德管理萨顿的物流事务。赖德接洽供应商,将零部件运到位于田纳西州的萨顿工厂,同时将成品汽车运到经销商那里。萨顿工厂使用电子数据交换进行订购,并将信息发送给赖德。赖德从分布在美国、加拿大和墨西哥的300个不同的供应商那里进行所有必要的小批量采购,并使用特殊的决策支持系统软件来有效地规划路线,使运输成本最小化。

二、灵活运用新技术,实现以信息换库存,降低成本

当科学技术日益进步时,专业的第三方物流供应商能不断地更新信息技术和设备,而普通的单个制造企业通常一时间难以更新自己的资源或者技能;不同的零售商可能有不同的、不断变化的配送和信息技术需求,此时,第三方物流企业能以一种更快速、更具成本优势的方式满足这些需求,而这些服务通常都是制造商一家难以做到的。同样,第三方物流供应商还可以满足一家企业的潜在顾客需求的能力,从而使企业能够接洽到零售商。如美国赖德专业物流公司向一家床垫制造商西蒙斯公司提供一种新技术,使得后者彻底改变了自己的经营方式。在合作前,西蒙斯公司在每一个制造厂储存了2万~3万个床垫来适时满足客户的时尚需求。合作后,赖德在西蒙斯公司的制造厂安排一个现场物流经理。当订单到达时,该物流经理使用特殊的软件来设计一个把床垫发送给客户的优化顺序和路线。随后,这一物流计划被发送到工厂,在那里按照确切的数量、款式和顺序制造床垫,并全部及时发送。该项物流合作从根本上降低了西蒙斯公司对库存的需求。

三、减少固定资产投资,加速资本周转

企业自建物流需要投入大量的资金购买物流设备,建设仓库和信息网络等专业物流设备。这些资源对于缺乏资金的企业特别是中小企业是一个沉重的负担。而如果使用第三方物流,企业不仅减少设施的投资,还减少了仓库和车队方面的资金占用,加速了资金周转。

四、提供灵活多样的顾客服务,为顾客创造更多的价值

假如你是原材料供应商,而你的原材料需求客户需要迅速的货源补充,你就要有地区仓

库。通过第三方物流的仓储服务，你就可以满足客户需求，而不必因为建造新设施或者长期租赁而调拨资金并在经营灵活性上受到限制。如果你是最终产品供应商，利用第三方物流还可以向最终客户提供更多样的服务品种（如提供本企业一时不能满足客户要求的暂时缺货、短时的仓储管理等服务），为顾客带来更多的附加价值，使顾客满意度提高。

当然，与自营物流相比较，第三方物流在为企业提供上述便利的同时，也会给企业带来诸多的不利，主要有：企业不能直接控制物流职能；不能保证供货的准确和及时；不能保证顾客服务的质量和维护与顾客的长期关系；企业将放弃对物流专业技术的开发等。如企业在使用第三方物流时，第三方物流企业的员工经常与企业的客户发生交往，此时，第三方物流企业会通过在运输工具上喷涂自己的标志或者让企业员工穿着统一服饰等方式来提升第三方物流企业在顾客心目中的整体形象，从而取代企业的地位。

### 3.2.5 企业选择第三方物流的依据

企业在进行物流决策时，应当根据自己的需要和资源条件，综合考虑以下主要因素，慎重选择物流模式，以提高企业的市场竞争力。

一、物流对企业成功的影响度和企业对物流的管理能力

物流对企业成功的重要度较高，企业处理物流的能力相对较低，则采用物流联盟；物流对企业成功的重要度较低，同时企业处理物流的能力也低，则采用外购物流服务；物流对企业成功重要度很高，且企业处理物流的能力也高，则采用自营物流。

二、企业对物流控制力的要求

越是竞争激烈的产业，企业越是要强化对供应渠道和分销渠道的控制，此时企业应该自营物流。一般来说，主机厂或者最终产品制造商对渠道或者供应链过程的控制力比较强，往往选择自营物流，即作为龙头企业来组织全过程的物流活动和制定物流服务标准。

三、企业产品自身的物流特点

对于大宗工业品原料的回运或者鲜活产品的分销，则应当利用相对固定的专业物流服务供应商和短渠道物流；对全球市场的分销，宜采用地区性的专业物流企业提供支援；对产品线单一的或者为主机厂做配套的企业，则应当在龙头企业统一下自营物流；对于技术性较强的物流服务（如口岸物流服务），企业应当采用委托代理的方式；对非标准设备的制造商来说，企业自营虽有利可图，但还是应该交给专业物流服务企业去做。

四、企业的规模和实力

一般来说，大中型企业由于实力较雄厚，有能力建立自己的物流系统，制订合适的物流需求计划，保证物流服务的质量。另外，还可以利用过剩的物流网络资源拓展外部业务（为别的企业提供物流服务）。而小企业则受人员、资金和管理资源的限制，物流管理效率难以提高。此时，企业为把资源用于主要的核心业务上，就适宜把物流管理交给第三方专业物流代理公司。如实力雄厚的麦当劳公司，每天必须把汉堡等保鲜食品运往中国各地，为了保证供货的准确及时，就组建了自己的货运公司。

五、物流系统总成本

在选择是自营物流还是物流外协时，必须弄清两种模式物流系统总成本的情况。

发展第三方物流企业无疑是促进电子商务企业物流活动合理化、效率化以及提高整个社会物流合理化的重要途径。特别是在当今的信息时代，将先进的信息技术和网络技术应用到物流管理中会极大地促进物流事业的发展，第三方物流事业具有广阔的发展前景。

## 3.3　物流联盟模式

### 3.3.1　物流联盟的产生

按照《国家标准物流术语》的规定，物流联盟是两个或者两个以上的经济组织为实现特定的物流目标而采取的长期联合与合作。换句话说，物流联盟是指在物流方面通过签署合同形成优势互补、要素双向或者多向流动、相互信任、共担风险、共享收益的物流伙伴关系。企业之间不完全采取导致自身利益最大化的行为，也不完全采取导致共同利益最大化的行为。一般来说，组成物流联盟的企业之间具有很强的依赖性，物流联盟的各个组成企业明确自身在整个物流联盟中的优势以及担当的角色，内部的对抗和冲突减少，分工明晰，使供应商把注意力集中在提供客户指定的服务上，最终提高了企业的竞争能力和竞争效率，满足了企业跨地区、全方位物流服务的要求。

利益是物流联盟产生的最根本原因。企业之间有共享的利益是物流联盟形成的基础。物流市场及其利润空间是巨大的。在西方发达国家物流成本占 GDP 的 10%左右，而我国占 15%～20%，如此大的市场与我国物流产业的效率低下形成鲜明的对比，生产运输企业通过物流或者供应链的方式形成联盟有利于提高企业的物流效率，实现物流效益的最大化。

大型企业为了保持其核心竞争力，通过物流联盟方式把物流外包给一个或者几个第三方物流公司。如英国的 Laura Ashley 是一家时装和家具零售商和批发商，从 1953 年的一个家庭为基础的商业企业发展到在全球 28 个国家有 540 个专卖店的企业。从 20 世纪 80 年代，Laura Ashley 公司开始使用联邦快递的服务来经营北美地区业务，在 90 年代初，Laura Ashley 面临着一个物流问题，即陈旧和集中的存货系统使公司在正常的基础上很难提供充足数量的产品，Laura Ashley 公司的仓储和供应网络会延迟送货时间，尤其在英国以外的国家。为了提升竞争地位，增加核心竞争力，Laura Ashley 公司决定与联邦快递结盟，外包其关键性的物流功能，如存货控制和全球物流配送。于是在 1992 年 3 月，该公司外包其未来 10 年内的总计 2.25 亿美元的全球物流服务项目给联邦快递公司。Laura Ashley 公司减少了其一半的库存货物和 10%～12%物流费用，补货控制在 48 小时内，提高了产品的供货质量。尤其重要的是那些“易损”的产品现在能够更可靠、更频繁和更准时的配送。

中小企业为了提高物流服务水平，通过联盟方式解决自身能力的不足。近年来随着人们消费水平的提高，零售业得到了迅猛的发展，这给物流业带来了发展机遇的同时也带来了新的挑战。因物流发展水平的长期落后，如物流设备、技术落后，资金不足，按行政条块划分物流区域等，很多企业尤其是中小企业不能一下子适应新的需求，于是通过联盟的方式来解决这个矛盾。

以第四方物流为中心对物流服务的各个机构尤其是第三方物流企业进行整合，在数量上和质量上服务能力都大大提高，解决单独靠一家企业或者第三方物流机构不能完成的问题，因此产生新的联盟方式。

国际互联网技术的广泛应用使跨地区的物流企业联盟成为可能。由于信息高速公路的建成，使得世界距离大大缩短，异地物流企业利用网络也可以实现信息资源共享，为联盟提供了有利的条件。

### 3.3.2 物流联盟的基本特征

一、分工精细

无论对于何种企业来说，物流需求都产生于市场的需求。物流服务的供应商(即物流联盟的各个组成企业)应该明确自身在整个物流联盟中的优势所在以及所应当担当的角色，这样物流联盟内部的对抗和冲突就会大大减少。这种明晰的分工使供应商把注意力集中在提供用户指定的服务上。

二、协作严密

既然是联盟当然就要强调合作，即组成物流联盟的企业之间具有很强的依赖性。高度成功的物流联盟的营销战略是建立一个合作平台。“不管要什么，随处可得”这一口号就代表了典型的物流联盟对密切合作的双重承诺。物流联盟可以较好地满足其跨地区配送的特性，通过它可获得以下收益：降低成本，减少投资；获得技术和管理技巧；提高为顾客服务的水平；取得竞争优势；降低风险和不确定性。

一般来说，如果企业自身物流管理水平比较低，组建物流联盟将会在物流设施、运输能力以及专业管理技巧上收益极大。另外，如果物流在企业战略中不占关键地位，但其物流水平却很高，就应该寻找其他的企业共享物流资源，通过增大物流量获得规模效益，降低成本。另外，许多的物流企业自身也利用联盟来改善其竞争能力。在物流企业之间形成战略联盟，普遍提高了他们的竞争能力和竞争效率。许多物流联盟致力于把专门承担特定服务的厂商的内在优势汇集在一起。许多不同地区的物流企业正在通过联盟共同为某一电子商务客户服务，满足电子商务企业跨地区、全方位的物流服务要求。西方将企业间这种合作关系的特点归纳为“8I”：

1. 个体的优秀

个体的优秀(Individual Excellence)，即双方都是有实力的，并且都有一些有价值的东西贡献给这种关系。它们卷入这种关系的动机是积极的(追寻未来的机会)，而不是消极的(掩盖弱点或者逃避困境)。

2. 重要性

重要性(Importance)，即这种关系适合合伙人的主要战略目标，如实现系统的双赢。而且合作中有长期的目标，其中这种关系扮演着关键的角色。

3. 相互依赖

相互依赖(Interdependence)，即合作者彼此需要，他们拥有互补的资产和技术。任何一方都无法完成双方合作才能完成的事情，即双方具有充分信任的基础。

4. 投资

投资 (Investment),即合作者彼此投资(如通过等价交换、交叉物权或者相互提供服务等),以显示其在关系中的投入。并通过这种投入,显示其长期合作的诚意。

5. 信息

信息 (Information),即双方进行充分的信息交流和信息共享,包括他们的目标、技术数据、冲突知识、成本、进度和质量控制等信息。运用 EDI 和 Internet 进行充分的交流。

6. 一体化

一体化 (Integration),即通过一定的制度安排,对物流系统功能、资源、网络要素以及流动要素进行统一规划、统一管理和统一评价,通过要素之间的协调和配合完成物流的整体运作。

7. 制度化

制度化 (Institutionalization),即给定这种关系是一种正常状况,具有明确的责任和精确的过程。这种关系不会因为人为的因素或者一时冲动而遭到破坏。

8. 完整性

完整性 (Integrity),即合作者彼此之间的行为采用使人尊敬的方式,以证明和强化相互间的信任。他们不滥用得到的信息,彼此之间也不搞破坏。

物流联盟适用于两种情况:第一,物流在企业的发展战略中起主要作用,而企业自身的物流管理能力和管理水平又比较低。在这种情况下,组建物流联盟将会在物流设施、运输能力、专业管理技巧上收益极大;第二,物流在其战略中不占关键地位,但其物流水平很高。这时组建物流联盟可能寻找伙伴共享物流资源,通过增大物流量获得规模效益,降低成本。

物流联盟的风险在于容易产生对战略伙伴的过分依赖,由于资产专用性和信息不对称的原因使企业可能蒙受损失。另外,可能造成核心竞争力的丧失。

### 3.3.3 物流联盟的优势

大企业通过物流联盟可以迅速地开拓全球市场,如 Laura Ashley 公司正是与联邦快递联盟,完成其全球物流配送,从而使业务在全球范围内展开。

长期供应链关系发展成为联盟形式,有助于降低企业的风险。单个企业的力量是有限的,它对一个领域的探索失败了损失会很大,如果几个企业联合起来,在不同的领域分头行动,就会减少风险。而且联盟企业在行动上也有一定的协同性,因此对于突如其来的风险能够共同分担,这样便减少了各个企业的风险,提高了抵抗风险的能力。

企业(尤其是中小企业)通过物流服务提供商结成联盟,能有效地降低物流成本(通过联盟整合,可节约成本 10%~25%),提高企业竞争能力。由于我国物流业存在着诸多不利因素,让这些企业进行联盟能够在物流设备、技术、信息、管理和资金等各方面互通有无,优势互补,减少重复劳动、降低成本,达到共同提高、逐步完善的目的,从而使物流业朝着专业化、集约化方向发展,提高整个行业的竞争能力。此外,物流联盟有助于物流合作伙伴之间在交易过程中减少相关交易成本。物流合作伙伴之间经常沟通与合作,互通信息,建立起来相互信任和相互承诺,减少履约风险;即使在服务过程中产生冲突,也可以通过协商加以解决,从而避免无休止的讨价还价,甚至提出法律诉讼产生费用。

第三方物流企业通过联盟有利于弥补自己在业务范围内服务能力的不足。如联邦快递公司发现自己在航空运输方面存在明显的不足，于是决定把一些不是自己核心竞争力的业务外包给 Fritz 公司，与 Fritz 公司联盟，作为它的第三方物流提供商。

### 3.3.4 物流联盟的组合方式

一、纵向一体化

纵向一体化即垂直一体化，这种联盟方式是基于供应链一体管理的基础形成的，即从原材料到产品生产、销售、服务形成一条龙的合作关系。垂直一体化联盟能够按照最终客户的要求在为其提供最大价值的同时，也使联盟总利润最大化，但这种联盟一般不太稳固，主要是在整个供应链上，不可能每个环节都能同时达到利益最大化，因此打击了一些企业的积极性，使它们有随时退出联盟的可能。

二、横向一体化

横向一体化即水平一体化，由处于平行位置的几个物流企业结成联盟，包括第三方物流。这种联盟能使分散物流获得规模经济和集约化运作，降低了成本，并且能够减少社会重复劳动。但横向一体化联盟也有不足的地方，如它必须有大量的商业企业加盟和大量的商品存在，才可能发挥它的整合作用和集约化的处理优势。此外，这些商品的配送方式的集成化和标准化也不是一个可以简单解决的问题。

三、混合模式

混合模式，是指既有处于上下游位置的物流企业，也有处于平行位置的物流企业的加盟。

四、基于 Web 的动态联盟

由于市场经济条件下的激烈竞争，为了占据市场的领导地位，供应链应当成为一个动态的网络结构，以适应市场变化、柔性、速度、革新、知识的需要，不能适应供应链需求的企业将从中被淘汰，并从外部选择优秀的企业进入供应链。供应链从而成为一个能快速重构的动态组织，实现供应链的动态联盟。但这种联盟方式缺乏稳定性。

联盟要给成员带来实实在在的利益。联盟采取的每一项措施都要考虑每个成员的利益，使联盟的每个成员都是受益者，并能协调处理成员间的摩擦，提高客户服务能力，减少成本和获得持久的竞争优势。

联盟战略目标与企业的物流战略一致或者部分一致。联盟是一个独立的实体，是一个系统一体化的组织，联盟成员需采取共同目标和一致的努力，优化企业的外部行为，共同协调并实现联盟的目标。

联盟成员的企业文化的精神实质基本一致。企业文化往往决定着企业的行为，只有企业文化大体相同的企业才有可能在行为上取得一致，从而结盟。

联盟成员的领导层相对稳定。如果联盟成员经常更换领导层，后一任领导可能不认同前一任领导的决策，导致联盟不稳定性加大，因此领导层的相对稳定是联盟长期稳固发展的重要因素。

# 3.4　第四方物流

## 3.4.1　第四方物流的含义

物流业的发展需要技术专家和管理咨询专家的推动，而第三方物流缺乏高技术、高素质的人才队伍支撑。对此有人提出，必须密切客户和第三方物流的关系并进行规范化管理。第四方物流（Fourth Party Logistics，4PL）便应运而生。

第四方物流的首要倡议者是安盛咨询公司。安盛咨询公司甚至注册了该术语的商标，并定义为"一个调配和管理组织自身的及具有互补性服务提供商的资源、能力与技术，以此来提供全面的供应链解决方案的供应链集成商"。这里描述的第四方物流供应商不再只是一个理论概念，安盛咨询公司在欧洲已有两次成功的第四方物流动作。第三方物流作为整个供应链的一部分，通常情况下不可能向客户提供整个供应链的物流服务，即便在供应链的某些环节的服务，第三方物流也只能完成其中的部分内容。第四方物流是在第三方物流的基础上对管理和技术等物流资源进一步整合，为用户提供全面意义上的供应链物流解决方案。

图 3-2 为电子商务下第四方物流的整合模型。

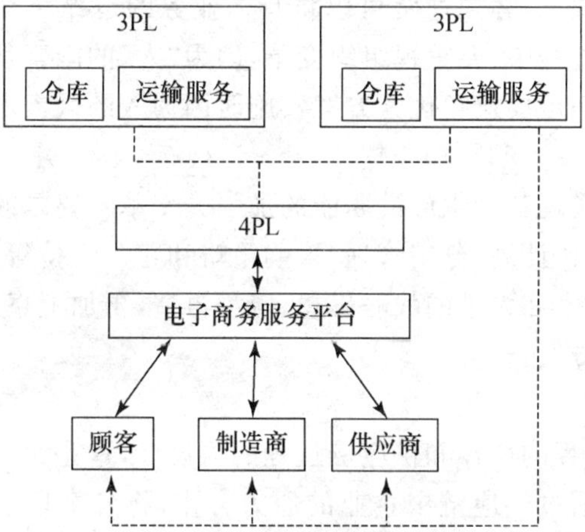


**图 3-2　电子商务下第四方物流的整合模型**

## 3.4.2　第四方物流的功能

1. 供应链管理功能

即管理从货主、托运人到用户、顾客的供应全过程。

2. 运输一体化功能

即负责管理运输企业和物流企业之间在业务操作上的衔接与协调问题。

3. 供应链再造功能

即根据货主或者托运人在供应链战略上的要求，及时改变或者调整战略战术，使其经常高效率地运作。

### 3.4.3 第四方物流的特征

一、提供一整套完善的供应链解决方案

第四方物流集成了管理咨询和第三方物流的能力，不仅能够降低实时操作的成本和改变传统外包中的资产转换，还通过优秀的第三方物流、技术专家和管理顾问之间的联盟，为客户提供最佳的供应链解决方案，而这种方案仅仅通过上述联盟中的其中一方是难以解决的。第四方物流的供应链解决方案共有四个层次，即执行、实施、变革和再造。

1. 执行

执行主要是指由第四方物流负责具体供应链职能和流程的正常运作，这一范畴超过了传统的第三方物流的运输管理和仓库管理，具体包括制造、采购、库存管理、供应链信息技术、需求预测、网络管理，客户服务管理和行政管理等职能。通常的第四方物流只是负责供应链中功能和流程的一些关键部分，也存在一家企业外包所有的供应链活动给第四方物流的情况。

2. 实施

第四方物流的实施包括了流程的一体化、系统的集成和运作的衔接。一个第四方物流服务商可以帮助客户实施新的业务方案，包括业务流程的优化、客户企业和服务供应商之间的系统集成。在这种模式下，客户通常可以将具体业务的运作转交给第四方物流的项目运作小组。在项目实施的过程中，要重视组织变革，因为“人”的因素往往是第四方物流管理具体业务时成败的关键。一定要避免优秀方案实施时因为人的因素而导致的失败。

3. 变革

变革即通过新技术实现各个供应链职能的加强。变革主要是改善供应链中某一具体环节的职能，包括销售和运作计划、分销管理、采购策略和客户支持等。在这一层次上，技术对方案的成败至关重要，技术和先进的战略思想、流程再造，再加上卓越的组织变革管理，共同组成第四方物流的最佳方案。

4. 再造

再造，是指供应链过程的协作和供应链过程的再设计，这是第四方物流的最高境界。供应链流程的真正改善要通过供应链中企业的通力合作，将各个环节的计划和运作协调一致来实现。再造过程就是基于传统的供应链管理咨询技巧，使得企业的业务策略和供应链策略协调一致；同时，技术在这一过程中又起到了催化剂的作用，整合和优化了供应链内部和与之交叉的供应链的运行。

二、通过影响整个供应链来增加价值

第四方物流充分利用了一批服务提供商的能力，包括第三方物流、信息技术供应商、呼叫中心和电信增值服务商等，再加上客户和第四方物流的自身优势。第四方物流能够通过提供一个全方位的供应链解决方案来满足企业的复杂需求，它关注供应链管理的各个方面，既提供不断更新和优化的技术方案，同时又能满足客户的独特需求。

### 3.4.4 第四方物流的运作模式

一、协同运作模式

协同运作模式，是指第四方物流和第三方物流共同开发市场。第四方物流向第三方物流提供一系列的服务，包括技术、供应链策略、进入市场的能力和项目管理的能力。第四方物流在第三方物流企业内部工作，其思想和策略通过第三方物流这样一个具体实施者来实现，以达到为客户服务的目的。

二、方案集成商模式

在方案集成商模式中，第四方物流为客户提供运作和管理整个供应链的解决方案。第四方物流对本身和第三方物流的资源、能力和技术进行综合管理，借助第三方物流为客户提供全面的、集成的供应链方案。

三、行业创新者模式

在行业创新者模式中，第四方物流为多个行业的客户开发和提供供应链解决方案，以整合整个供应链的职能为重点，第四方物流将第三方物流加以集成，向下游的客户提供解决方案。在这里，第四方物流的责任非常重要，因为它是上游第三方物流的集群和下游客户集群的纽带。

行业解决方案会给整个行业带来最大的利益。第四方物流会通过卓越的运作策略、技术和供应链运作来提高整个行业的效率。

### 3.4.5 第四方物流成功的案例分析

在英国，埃森哲公司和泰晤士水务有限公司的一个子公司——Connect2020 进行了第四方物流的合作。泰晤士水务有限公司是英国最大的供水公司，营业额超过 20 亿美元。Connect2020 成立的目的旨在为供水行业提供物流和采购服务。Connect2020 把它所有的服务外包给 ACTV，一家由埃森哲管理和运作的公司。ACTV 年营业额在 1 500 万美元，主要业务包括采购、订单管理、库存管理和分销管理。目前的运作成果包括：供应链总成本降低 10%；库存水平降低 40%；未完成订单减少 70%。

在欧洲，埃森哲公司和菲亚特公司的子公司 New Holland 成立了一个合资企业 New Holland Logistics. P. A.，专门经营服务零配件物流。该公司由 New Holland. P. A. 拥有 80%的股份，埃森哲占 20%的股份。New Holland. P. A. 为合资企业投入了 6 个国家的仓库、775 个雇员、资本投资和运作管理能力。埃森哲方面投入了管理人员、信息技术、运作管理和流程再造的专长。零配件管理运作业务涵盖了计划、采购、库存、分销、运输和客户支持。在过去七年的总投资回报有 6 700 万美元。大约 2/3 的节省来自运作成本降低，20%来自库存管理，其他 15%来自运费节省。同时，New Holland Logistics. P. A. 实现了大于 90% 的订单完成准确率。

在美国，Ryder Integrated Logistics、信息技术巨头 IBM 和第四方物流的始作俑者埃森哲公司结为战略联盟，使得 Ryder Integrated Logistics 拥有了技术和供应链管理方面的特长，而如果没有“第四方物流”的加盟，这些特长要花掉 Ryder Integrated Logistics 公司自身几十年的工夫才能够积聚起来。

## 3.5 物流一体化

### 3.5.1 物流一体化的含义

物流一体化(Integrated Logistics)，是指以物流系统为核心，由生产企业、物流企业、销售企业、直至消费者的供应链整体化和系统化。它是在第三方物流的基础上发展起来的新的物流模式。20 世纪 90 年代，西方发达国家(如美国、法国、德国等国家)提出物流一体化现代理论，并应用和指导其物流发展，取得了明显效果。在这种模式下物流企业通过与生产企业建立广泛的代理或者买断关系，使产品在有效的供应链内迅速移动，使参与各方的企业都能获益，使整个社会获得明显的经济效益。这种模式还表现为用户之间的广泛交流供应信息，从而起到调剂余缺、合理利用、共享资源的作用。物流一体化是 20 世纪末最有影响的商业趋势之一，它改变了从前把产品的流动视为一系列独立活动的思路，把从原材料直到消费者的商品流动作为整体系统进行计划与协调。它是物流管理系统化的具体体现，它充分考虑整个物流过程以及影响此过程的各种环境因素，对商品的实物流动进行整体规划和运行。因此，物流一体化管理的目标是将市场、分销网络、制造过程和采购活动联系起来，以实现顾客服务的高水平与低成本，赢得竞争优势。

图 3-3 为企业物流一体化建设项目。

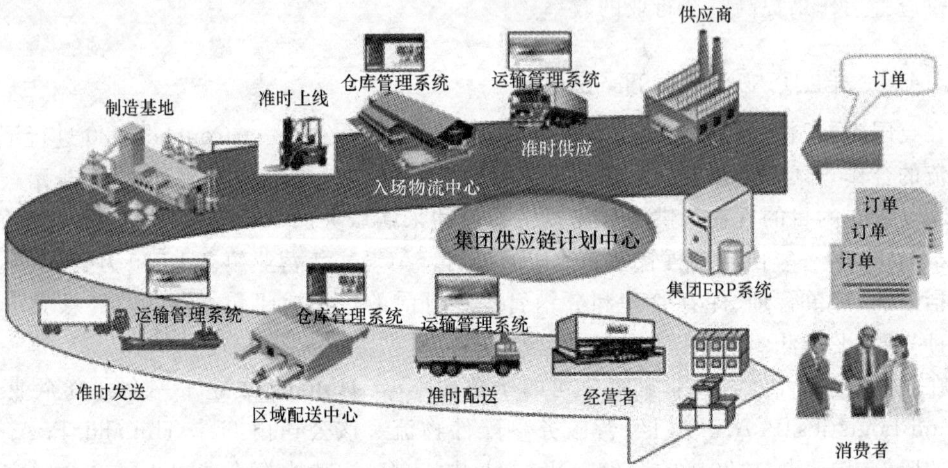


**图 3-3 企业物流一体化建设项目**

### 3.5.2 物流一体化的优势

(1) 有利于重建产销关系，把生产与流通结合成为经济利益共同体，可扭转生产与流通行业的利益对立状况，形成生产与流通相互调控。自觉合作的利益机制，从经济利益上激发商品流通部门参与生产的积极性，通过开拓市场引导生产，通过组织规模流通促进规模生产，建立流通对生产的引导地位，重建产供销关系。

(2) 促使流通部门从共同利益出发，发挥“蓄水池”作用，协调产供销矛盾，平衡市场供应。通过旺收淡放、滞储畅销，在更大程度上发挥流通对生产的引导作用。

(3) 通过相互参股等形式，不仅优化了社会资源配置，还可以优化社会整体经济运作环境，使市场真正活起来，宏观调控更加有效和畅通。

### 3.5.3 物流一体化的三种形式

物流一体化的三种形式即垂直物流一体化、水平物流一体化和物流网络。在三种物流一体化形式中，目前研究最多、应用最广泛的是垂直物流一体化。

#### 一、垂直物流一体化

垂直物流一体化要求：企业将提供产品或者运输服务等的供货商和用户纳入管理范围，并作为物流管理的一项中心内容；企业从原材料到用户的每个过程实现对物流的管理；企业利用自身条件建立和发展与供货商和用户的合作关系，形成联合力量，赢得竞争优势。垂直物流一体化的设想为解决复杂的物流问题提供了方便，而雄厚的物质技术基础、先进的管理方法和通信技术又使这一设想成为现实，并在此基础上继续发展。

#### 二、水平物流一体化

水平物流一体化是通过同一行业中多个企业在物流方面的合作而获得规模经济效益和物流效率。如不同的企业可以用同样的装运方式进行不同类型商品的共同运输。当物流范围相近，而某个时间内物流量较少时，几个企业同时分别进行物流操作显然不经济。于是就出现了一个企业在装运本企业商品的同时也装运其他企业的商品。从企业的经济效益上看，它降低了企业的物流成本；从社会效益来看，它减少了社会物流过程的重复劳动。显然，不同商品的物流过程不仅在空间上是矛盾的，而且在时间上也是有差异的。要解决这些矛盾和差异，必须依靠掌握大量物流需求和物流供应能力信息的信息中心。此外，实现水平一体化的另一个重要的条件就是要有大量的企业参与并且有大量的商品存在，这时企业间的合作才能提高物流效益。当然，产品配送方式的集成化和标准化等问题也是不能忽视的。

#### 三、物流网络

物流网络是垂直物流一体化与水平物流一体化的综合体。当物流一体化每个环节同时又是其他物流一体化系统的组成部分时，以物流为联系的企业关系就会形成一个网络关系，即物流网络。这是一个开放的系统，企业可以自由加入或者退出，尤其在业务最忙的季节最有可能利用到这个系统。物流网络能发挥规模经济作用的条件就是一体化、标准化和模块化。实现物流网络首先要有一批优势物流企业率先与生产企业结成共享市场的同盟，共享市场，进而分享更大份额的利润。同时，优势物流企业要与中小物流企业结成市场开拓的同盟，利用相对稳定和完整的营销体系，帮助生产企业开拓销售市场。这样，竞争对手成了同盟军，物流网络就成为一个生产企业和物流企业多方位、纵横交叉、互相渗透的协作有机体。而且由于先进信息技术的应用，当加入物流网络的企业增多时，物流网络的规模效益就会显现出来，这也促使了社会分工的深化，“第三方物流”的发展也就有了动因，整个社会的物流成本会由此大幅度的下降。

## 本章练习题

1. 简述企业自营物流的优、缺点。
2. 简述第三方物流的利与弊。
3. 简述企业选择第三方物流的依据。
4. 简述物流联盟的含义及基本特征。
5. 简述物流联盟的组合方式。
6. 简述第四方物流的含义。
7. 简述第四方物流的运作模式。
8. 简述物流一体化的含义和优势。
9. 简述物流一体化的三种形式。

# 第 4 章　电子商务物流系统

**案例导读**

## 三九连锁的电子商务物流系统[①]

三九医药连锁有限公司(以下简称三九连锁)是一家新成立的连锁配送公司,三九医药股份有限公司的直属子公司。该公司主要从事医药连锁零售和配送业务。公司现有门店1 000家,有望发展成为中国最大的医药连锁企业。

一、系统特点

由于公司成立时间不长,三九连锁存在行业管理经验缺乏、业务流程不够清晰、人才匮乏等亟待解决的问题。

三九连锁的业务主要有以下特点:

(1) 实施连锁统一策略,包括统一品牌、统一进货策略、统一配送策略、统一财务结算、统一价格策略和统一管理流程六个方面;

(2) 统一采购与授权采购相结合;

(3) 连锁店家跨省、跨区域;

(4) 配送仓可对外承担配送业务。

而此前该公司在行业管理人才、企业管理框架和业务流程等方面是一片空白。引进软件开发公司和咨询公司的主要目的:一是通过软件公司引入成熟的行业管理经验;二是由软件公司帮助建立其业务流程;三是由软件公司代为培训员工;四是建立行业先进的信息处理系统。

三九医药配送信息处理系统由订单处理系统、仓库作业系统和计费处理系统三部分构成。该系统主要有以下三个特点。

1. 库内作业有序化,资源可重组与调度

在管理系统建立之前,由于配送仓的所有作业都是人工安排,不能及时地对仓库的业务变化情况作出快速反应。在管理系统建立之后,将所有的仓库工作任务排序并能穿插进行。系统维护一个简单的综合性"工作库",其组成是所有类型的工作(包括用户自己定义的工作任务,如扫地、清洁等),根据系统以及管理规则将这些任务排序并不时穿插。

---

① 资料来源:三九医药网。

2. 库内作业平稳化,作业可测、可调度

在配送仓,需要根据客户的指令随时对货物进行配送作业。由于客户下指令的不确定性,结果仓库作业的起伏波动较大。如果按照较低作业量的水平来配置人员和设备,就会造成在大作业量时资源不够的情况,因而降低了仓库的效率;如果按照较高作业量的水平来配置人员和设备,在大部分时间就会出现资源浪费的情况。

有了管理系统之后,可以对未来的作业进行预测,进行预安排。当作业量不大时,可以调度资源处理这些预安排的任务;当大作业量到来时,因为已经处理了部分任务,就可以用合理的人员和设备去完成这些作业。

3. 资源的利用可最大化

在没有管理系统的仓库中,货物的存放位置通过人工来安排。由于人工不能随时知道仓库的库存情况和货物的存放位置情况,所以就不能为待入仓的货物分配一个比较合理的存放位置,只能粗略地安排一个货位。时间一长,就会产生许多零碎的不可使用的空置货位,造成仓库面积使用率的下降。

现在,由管理系统对仓库的所有货位进行安排和度量,通过自动计算,可以为待入仓的货物分配一个最合理的存放位置,最大限度地杜绝空置货位的出现。这样,仓库面积的使用率就大大提高了。

二、效益评估

使用了该系统之后,三九连锁的评价是,该系统采用了C/S和B/S结构相结合的计算模式,大大提高了企业的资金流以及信息流的流通效率;降低了出错比率,使仓库面积的使用率提高到60%以上。仅此两项,系统为企业创造的经济效益每年在300万元以上。

三九医药连锁配送管理系统的应用效益主要有以下三点。

1. 加强了对药品的管理

由于药店内药品的种类繁多,连锁分店的数量大,现行的管理模式难以收集到有关药品的准确信息,因而也不能对药品进行科学的管理。本系统将药品的基本信息,药品的供应商,药品的购进、调拨、销售等物流以及有关的统计分析报表融为一体,使管理人员能够随时掌握有关药品的任何信息,从而对药店的经营管理作出科学准确的决策。

2. 加强了物流的管理

该系统改进了药品在药店内的流动环节,使药品在药店各部门之间的流动更合理,减少了手工传递,规范和明确物流中每一环节的任务和要求,对药品的流动环节进行监控,科学地管理药品的库存,设置库存的上下限,尽量减少药店的经营成本。

3. 加强对分店的管理

首先在网络上保证分店和总部之间能顺畅地交换数据,其次要加强对分店的药品销售以及库存的管理,并在此基础上实现总部库存的自动订货、总部对分店的自动调拨以及分店之间的药品调配,减少库存的积压。

另外,该系统还加强了和供应商之间的结算,提高了管理科学化的水平和经济效益,为企业带来了明显的经济效益。

理论与实务

## 4.1　电子商务物流系统的含义

电子商务代表未来的贸易方式、消费方式和服务方式，是信息化和网络化的产物，电子商务需要解决网上安全支付、网络安全、金融认证体系、安全体系、产品品种和经营模式等一系列问题。综合来说，完整的电子商务应该包括商流、物流、信息流和资金流四个方面。但是在目前情况下，随着支付体系的不断健全，商流、信息流和资金流都可以在网上进行，更多的目光就应该集中于如何建立电子商务物流系统这一问题上来。电子商务的基础——建立高效可靠的物流系统，已经成为竞争的关键，电子商务在线服务背后的物流系统的建立成为电子商务解决方案的核心部分。

电子商务物流系统，是指在一定的空间和时间里，物流活动所需的机械、设备、工具、设施和线路等物质资料要素相互联系、相互制约的有机整体。

电子商务物流系统由物流作业系统和物流信息系统两部分组成。物流作业系统是在运输、保管、配送、装卸和包装等作业中，运用各种技术手段，以最大限度提高效率，使各功能之间实现紧密衔接和配合的系统。物流信息系统也称物流神经系统，它把企业物流活动与企业其他功能——采购、生产、销售等有机地联系起来从而提高物流作业系统的效率。

新型的电子商务物流系统可以使商品流通较传统的物流和配送方式更容易实现信息化、自动化、现代化、社会化、智能化、合理化和简单化，既减少生产企业库存，加速资金周转，提高物流效率，降低物流成本，又刺激了社会需求，有利于整个社会的宏观调控，也提高了整个社会的经济效益，促进市场经济的健康发展。

图4-1为电子商务技术支持下的物流信息系统。

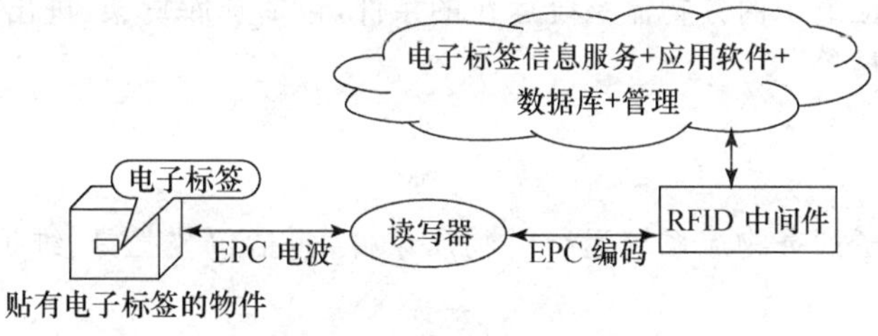


**图4-1　电子商务技术支持下的物流信息系统**

## 4.2　电子商务物流系统的基础设施

电子商务物流系统是由运输、储存、包装、装卸搬运、配送和流通加工等各环节所组成的，它们也可以称为物流的子系统。作为电子商务物流系统的输入是运输、储存、搬运和装卸等环节所耗费的劳务、设备以及材料等资源，经过处理转化成为电子商务物流系统的输出，即物流服务。

电子商务物流系统与传统的物流系统并无本质的区别，其不同之处就在于电子商务物流系统突出强调一系列电子化、机械化、自动化工具的应用以及准确、及时的物流信息对物流过程的监督，它更加强调物流的速度、物流系统信息的通畅和整个物流系统的合理化。随着电子商务交易过程中实物流的流动过程，拥有畅通的信息流把相应的采购、运输、仓储和配送等业务活动联系起来，使之协调一致，这是提高电子商务物流系统整体运作效率的必要途径。

图 4-2 所示是一个简单的电子商务物流系统，其中长方框中的内容即为电子商务物流系统的主要结构模块。

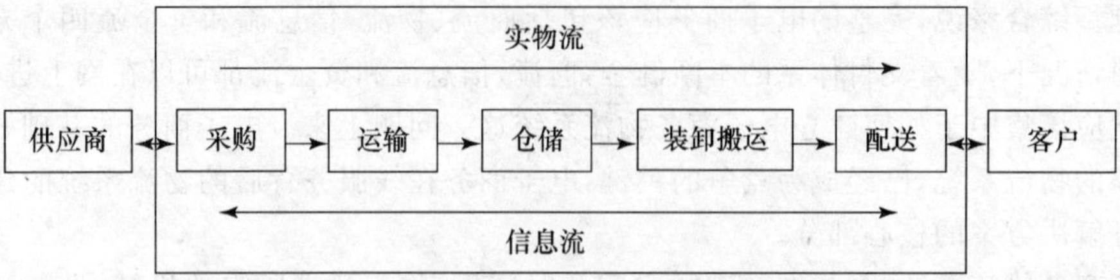


**图 4-2　电子商务物流系统结构示意图**

电子商务物流系统的建立和运行需要有一定的技术装备手段，这些手段的有机结合是电子商务物流系统正常运行的基础条件，这些要素对实现物流某一方面的功能和整体功能是必不可少的，主要体现在以下四个方面。

一、物流设施

物流设施是组织电子商务物流系统运行的基础物质条件，包括物流站场、物流配送中心、仓库等建筑物、公路、铁路、港口和机场等。

二、物流装备

物流装备是保证电子商务物流系统运作的条件，包括仓库货架、进出库设备、加工设备、运输设备和装卸机械等。

三、物流工具

物流工具是电子商务物流系统运行的物质条件，包括包装工具、维护保养工具、修理工具、清洁工具和办公设备等。

四、信息网络

信息网络是物流企业掌握和传递物流信息的手段，根据所需信息水平的不同，包括通信设备及线路、传真设备、计算机及网络设备等；保证从订货到发货的信息流畅通无阻，把物流信息迅速、及时地反馈给采购部门、生产部门和营销部门，提高对客户要求的反应速度。

## 4.3　电子商务物流系统的特点

电子商务物流系统定位在为电子商务的客户提供服务。它是对整个物流系统实行统一信息管理和调度，按照用户的订货要求，在物流基地进行理货工作，并将配好的货物送交收费人的一种物流方式。这种体系要求物流系统提高服务质量、降低物流成本以及优化资源配置。为了达到上述目的，电子商务物流系统需要具备以下主要特点。

### 一、功能集成化

电子商务物流系统着重于将物流与供应链的其他环节进行集成，包括物流渠道与商流渠道的集成、物流渠道之间的集成、物流功能的集成、物流环节与制造环节的集成等。物流系统的竞争优势主要取决于它的功能整合与集成的程度。

### 二、系统复杂化

电子商务物流系统与传统物流系统相比更为复杂，这主要是由电子商务自身特点所决定的。电子商务要求物流系统提供更加完备、迅速和灵活的服务，并随时保持物流信息的畅通。符合电子商务快捷和灵活要求的物流系统将比以往的物流系统更为复杂，而且需要具有一定的柔性，以随时根据环境和需求变化进行动态调整。

### 三、服务系列化

在电子商务下，物流系统除强调物流配送服务功能的恰当定位与完善化、系列化以及传统的储存、运输、包装和流通加工等服务外，还在外延上扩展至市场调查与预测、采购及订单处理、向下延伸至物流配送咨询、物流系统方案的选择与规划、库存控制策略建议、货款回收与结算、教育培训等增值服务，而且在内涵上提高了以上服务对决策的支持作用。

### 四、手段现代化

电子商务下的物流系统使用先进的技术、设备与管理为销售提供服务，生产、流通和销售的规模越大、范围越广，物流配送技术、设备和管理越现代化。

### 五、流程自动化

电子商务物流系统流程自动化，是指运送规格标准、仓储、货箱排列、装卸、搬运等按照自动化标准实施作业，商品按照最佳配送路线执行等。

### 六、组织网络化

互联网的无边界性特点导致了电子商务客户区域的离散性与不确定性，显然，过于分散的配送网络不利于物流企业实施集中的批量配送。但随着现代通信技术和网络技术的发展，构建跨地区的物流网络已经成为可能。为了保证对产品提供快速、全方位的物流支持，电子商务物流系统就需要建立全国性、规模性的物流网络，保证整个物流配送网络有最优化的库存水平和库存分布。

### 七、经营市场化

电子商务物流系统的经营采用的是市场机制，无论是企业自营物流，还是联营以及委托第三方物流企业承担物流工作，都必须确保整个物流系统以最小的输入得到最佳的物流服务效果。在电子商务下，物流业要以服务市场为首要宗旨。

八、目标分散化

在经济一体化和信息全球化日益明显的今天，电子商务企业要十分注意企业的灵活性和相对独立性，不要将企业的业务高度集中在一两个点或者一两个大城市，要尽可能地分散目标、分散风险。而电子商务企业的目标分散也导致了电子商务物流系统的目标分散化。

九、企业信息化

在电子商务时代，要提供最佳的服务，电子商务物流系统必须要有良好的信息处理能力。物流信息化不仅包括存储、运输等物流活动的信息管理和信息传送，还包括为物流过程中的各种决策活动提供支持，即充分利用计算机分析物流数据、进行决策、降低成本和提高效率。

十、管理法制化

在宏观上，要有健全的法规、制度和规则；在微观上，新型物流企业要依法办事，按章行事。

## 4.4 电子商务物流系统的设计

### 4.4.1 电子商务物流系统设计所要实现的目标

电子商务物流，是指从产品采购到销售并送达客户手中这样一个范围很广的系统。因此物流系统设计的目标就是要把其中的各个环节联系起来看成一个整体进行设计和管理，以最佳的结构和最好的配合，充分发挥其系统功能和效率，实现电子商务整体物流合理化。电子商务物流系统设计所要达到的具体目标主要有以下五个方面。

一、服务性

服务性(Service)要求在为用户服务方面要求做到无缺货、无货物损伤和丢失等现象，且费用便宜。

二、快捷性

快捷性(Speed)要求把货物按照用户指定的地点和时间迅速送达，为此可以把配送中心建立在供给地区附近，或者利用有效的运输工具和合理的配送计划等手段。

三、有效地利用面积和空间

有效地利用面积和空间(Space Saving)要求对城市市区面积的有效利用必须加以充分考虑，应该逐步发展立体化设施和有关物流机械，求得空间的有效利用。

四、规模适当化

规模适当化(Scale Optimization)应该考虑物流设施集中与分散的是否适当，机械化与自动化如何合理利用，情报系统的集中化所要求的电子计算机等设备的利用等。

五、库存控制

库存过多需要更多的保管场所，而且会产生库存资金积压，造成浪费。因此，必须按照生产与流通的需求计划对库存进行控制，即库存控制(Stock Control)。

上述电子商务物流系统设计的目标简称为"5S"，要实现以上目标，就要进行研究，把从采购到消费的整个物流过程作为一个流动的系统，依靠缩短物流路线以及使物流作业合理化和现代化，从而降低其总成本。

### 4.4.2　电子商务物流系统的设计要素

在进行电子商务物流系统设计的过程中，需要使用以下六个方面的基本数据：

(1) 所研究商品的品种、规格以及特殊的配送需求等；

(2) 商品数量的多少以及年度销售目标的规模和价格；

(3) 商品的流向以及各配送中心的销售量等；

(4) 服务水平、产品的配送速度和商品质量等；

(5) 时间以及不同的季度、月、周、日、时各种产品的销售量的波动和特点等；

(6) 物流成本。

以上六点称为电子商务物流系统设计有关基本数据的六个要素。这些数据是电子商务物流系统设计中必须具备的。

### 4.4.3　电子商务物流系统设计应当注意的问题

电子商务物流系统的设计必须集思广益，提出尽可能多的可供选择的方案。在设计过程中，应该注意以下问题。

一、收集电子商务物流系统的原始数据

这是规划设计电子商务物流系统的依据，也是电子商务物流系统今后能否满足实际需要的关键。需要收集的数据主要有以下五类。

1. 商品特性

商品特性包括商品的储存方法，尺寸、形状、重量，是否耐压、耐冲击，对环境温度和湿度的要求，储存期长短对于商品质量的影响，商品本身对于环境的影响，在搬运过程中是否需要密封，在搬运过程中是否需要消除可能产生的静电，各种商品之间有何影响以及是否可以储存在一起。

2. 商品流量

首先，从整体角度掌握进入和流出物流系统的总商品流量，包括最大值、最小值、平均值以及概率分布。其次，调查流程中各环节的输入输出量以及频率，并分析预测以后的发展规划，估计可能达到的最大的物流流量。

3. 环境条件

环境条件主要指物流系统的输入、输出、接口条件，包括接口的设备、场地等条件。如物流系统输入端和输出端的运输工具是汽车、火车、轮船还是其他运输设备。

4. 经济数据

经济数据如劳务费用、维护费用、设备费用、建筑费用、土地费用、运输费用、贷款利息、投资限额以及最小收益等。

5. 商品搬运设备的数据

商品搬运设备的数据包括现有的可供选择的各种搬运设备的能力、技术性能、使用寿命和售价等数据。

二、明确方案中的可控因素和不可控因素

电子商务物流系统的任何方案都要满足一定的条件，以达到规定的目标。方案中必然有设计人员无法左右的各种前提条件，即不可控因素。如对于仓库的物流而言，出入库频率和出入库数量是必须满足的一个要求，基本上是规划设计人员不能更改的。但是，方案中也必然有一些可以由规划设计人员在一定范围内选取的变量。例如，仓库收发货站台的位置和数量、搬运设备的载重量和作用速度以及物流系统的运行政策(先入先出或者先入后出，就近入库或者就近出库等)都是可控因素，明确了所有的可控因素和不可控因素，就能明确如何去影响系统的性能，达到所追求的目标。

物流系统的设计就是通过调整可控因素，观察系统性能的变化趋势，从而选择可控因素的最佳匹配，达到系统的最佳效果。

## 4.5 电子商务物流系统的评价

### 4.5.1 电子商务物流系统的评价原则

对于一个电子商务物流系统进行评价往往是一项非常复杂而又重要的任务，系统评价不仅仅在选择事实方案之前进行评价，而且还要对实施过程中的方案跟踪评价、对实施完成后的物流系统进行回顾评价以及对已经投入运行的物流系统进行运行现状评价。

评价的主要目的是判定物流系统是否达到了预定的各项性能指标，能否在满足各种内外约束条件下实现物流系统的预定目标。由于各个电子商务企业物流系统的目标各有侧重，因此，电子商务物流系统评价的标准、考虑的因素、使用的方法、评价过程和步骤也是各不相同的。

但总的来说，电子商务物流系统评价必须遵循以下原则。

一、保证评价的客观性

评价的目的就是为了决策，因此，只有保证了评价的客观性，确保资料的全面、可靠和正确，并防止评价人员的倾向性，才能实现决策的正确性。

二、保证方案的可比性

替代方案在保证实现系统的基本功能上要有可比性和一致性。个别方案功能突出、内容有新意，也只是突显了这个方案某些功能的优越性，并不能以偏概全，替代其他方面的内容。

三、确保方案指标的系统性

评价指标是指为了达到系统的目的，从系统众多的输出特性中选择的一整套衡量指标。评价指标具有评价标准和控制标准的双重功能，要包括系统目标所涉及的一切方面，具备可查性、可比性和定量性，而且对于定性问题要有恰当的评价指标，以保证评价不出现片面性。

### 4.5.2 电子商务物流系统的评价标准

对电子商务物流系统评价需要有一定的评价标准，这样才能衡量电子商务物流系统实际的运行状况。要对各种电子商务物流系统作出客观公正的评价，就应该根据各个系统的不同情况制定出评价的标准。通常电子商务物流系统的评价标准包括以下九项。

一、经济性

经济性包括初始投资、每年的运营费用、直接或间接的经济效益、投资回收期以及全员劳动生产率等。

二、可靠性

可靠性包括电子商务物流系统各个环节的可靠性和整个系统的可靠性、技术的成熟程度、设备故障率和排除故障所需时间。

三、灵活性

灵活性包括电子商务物流系统各环节与企业销售节奏相匹配的能力以及调整物流路线的可能性。

四、安全性

安全性包括商品的安全和人员的安全以及在正常运行和紧急状态下的安全保障。

五、易操作性

易操作性，是指操作简单，不容易发生错误，只需要少量指令就可以使设备和整个系统投入运行。

六、可扩展性

可扩展性，是指电子商务物流系统的服务范围和吞吐能力方面有进一步扩大的可能性。

七、劳动强度

劳动强度，是指电子商务物流系统需要劳动力的数量以及可能引起的劳动者的劳动疲劳程度。

八、服务水平

服务水平，是指电子商务物流系统对于顾客要求作出快速响应的能力。

九、敏感性

敏感性,是指电子商务物流系统对于外界环境条件发生变动的敏感程度。

在具体对一个电子商务物流系统进行评价时,可以根据所确定的每一项评价标准的重要程度分别赋予权重,用加权平均的方法对电子商务物流系统进行综合评价。

### 4.5.3 电子商务物流系统的评价方法

由于各个电子商务物流系统的结构不同、性能不同以及评价因素不同,因此,评价的方法也各有不同,应该根据各个系统的不同情况来选择系统评价方法。

从物流指标的量性上来分,一般可分为定量分析评价、定性分析评价和两者相结合的评价方法三类。

从评价因素的个数来分,又可以分为单因素评价和多因素评价两种。单因素评价就是在进行电子商务物流系统评价时,各个评价方案只考虑一个主要因素,如物流成本、营业利润等。而多因素评价则是在进行电子商务物流系统方案评价时,同时考虑两个或者两个以上的主要因素。

从时间上来看,电子商务物流系统评价主要可以分为两类:一是对物流现状进行系统评价,从而对显示系统有一个全面的了解,为系统调整和优化提供基础信息和思路;二是研究物流项目的可行与否以及效益大小,从而为最终决策提供辅助信息。

### 4.5.4 电子商务物流系统的评价过程

评价是根据明确的目标来测定对象系统的属性,并将这种属性变为客观定量的计算值或者主观效用的行为过程。物流系统评价和物流系统工程的其他步骤一样,本身也要遵循一定的步骤。

图 4-3 显示了电子商务物流系统的评价过程。

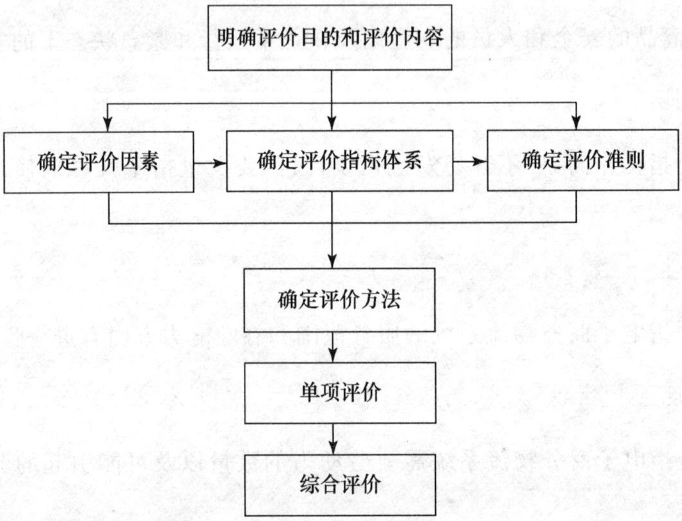


**图 4-3 电子商务物流系统的评价过程**

电子商务物流系统的评价过程包括:(1) 明确评价目的和评价内容;(2) 确定评价因素;

(3) 确定评价指标体系;(4) 确定评价准则;(5) 确定评价方法;(6) 单项评价;(7) 综合评价。

单项评价是就电子商务物流系统或者电子商务物流系统方案的某一具体方面进行详细的评价,单项评价不能解决最优方案的判定问题。综合评价就是在各单项评价的基础上按照评价标准,对系统整体进行全面的评价。

图 4-4 为一个设计好的可执行的电子商务物流系统。

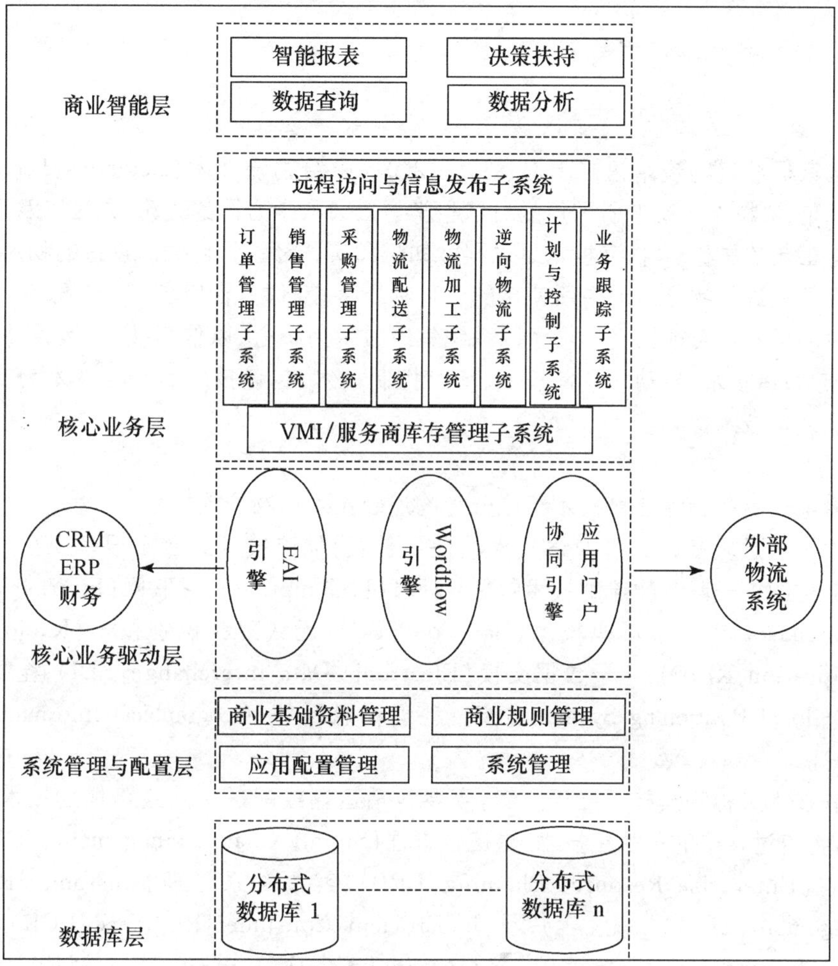


**图 4-4 设计好的可执行的电子商务物流系统**

## 本章练习题

1. 简述电子商务物流系统的含义。
2. 电子商务物流有哪些基础设施?
3. 电子商务物流系统有哪些特点?
4. 如何进行电子商务物流系统的设计?
5. 如何进行电子商务物流系统的评价?

# 第二部分 电子商务物流信息技术

◎ 中国国家标准(《物流术语》GB/Tl8354—2001)中给物流技术(Logistics Technology)下的定义是:“物流活动中所采用的自然科学与社会科学方面的理论、方法以及设施、设备、装置与工艺的总称。”物流技术是以科学知识和实践经验为依据而创造的物流活动手段,它是人们在进行物流活动中所使用的各种物质手段、作业程序、工艺技巧、劳动经验和工作方法的总和。目前已经形成了以系统集成技术为核心,以信息技术、运输技术、配送技术、装卸搬运技术、自动化仓储技术、库存控制技术、包装技术等专业技术为支撑的现代化物流装备技术格局。

◎ 本书将电子商务物流信息技术组成分为物流硬技术和物流软技术。

物流硬技术是随着计算机网络技术的应用普及,物流技术综合了很多现代化的信息技术。典型的电子商务物流硬技术包括:计算机(Computer);互联网(Internet);数据库技术(Database,DB);条形码技术(Bar Code,BC);无线射频识别技术(Radio Frequency Identification,RFID);电子数据交换(Electronic Data Interchange,EDI);全球卫星定位系统(Global Positioning System,GPS);地理信息系统(Geographical Information System,GIS)等。

物流软技术又称物流技术应用方案,主要包括运输或配送中的线路规划技术,库存控制技术,物流过程中的可视化技术,供应链管理(Supply Chain Management,SCM),企业资源计划(Enterprise Resource Planning,ERP),客户关系管理(Customer Relationship Management,CRM),有效客户反应(Efficient Consumer Response,ECR),快速反应(Quick Response,QR),准时制生产(Just in Time,JIT),电子订货系统(Electronic Ordering System,EOS),销售时点信息(Point of Sale,POS)系统,自动补货系统(Continuous Replenishment Program,CRP)等。

# 第5章 电子商务物流硬技术

案例导读

## EDI应用模式①

一、上海海关通关业务计算机及EDI应用介绍

上海是全国最大通关口岸之一。上海海关现在日处理进出口报关单1.2万份，征收关税占全国海关1/4强，进出口货物年递增约30%。上海海关全部通关业务均使用计算机作业。

上海海关在通关业务方面应用计算机管理始于1985年，从刚开始时的单独业务环节处理程序发展成现在的能全面、系统地处理海关业务和采用EDI技术的现代化的大型数据处理系统。其发展过程大致经历了以下三个阶段。

第一阶段：1985—1989年。

该阶段是计算机应用的起步阶段，海关开始在单独的业务环节上(如征税、统计和查询等方面)使用计算机作辅助处理，减轻了海关关员的劳动强度，提高了工作效率。

第二阶段：1990—1994年。

该阶段上海海关全面使用了海关总署开发的H883报关自动化计算机管理系统，标志着上海海关彻底摆脱了手工作业的局面。计算机不仅作为一种辅助手段，而且发展成一种规范化的作业流程。计算机采集的海关业务数据通过全国海关的网络系统，汇总成国家的数据资源的一部分，为国家的宏观决策提供依据。

从信息化的角度来看，该阶段只能属于EDP(Electronic Data Processing，电子数据处理)，是一种系统内部的电子数据处理系统。随着大量的原始数据的采集和录入，逐步形成了信息化处理的瓶颈。期间国家不同的管理部门以及不同行业、企业等各自内部系统的EDP也得到了蓬勃发展，又产生了不同的EDP之间的数据交换需求。因此，海关总署开始组织研究和开发EDI系统。

第三阶段：1995—1999年。

海关总署将原来的H883系统升级为H883/EDI系统，并为上海海关装备了EDI平台使用的AMTrix EDI系统，使上海海关的计算机管理系统从EDP发展成了EDI系统。围绕海关业务，EDI也在上海的外贸企业、进出口公司以及报关企业中得到应用。

作为海关EDI通关系统的一部分，1994年年底在上海海关开始应用至今的“海关空运

---

① 资料来源：百度文库。

快递 EDI 系统”，年均处理 200 万批国际快递物品，并全面实现无纸作业，世界海关组织(WCO)和国际快递协会(IECC)曾联合在上海虹桥国际机场海关开现场会，向全世界推荐该 EDI 系统。

海关 EDI 通关系统荣获国家科技进步三等奖。在技术上，EDI 通关系统采用 EDIFACT 标准，其中对 EDIFACT 的报文类型 CUSEXP 的应用还成为全球首例，使中国海关在 EDI 方面进入世界先进行列。现在，上海海关的 H883/EDI 通关系统已经与 300 多家报关企业的 500 多台电脑实现联网。其 EDI 平台的 AMTrix 系统每天处理约 6 000 份进出口报关单，每天处理的各类报文多达 4.3 万余份。

上海海关的 EDI 通关系统已成为上海口岸通关环节的重要组成部分。如果说海关内部的 EDP 极大地解放了生产力，提高了海关内部的工作效率的话，那么海关的 EDI 通关系统则更多地为报关等有关企业带来了实惠，真正实现了足不出户完成通关的目标。

在新的世纪里，上海海关通关业务的信息化进程又将迈出新的步伐，相信在未来的五年里，上海海关在海关总署的统一领导和具体指导下，其计算机管理系统会向更高的目标迈进，在通过 Internet 报关、无纸化作业、开放式的体系结构等多方面会取得新的进展。

二、新加坡国际贸易 EDI 系统

在国际贸易电子化的众多成功案例中，新加坡的国际贸易 EDI 系统(Trade Net)是最具有代表性的。

新加坡国际贸易 EDI 系统的开发和运行是新加坡政府的一项全国性工程，其主要目的是要达到贸易过程的高效率。当时在新加坡贸发局的组织下，新加坡电脑局和海关等处理贸易文件的政府机构、贸易商会、货运商会等代表成立了一个领导委员会来规划整个系统。这个系统命名为贸易网络(Trade Net)。委员会对政府机构对贸易文件的处理和海运、空运等要求，进行了全面分析，并提出了一份综合性的贸易网络系统的设计蓝图。1989 年这个网络开始了试运行，由 50 家公司上网试点，很快扩展到了大部分公司。1992 年已经有 90% 的进出口批准证书的申请通过该网络进行。到 1996 年，在新加坡全国已经有 1.4 万多家公司使用该系统，并且有 99% 的进出口批准证书的申请通过该网络进行。而 1% 不使用该系统的进出口贸易主要是一些需单独处理的特殊控制商品(如武器等)。

这个 EDI 网络的最大特点便是贸易企业可以通过简化和易用的电子方式向政府机构(包括贸易发展局、海关、商检等)呈交进出口报文，一旦报文被批准，批准证书便迅速地以电子方式发回贸易企业，该批准证书由贸发局和海关联合设计，它包括了贸发局和海关两个部门需要审批的内容。因此，当贸易企业取得批准证书时，也意味着所有的审批手续，包括关税、处理费用和所有的报关要求都已缴纳和合格，可以凭批准证书马上清关出货或者提货。为了提高工作效率，有关处理报文的电脑系统全部联网，采用简化流程，统一的进出口企业编码，划一的电子数据通信界面和交换标准，使得报文在呈报之后能够在没有人为干涉的情况下在网络中自动处理。通过 Trade Net 网络处理，一份报文由呈报到获得批准的时间由 3～4天缩短到几十分钟的时间。

关税和消费税是新加坡财政收入之一。为了在 EDI 报关方式下确保税收。新加坡实行银行担保制度。担保金额每年由银行根据贸易企业的上年实绩确定。通常，银行担保有效期为一年，年终为失效期。额度可以周转使用，在一次报关完毕后，额度可以恢复。这样就把企业信用变成了银行信用。在货物进关或者出关后，需要扣税的，海关可以通过与银行联网的电子划账系统，直接到担保银行的贸易企业账户中进行结算。

随着 Trade Net 的成功运行，新加坡又进一步将 EDI 应用推广到其他与贸易相关的行业，实现了与港口网络(Port Net)的联网，使得贸易网的用户可以通过贸易网直接进行电子订舱、预订港口设施等。

新加坡政府在为贸易企业提供电子单据传递服务的同时，还在网上建立了一套较完整的贸易电子数据库服务系统。它包括提供商业信息的商业网络(Biz Net)和提供法律帮助的法律网络(Law Net)。两者都为用户提供大量的信息，帮助用户发现商业机会和在商业决策时当机立断。

据新加坡有关方面的估计，在使用了 Trade Net 系统以后，新加坡贸易企业总体的生产力提高了 30%，成本也相对降低了 50%。随着政府对企业的 EDI 应用的扩展，贸易企业可以通过网络进行电子订舱、电子划账和与国际 EDI 网络连接进行国际订单及相应商业单据的传递。这一切都提高了新加坡贸易企业、运输企业以及贸易和运输代理企业的国际竞争力。Trade Net 自运行以来，已经为新加坡政府和商业企业节省了数十亿新元的庞大费用。

**理论与实务**

## 5.1 条形码技术及应用

### 5.1.1 条形码的概念

条形码技术(Bar Code，BC)是在计算机应用和实践中产生并发展起来的一种广泛应用于商业、邮政、图书管理、仓储、工业生产过程控制和交通等领域的自动识别技术，具有输入速度快、准确度高、成本低、可靠性强等优点，在当今的自动识别技术中占有重要的地位。

条形码是由一组规则排列的条、空以及对应的字符组成的标记，“条”是指对光线反射率较低的部分，“空”是指对光线反射率较高的部分，这些条和空组成的数据表达一定的信息，并能够用特定的设备识读，转换成与计算机兼容的二进制和十进制信息。通常对于每一种物品，它的编码是唯一的；对于普通的一维条形码来说，还要通过数据库建立条形码与商品信息的对应关系，当条形码的数据传到计算机上时，由计算机上的应用程序对数据进行操作和处理。因此，普通的一维条形码在使用过程中仅作为识别信息，它的意义是通过在计算机系统的数据库中提取相应的信息而实现的。

图 5-1 为通用性条形码读取器。

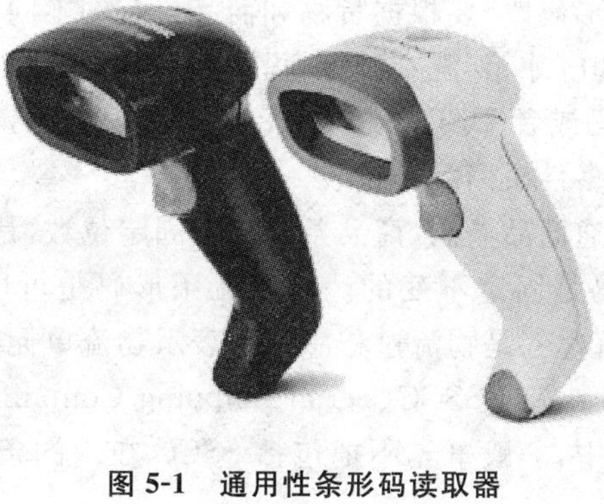

图 5-1 通用性条形码读取器

### 5.1.2 条形码技术的优点

条形码是迄今为止最经济、最实用的一种自动识别技术。条形码技术具有以下五个方面的优点。

一、输入速度快

与键盘输入相比，条形码输入的速度是键盘输入的5倍，并且能实现“即时数据输入”。

二、可靠性高

键盘输入数据出错率为三百分之一，利用光学字符识别技术出错率为万分之一，而采用条形码技术误码率低于百万分之一。

三、采集信息量

利用传统的一维条形码一次可采集几十位字符的信息，二维条形码更可以携带数千个字符的信息，并具有一定的自动纠错能力。

四、灵活实用

条形码标识既可以作为一种识别手段单独使用，也可以和有关识别设备组成一个系统实现自动化识别，还可以和其他控制设备连接起来实现自动化管理。

五、条件码标签易于制作

条形码标签易于制作，对设备和材料没有特殊要求，识别设备操作容易，不需要特殊培训，且设备也相对便宜。

### 5.1.3 物流条形码

目前，世界上常用的码制有ENA条形码、UPC条形码、二五条形码、交叉二五条形码、库德巴条形码、三九条形码和128条形码等，而商品上最常使用的就是EAN商品条形码。EAN商品条形码亦称通用商品条形码，由国际物品编码协会制定，通用于世界各地，是目前国际上使用最广泛的一种商品条形码。我国目前在国内推行使用的也是这种商品条形码。EAN商品条形码分为EAN-13(标准版)和EAN-8(缩短版)两种。

国际上通用和公认的物流条码码制只有三种，即ITF-14条码、UCC/EAN-128条码以及EAN-13条码。选用条形码时，要根据货物和商品包装的不同从而采用不同的条码码制。单个大件商品，如电视机和电冰箱、洗衣机等商品的包装箱往往采用EAN-13条码。储运包装箱常常采用ITF-14条码或者UCC/EAN-128应用标识条码，包装箱内可以是单一商品，也可以是不同的商品或者多件头商品小包装。

物流条形码有别于普通商品条码，商品条码具有固定位数，是企业向技术监督局申请得到的，同一类产品其条形码是固定不变的。而物流条形码是可以不断变化的，可以是随机的，也可以是顺序号。物流标签是物流过程中用于表示物流单元有关信息的条码符号标签。每个物流单元都要有自己唯一的SSCC(Serial Shipping Container Code Barcode，系列货运包装箱代码)，在实际应用中，一般事先不把包括SSCC在内的条码符号印在物流单元包装上。比较合理的办法是，在物流单元确定时制作标签并贴在物流单元上面。一个标签区段是信息的一个合理分组。一般来说，标签区段从顶部到底部的顺序依次为承运商、客户和供应商。物流标签表示的内容和这种从上到下的次序可以根据物流单元的尺寸和贸易过程来做调整。

图 5-2 为一个物流条形码示例。

**图 5-2 物流条形码**

### 5.1.4 条形码的应用

一、条形码在流通企业中的应用

货物的条形码是建立整个供应链的最基本条件，它是实现仓储自动化的第一步，也是POS 系统快速准确地收集销售数据的手段。借助条形码，POS 系统可以实现商品从订购、送货、内部配送、销售、盘货等零售业循环的一元化管理，使商业的管理模式实现以下两个转变。

(1) 从传统的依靠经验管理转变为依靠精确的数字分析管理。

(2) 从事后管理(隔一段时间进行结算，盘点)转变为“实时”管理(对每一商品项目，如品种、规格、包装样式等细账的管理)。这样一来，销售商可随时掌握商品早晚销售情况，以调整进货计划，组织适销货源，从而减少脱销、滞销带来的损失，并可以加速资金周转，有利于货架安排的合理化，提高销售额。

## 二、条形码在加工制造业中的应用

加工制造业的范围很广，本书仅以汽车制造业为例来进行说明。汽车制造是通过流水作业线来完成的。一辆汽车要由成千上万个零件装配而成，根据汽车型号的不同，所需要的零部件的品种和数量也不同。有的要空调，有的要后备箱，有的要机械换挡变速箱，有的要液压变速箱等。为了能按订单生产，在先进的工业化国家，不同型号的汽车是要在同一生产线上进行装配的，为了避免差错，在零部件进入装配线前，要用扫描器识别零部件的条形码，确认它与所要装配的汽车相匹配。在汽车装配完毕后还要识别整车上的条形码。这样做一方面对生产完成情况做一个记录；另一方面，不同型号的车辆要通过不同的试验程序。试验机可以根据整车的条形码信息来自动完成所需要的试验项目。

## 三、条形码在物流作业中的应用。

条形码在物流作业中的应用包括配送中心的订货、进货验收、补货、拣货、交货时交点作业以及仓储配送作业。

### 1. 订货

以便利店订货簿的方式为例。连锁企业总部定期将订货簿发给各便利店，订货簿上有商品名称、商品货号、商品条形码、订货点、订货单位和订货量等，工作人员拿着订货簿巡视各商品以确认所剩陈列数，记入订货量；或者到办公室后，用条形码扫描器扫描预订商品的条形码并输入订货量，再用调制器传出订货数据。

### 2. 配送中心的进货验收作业

对整箱进货的商品，其包装箱上有条形码，放在输送带上经过固定式条形码扫描器的自动识别，可接受指令传送到存放位置附近。对整个托盘进货的商品，叉车驾驶员用手持式条形码扫描器扫描外包装箱上的条形码标签，利用计算机与射频数据通信系统，可将存放指令下载到叉车的终端机上。

### 3. 补货作业

基于条形码进行补货，可确保补货作业的正确性。有些拣货错误源于前项的补货作业错误。商品进货验收后，移到保管区，需适时、适量地补货到捡货区；为了避免补货错误，可在储位卡上印上商品条形码与储位码的条形码，当商品移动到位后，以手持式条形码扫描器读取商品条形码和储位码的条形码，由计算机核对是否正确，这样就可以保证补货作业的正确。

### 4. 拣货作业

拣货有两种方式：一种是按客户进行拣取的摘取式拣货；另一种是先将所有客户对各商品的订货进行汇总，一次拣出，再按客户分配各商品量，即整批拣取，进行二次分拣，成为播种式拣货。对于摘取式拣货作业，在拣取后用条形码扫描器读取刚拣取商品上的条形码，即可确认拣货的正确性。对于播种式拣货作业，可使用自动分货机，当商品在输送带上移动时，由固定条形码扫描器判别商品货号，指示移动路线与位置。

### 5. 交货时的交点作业

交货时的交点作业通常分为两种形式，一种是由配送中心出货前即复点数量，另一种是交由客户当面或者事后确认。对于配送中心出货前的复点式作业，由于在拣货的同时已经以条形码确认过，就无须进行此复点作业。对于客户的当面或者事后确认，由于拣货时已用条形码确认过，无须交货时双方逐一核对。

6．仓储配送作业

其实商品的自动辨识方法还可以采用磁卡、IC卡等其他方式来达成。但对物流仓储配送作业而言，由于大多数的储存货品都具有条形码，所以用条形码作自动识别与资料收集是最便宜、最方便的方式。商品条形码上的资料经条形码读取设备读取后，可迅速、正确、简单地将商品资料自动输入，从而达到自动登录、控制、传递、沟通的目的。其在储存管理的效益上有：登录快速，节省人力；提高物流作业效率；减少管理成本；降低错误率，提高作业质量；更精确地控制储位的指派与货品的拣取；可方便有效地盘点货品，准确地掌握库存，控制存货；可做到实时数据收集，实时显示，并经计算机快速处理而达到实施分析与实施控制的目的。

由此可见，条形码技术已经成为物流现代化的一个重要组成部分。同时，它还有力地促进了物流体系各环节作业的机械化和自动化，对物流各环节的计算机管理起着基础性作用。条形码在现代化物流管理中起着直接、高效的信息媒体作用，它使现代化的管理和现代化的技术互相结合。以条形码技术的应用为基础的信息流将是未来信息技术的重要特征。控制了信息流就控制了物流。信息技术的现代化必然促进物流技术和物流管理的现代化。我国物流业要在条形码的开发应用上多下工夫，应当学习国外先进的经验，加快条形码的普及应用，推动物流现代化的发展。

## 5.2　射频识别技术及应用

### 5.2.1　射频识别技术的概念

射频识别(Radio Frequency Identification，RFID)技术是一种非接触的自动识别技术，其基本原理是利用射频信号和空间耦合(电感或者电磁耦合)或者雷达反射的传输特性，实现对被识别物体的自动识别。

RFID系统至少包含电子标签和阅读器两部分。

电子标签是射频识别系统的数据载体，电子标签由标签天线和标签专用芯片组成。依据电子标签供电方式的不同，电子标签可以分为有源电子标签(Active Tag)、无源电子标签(Passive Tag)和半无源电子标签(Semi-passive Tag)。有源电子标签内装有电池，无源电子标签没有内装电池，半无源电子标签部分依靠电池工作。依据频率的不同，电子标签可分为低频电子标签、高频电子标签、超高频电子标签和微波电子标签。依据封装形式的不同，电子标签可分为信用卡标签、线形标签、纸状标签、玻璃管标签、圆形标签及特殊用途的异形标签等。

RFID阅读器(读写器)通过天线与RFID电子标签进行无线通信，可以实现对标签识别码和内存数据的读出或者写入操作。典型的阅读器包含有高频模块(发送器和接收器)、控制单元以及阅读器天线。

图5-3为一个射频技术工作组。

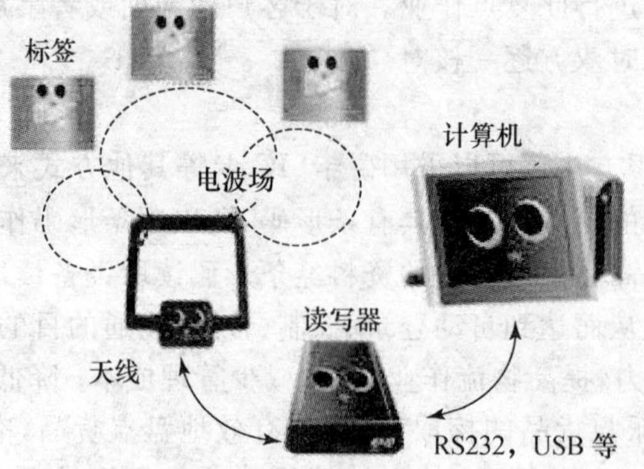


图 5-3　一个射频识别技术工作组

RFID 技术的基本工作原理并不复杂：标签进入磁场后，接收解读器发出的射频信号，凭借感应电流所获得的能量发送出存储在芯片中的产品信息（Passive Tag，无源标签或者被动标签）；或者由标签主动发送某一频率的信号（Active Tag，有源标签或者主动标签），解读器读取信息并解码后，送至中央信息系统进行有关数据处理。

### 5.2.2　RFID 技术的典型应用领域

RFID 技术以其独特的优势，已经被逐步应用于工业自动化、商业自动化和交通运输控制管理领域。随着大规模集成电路技术的进步以及生产规模的不断扩大，射频识别产品的成本将不断的降低，其应用也将越来越广泛。以下列举了 RFID 技术的典型应用。

一、车辆自动识别治理

在车辆自动识别治理中，铁路车号自动识别是 RFID 技术最普遍的应用。

二、高速公路收费及智能交通系统

高速公路自动收费系统是 RFID 技术最成功的应用之一，它充分体现了非接触识别的优势。在车辆高速通过收费站的同时完成缴费，解决了交通的瓶颈问题，提高了车行速度，避免了拥堵，提高了收费结算效率。

三、货物的跟踪、治理及监控

RFID 技术为货物的跟踪、治理以及监控提供了快捷、准确、自动化的手段。以 RFID 技术为核心的集装箱自动识别，成为全球范围最大的货物跟踪治理应用。

四、仓储、配送等物流环节

RFID 技术目前在仓储、配送等物流环节已有许多成功的应用。随着 RFID 技术在开放的物流环节统一标准的研究开发，物流业将成为 RFID 技术最大的受益行业。

五、电子钱包和电子票证

射频识别卡是 RFID 技术的一个主要应用。射频识别卡的功能相当于电子钱包，实现非现金结算。其目前主要的应用在交通方面。

六、生产线产品加工过程自动控制

RFID 技术主要应用在大型工厂的自动化流水作业线上，实现自动控制、监视，提高生产效率，节约成本。

七、动物跟踪和治理

RFID 技术可用于动物跟踪。在大型养殖场，可以通过采用 RFID 技术建立饲养档案和预防接种档案等，达到高效、自动化治理牲畜的目的，同时为食品安全提供了保障。RFID 技术还可以用于信鸽比赛和赛马识别等，以准确测定到达时间。

### 5.2.3　RFID 技术在物流中的应用环节

尽管物流只是 RFID 技术的应用领域之一，但 RFID 技术若能与供应链各环节紧密结合，它很有可能在不久的将来取代条形码扫描技术，并将给物流管理带来革命性的变化。RFID 在物流中的应用具有很大的优势，包括：减少库存和销售人员方面的成本；降低读码劳动力成本、存货节余；减少偷窃和脱销情况的发生等。

采购、存储、包装、装卸、搬运、运输、流通、加工、配送、销售和服务都是物流链上不可或缺的业务环节和业务流程，它们之间既相辅相成又相互制约。在物流运作时，企业必须实时地、精确地了解和掌握整个物流环节上的商流、物流、信息流和资金流这四者的流向和变化，使这四种流以及各个环节、各个流程都协调一致、相互配合，这样才能发挥其最大的经济效益和社会效益。然而，由于实际物体在移动过程中，各个环节都处于运动和松散的状态，信息常常随着实体在空间上和时间上的移动而不断发生变化，结果影响了信息的可获性和共享性。而 RFID 技术正是有效解决物流管理上各项业务运作数据的输入、输出业务过程的控制与跟踪以及减少出错率等难题的一种新技术。

RFID 技术能够在物流诸多环节上发挥关键作用，这些环节包括零售环节、存储环节、运输环节和配送、分销环节。

一、零售环节

RFID 技术通过有效跟踪运输与库存，可以改进零售商的库存管理，实现适时补货，提高效率，减少出错。同时，RFID 标签能够对某些规定有效期和保质期的商品进行监控，商店还能利用 RFID 系统在付款台实现自动扫描和计费，以取代效率低下的人工收款方式。在未来的数年中，RFID 标签将大量用于供应链终端的销售环节，特别是在超市中的 RFID 标签，免除了跟踪过程中的人工干预，能够生成高度准确的业务数据，因而具有巨大的吸引力。目前，世界零售巨头沃尔玛正在全面采用 RFID 技术来淘汰条形码，以进一步提高零售环节的效率。

二、存储环节

在仓库管理领域，RFID 技术通常用于存取货物与库存盘点，并能实现自动化的存货和取货等操作。在整个仓库管理中，通过将供应链计划系统制订的收货计划、取货计划、装运计划等与RFID系统相结合，能够高效地完成各种业务操作，如指定堆放区域、上架取货与补充供应等。通过采用RFID技术能够增强作业的准确性和快捷性，大幅度提高服务质量和降低经营成本，节省读码劳动力和库存空间，同时也可以减少整个物流中由于商品误置、送错、偷窃、损害和库存、出货错误等造成的损耗。RFID解决方案可提供有关库存情况的准确信息，管理人员可以由此快速识别并纠正低效率运作情况，从而实现快速供货并最大限度地减少储存成本。

三、运输环节

在运输管理领域，通过为运输的货物和车辆粘贴RFID标签(如将标签贴在集装箱和装备上)以实现设备的跟踪控制。RFID读写装置通常安装在运输线的一些检查点上，如门柱或者桥墩旁等，以及仓库、车站、码头和机场等关键地点。接收装置收到RFID标签信息后，连同所在地的位置信息上传至通信卫星，再由卫星传送给运输调度中心输入数据库中。

四、配送、分销环节

在配送环节，采用RFID技术能够大大加快配送的速度，提高拣选和分发过程的效率与准确率，能减少人工参与的几率，降低配送成本。所有粘贴RFID标签的商品在进入中央配送中心时，托盘通过入口安装的读写器，读取托盘中所有货箱上的标签内容，系统将这些信息与发货记录进行核对，检测出可能的错误，然后为RFID标签更新商品存放地和商品所处的状态，这样就能确保精确的库存控制，甚至能够确切地掌握当前处于转运途中的货箱数量、转运的始发地和目的地以及预期的到达时间等相关信息。

RFID技术使得合理的产品库存控制和智能物流技术成为可能，借助RFID标签，可以实现商品对原料、半成品、成品、运输、仓储、配送、上架、最终销售，甚至退货处理等环节进行实时监控。如经营者通过RFID技术可以实时掌握货架情况并迅速补货，以减少10%～30%的安全库存量，从而大大降低仓储成本，自动化程度的提高和差错率的降低使整个物流管理显得透明而高效，RFID技术非常适用于仓库货架、运输管理、物料跟踪、运载工具、超级市场以及其他要求非接触数据采集和交换的场合。

## 5.3 电子数据交换技术及应用

### 5.3.1 电子数据交换简介

电子数据交换(EDI)，是指按照同一规定的一套通用标准格式，将标准的经济信息，通过通信网络传输，在贸易伙伴的电子计算机系统之间进行数据交换和自动处理。由于使用EDI能有效地减少直到最终消除贸易过程中的纸面单证，因而EDI也被俗称为"无纸交易"。它是一种利用计算机进行商务处理的新方法。EDI是将贸易、运输、保险、银行和海关等行业的信息，用一种国际公认的标准格式，通过计算机通信网络，使各有关部门、企业与企业之间进行数据交换与处理，并完成以贸易为中心的全部业务过程。

EDI不是用户之间简单的数据交换，EDI用户需要按照国际通用的消息格式发送信息，接收方也需要按照国际统一规定的语法规则对消息进行处理，并引起其他相关系统的EDI

综合处理。整个过程都是自动完成，无须人工干预，减少了差错，提高了效率。

图 5-4 为电子数据交换示意图。

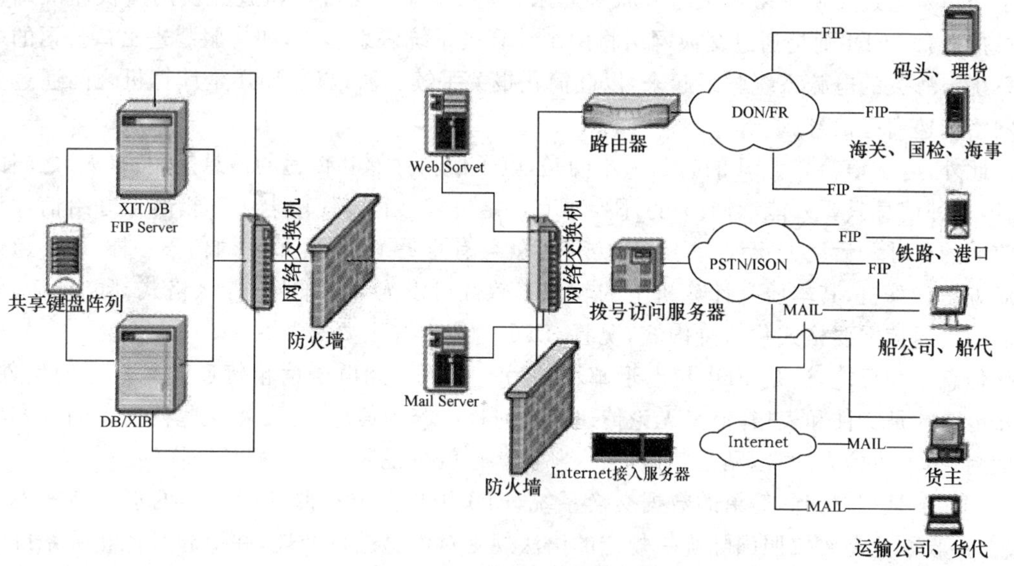


图 5-4　电子数据交换示意图

EDI 系统由通信模块、格式转换模式、联系模块、消息生成和处理模块等四个基本功能模块组成。

EDI 是目前最为成熟和使用范围最广泛的电子商务应用系统。其根本特征在于标准的国际化，标准化是实现 EDI 的关键环节。EDI 标准体系是在 EDI 应用领域范围内的、具有内在联系的标准组成的科学有机整体，它由若干个分体系构成，各分体系之间又存在着相互制约、相互作用、相互依赖和相互补充的内在联系。我国根据国际标准体系和我国 EDI 应用的实际以及未来一段时期的发展情况制定了 EDI 标准体系，以《EDI 系统标准化总体规范》作为总体技术文件。根据该规范，EDI 标准体系分基础、单证、报文、代码、通信、安全和管理应用七个部分。

EDI 标准化的作用体现在以下三个方面。

(1) EDI 标准保证了计算机网络自动传送和计算机自动处理文件以及数据得以实现。

(2) EDI 标准也保证了网络传输全程实现审计跟踪，这样大大提高了商业文件传送的透明度和可靠性。所谓的审计跟踪，就是报文在交换过程中，系统自动对报文的接收时间、报文大小、收件人、投递时间和收件人读取时间等均作详细的记录和存档，以便该报文发生差错或者丢失时，可应要求重构和重发，在发生纠纷时提供举证服务。

(3) 标准化的 EDI 格式转换保证了不同国家、不同地区、不同企业的各种商业文件(如单证、回执、载货清单、验收通知、出口许可证和原产地证等)得以无障碍地进行电子化交换，促进了国际贸易的发展。

### 5.3.2　电子数据交换与电子信箱的区别

EDI 技术是电子信箱技术的自然发展，电子信箱的应用和发展大大提高了人们的办公效率，将它应用于商业事务的愿望促进了 EDI 技术的发展。EDI 和电子信箱之间既有联系又有区别。从通信的角度来说，EDI 和电子信箱是相似的，但是它们也有比较明显的区别。电子信箱是通过交换网络将人与人联系起来，使人和人之间可以通过交换网络快速准确地交换信息，而 EDI 则是通过交换网络将两个计算机系统联系起来，如将服装进出口公司的电脑系统与海关的电脑系统联系起来，以此简化报关手续。所以说，EDI 是计算机之间通过交换网络传递商务信息。

此外，电子信箱与 EDI 的另一大不同是，电子信箱存储和传递的信息是用户(人)之间的信息，这种信息只要人能读懂即可，不要求有一定格式(当然，使用电子邮箱时最好给信件加上前面的称呼和后面的祝词，否则，对方可能就会有意见了)。而 EDI 通信不一样，EDI 通信的双方是计算机，其本质是计算机上的软件。软件可没人那么聪明，什么格式都能看懂，软件之间的通信需要格式化信息内容，况且，EDI 通信内容主要是贸易中的文件和报表，使格式化信息成为可能，这是 EDI 与电子邮箱的另一不同。如电子信箱传递的是普通的信件，EDI 传递的是文件和表格，但是无论传递的是何种内容的信息，都要将这些待传递的内容装入信封，写上收信人地址，贴足邮票，丢入邮筒。也就是说通信的过程是一样的。

EDI 不是用户间的简单的数据交换系统，EDI 用户需要按照国际通用的消息格式发送消息，接收方也需要按照国际统一规定的语法规则对消息进行处理，并引起其他相关系统的 EDI 综合处理，整个过程都是自动完成，不需要人工的干预，减少了差错，提高了效率。如有一个工厂采用了 EDI 系统，它通过计算机通信网络接收到来自用户的一笔 EDI 方式的订货单，工厂的 EDI 系统随即检查订货单是否符合要求和工厂是否接收订货，然后向用户回送确认信息。工厂的 EDI 系统根据订货单的要求检查库存，如果需要则向相关的零部件和配套设备厂商发出 EDI 订货单；向铁路、海运和航空等部门预订车辆、舱位和集装箱；以 EDI 方式与保险公司和海关联系，申请保险手续和办理出口手续；向用户开 EDI 发票；同银行以 EDI 方式结算账目等。从订货、库存检查与零部件订货、办理相关手续以及签发发货票等全部过程都由计算机自动完成，既快速又准确。

### 5.3.3 电子数据交换的工作步骤

(1) 买方标明要购买的货物的名称、规格、数量、价格和时间等，这些数据被输入采购应用系统，该系统的翻译软件制作出相应的 EDI 电子订单，这份订单被电子化后传递到卖方。

(2) 卖方的计算机接到订单后，EDI 软件把订单翻译成卖方的格式，同时自动生成一份表明订单已经收到的功能性回执。这份回执被电子化后传递到买方。

(3) 卖方也许还会产生并传递一份接收订单通知给买方，表示供货的可能性。

(4) 买方的计算机收到卖方的功能性回执以及接收订单通知后，翻译软件将它们翻译成买方的格式，这时订单被更新了一次。

(5) 买方根据订单的数据，产生一份电子的“了解情况”文件，并电子化传递到卖方。

(6) 卖方的计算机收到了买方的“了解情况”文件，把它翻译成卖方的格式，并核查进展情况。

### 5.3.4 电子数据交换的应用

EDI 用于金融、保险和商检，可以实现对外贸易的快速循环和可靠的支付，降低银行间转账所需的时间，增加可用资金的比例，加快资金的流动，简化手续，降低作业成本。

EDI用于外贸业，可以提高企业的竞争能力。EDI用于通关和报关，可以加速货物通关，提高对外服务能力，减轻海关业务的压力，防止人为弊端，实现货物通关自动化和国际贸易的无纸化。

EDI用于税务，税务部门可以利用EDI开发电子报税系统，实现纳税申报的自动化，既方便快捷，又节省人力和物力。

制造业利用EDI能充分理解并满足客户的需要，制订出供应计划，达到降低库存、加快资金流动的目的。运输业采用EDI能实现货运单证的电子数据传输，充分利用运输设备、仓位，为客户提供高层次和快捷的服务。仓储业利用EDI可以加速货物的提取及周转，减缓仓储空间紧张的矛盾，从而提高利用率。

使用EDI的主要优点包括：

(1) 降低了纸张文件的消费；

(2) 减少了许多重复劳动，提高了工作效率；

(3) 使得贸易双方能够以更迅速、有效的方式进行贸易，大大简化了订货过程或者存货过程，使双方能及时地充分利用各自的人力和物力资源；

(4) 可以改善贸易双方的关系，企业可以准确地估计日后商品的需求量，货运代理商可以简化大量的出口文书工作，商业用户可以提高存货的效率，提高他们的竞争能力。例如，对零售商来说，应用EDI系统可以大大降低进货作业的出错率，节省进货商品检验的时间和成本，能迅速核对订货与到货的数据，易于发现差错。

以下是一个应用物流EDI系统的实例，该实例是由发送货物业主、物流运输业主和接收货物业主组成的物流模型，这个物流模型的动作步骤如下。

(1) 发送货物业主(如生产厂家)在接到订单后制订货物运送计划，并把运送货物的清单以及运送时间安排等信息通过EDI发送给物流运输业主和接收货物业主(如零售商)，以便物流运输业主预先制订车辆调配计划和接收货物业主制订货物接收计划。

(2) 发送货物业主依据顾客订货的要求和货物运送计划下达发货指令、分拣配货、打印出物流条形码的货物标签(即SCM标签，Shipping Carton Marking)并贴在货物包装箱上，同时把运送货物的品种、数量和包装等信息通过EDI发送给物流运输业主和接收货物业主，他们依据请示下达车辆调配指令。

(3) 物流运输业主在向发送货物业主取运货物时，利用车载扫描读数仪读取货物标签的物流条形码，并与先前收到的货物运输数据进行核对，确认运送货物。

(4) 物流运输业主在物流中心对货物进行整理、集装、作成送货清单并通过EDI向接收货业主发送发货信息。在货物运送的同时进行货物跟踪管理，并在货物交纳给接收货物业主之后，通过EDI向发送货物业主发送完成运送业务信息和运费请示信息。

(5) 接收货物业主在货物到达时，利用扫描读数仪读取货物标签的物流条形码，并与先前收到的货物运输数据进行核对确认，开出收货发票，货物入库。同时通过EDI向物流运输业主和发送货物业主发送收货确认信息。

## 5.4 GPS技术及应用

### 5.4.1 GPS的概念

GPS是英文Global Positioning System(全球卫星定位系统)的简称。GPS起始于1958年美国军方的一个项目,1964年投入使用。20世纪70年代,美国陆海空三军联合研制了新一代卫星定位系统GPS,其主要目的是为陆海空三大领域提供实时、全天候和全球性的导航服务,并用于情报收集、核爆监测和应急通信等一些军事目的,经过20余年的研究实验,耗资300亿美元,到1994年,全球覆盖率高达98%的24颗GPS卫星星座已布设完成。

GPS功能必须具备GPS终端、传输网络和监控平台三个要素,这三个要素缺一不可。通过这三个要素,可以提供车辆定位、防盗、反劫持、行驶路线监控及呼叫指挥等功能。

图5-5为GPS导航系统。

图5-5 GPS导航系统

GPS由空间部分、地面控制系统和用户设备部分三部分组成。

一、空间部分

GPS的空间部分是由24颗卫星组成(21颗工作卫星、3颗备用卫星),它位于距地表20 200 km的上空,均匀分布在6个轨道面上(每个轨道面4颗),轨道倾角为55°。卫星的分布使得在全球任何地方、任何时间都可观测到4颗以上的卫星,并能在卫星中预存导航信息,GPS的卫星因为大气摩擦等问题,随着时间的推移,其导航精度会逐渐降低。

二、地面控制系统

地面控制系统由监测站(Monitor Station)、主控制站(Master Monitor Station)和地面天线(Ground Antenna)所组成。主控制站位于美国科罗拉多州春田市。地面控制站负责收集由卫星传回的信息,并计算卫星星历、相对距离、大气校正等数据。

三、用户设备部分

用户设备部分即 GPS 信号接收机。

GPS 信号接收机的主要功能是能够捕获到按一定卫星截止角所选择的待测卫星，并跟踪这些卫星的运行。当 GPS 信号接收机捕获到跟踪的卫星信号后，就可以测量出接收天线至卫星的伪距离和距离的变化率，解调出卫星轨道参数等数据。根据这些数据，GPS 信号接收机中的微处理计算机可以按定位解算方法进行定位计算，计算出用户所在地理位置的经纬度、高度、速度和时间等信息。接收机硬件和机内软件以及 GPS 数据的后处理软件包构成完整的 GPS 用户设备。

GPS 信号接收机的结构分为天线单元和接收单元两部分。接收机一般采用机内和机外两种直流电源。设置机内电源的目的在于更换外电源时不中断连续观测。在用机外电源时机内电池自动充电。关机后机内电池为 RAM 存储器供电，以防止数据丢失。目前，各种类型的接收机的体积越来越小，重量越来越轻，便于野外观测使用。另外，使用者接收器现有单频与双频两种，但由于价格因素，一般使用者所购买的多为单频接收器。

### 5.4.2　GPS 的特点

一、全球全天候定位

GPS 卫星的数目较多，且分布均匀，保证了地球上任何地方、任何时间至少可以同时观测到 4 颗 GPS 卫星，确保实现全球全天候连续的导航定位服务(除打雷闪电不宜观测外)。

二、定位精度高

应用实践已经证明，GPS 相对定位精度在 50 千米以内可达 6～10 米，100—500 千米可达7～10 米，1 000 千米可达 9～10 米。在 300—1 500 米工程精密定位中，1 小时以上观测时解其平面位置误差小于 1 毫米。

三、观测时间短

随着 GPS 系统的不断完善，软件的不断更新，目前，20 千米以内相对静态定位，仅需 15～20 分钟；快速静态相对定位测量时，当每个流动站与基准站相距在 15 千米以内时，流动站观测时间只需 1～2 分钟；采取实时动态定位模式时，每站观测仅需几秒钟。

四、仪器操作简便

随着 GPS 接收机的不断改进，GPS 测量的自动化程度越来越高，有的已趋于“傻瓜化”。在观测中测量员只需安置仪器，连接电缆线，量取天线高，监视仪器的工作状态，而其他的观测工作(如卫星的捕获、跟踪观测和记录等)均由仪器自动完成。结束测量时，仅需关闭电源，收好接收机，便完成了野外数据采集任务。如果在一个测站上需作长时间的连续观测，还可以通过数据通信方式，将所采集的数据传送到数据处理中心，实现全自动化的数据采集与处理。另外，现在的接收机体积也越来越小，相应的重量也越来越轻，极大地减轻了测量工作者的劳动强度。

五、可提供全球统一的三维地心坐标

GPS测量可以同时精确地测定测站平面位置和地面高度。目前,GPS水准可满足四等水准测量的精度,另外,GPS定位是在全球统一的WGS-84坐标系统中计算的,因此全球不同地点的测量成果是相互关联的。

### 5.4.3 GPS的主要应用

GPS的应用都是基于空间位置服务和时间服务两个基本服务。

一、空间位置服务

(1) 定位,如汽车防盗、地面车辆跟踪和紧急救生。

(2) 导航,如船舶远洋导航和进港引水、飞机航路引导和进场降落、智能交通、汽车自主导航以及导弹制导。

(3) 测量,主要用于测量时间、速度以及大地测绘,如水下地形测量、地壳形变测量,大坝和大型建筑物变形监测及浮动车数据,利用GPS定期记录车辆的位置和速度信息,从而计算道路的拥堵情况。

二、时间服务——GPS导航仪

(1) 系统同步,如CDMA通信系统和电力系统。

(2) 授时,准确时间的授入、准确频率的授入。

### 5.4.4 GPS应用实例

一、GPS在巡线车辆管理的运用

巡线车辆监控调度方案服务于需要通过车辆巡逻来监控线路状态的服务型企业或者管理型部门。方案将线路的规划和实际的巡线工作结合起来,以业务关键点为核心,通过GPS实时监控获得车辆的位置信息来考察车辆的巡线任务完成情况,通过各车辆距离事发关键点的距离和车辆当前的状态自动进行可调度车辆的选取。最终结合车辆分析和周密的统计报表,行成可计划、可执行、可评价的巡线车辆监控调度方案。该方案由目前行业中的成功实践者提出,并在2010广州亚运会对中国电信巡线车辆成功运用。

二、GPS在军事领域的应用

1989年,一群认真专注的工程师和一个伟大的产品构想造就了今日全球卫星定位导航系统的领导品牌GARMIN——兼具最佳的销售成绩与专业技术。由制造当初在"波斯湾战争"中被联军采用的第一台手持GPS,到现今成为GPS的第一品牌,GARMIN的产品以更优良的功能和用途远远超越传统GPS接收器,并为GPS立下一崭新的里程碑。为了缓解当时"沙漠风暴"行动时军用GPS接收装置短缺的问题,美军考虑购买民用GPS接收装置。民用接收装置的导航功能和军用装置完全一样,只不过不能识别军用加密信号而已。因此,到了"沙漠盾牌"军事行动的时候,美国国防部就提前购买了数千套民用GPS接收装置装备各参战部队，占到了所有的 5 300 套接收装置的 85%。

三、GPS 在道路工程中的应用

GPS 在道路工程中的应用，目前主要是用于建立各种道路工程控制网以及测定航测外控点等。随着高等级公路的迅速发展，对勘测技术提出了更高的要求，由于线路长、已知点少，因此，用常规测量手段不仅布网困难，而且难以满足高精度的要求。目前，国内已逐步采用 GPS 技术建立线路首级高精度控制网，然后用常规方法布设导线加密。实践证明，在几十公里范围内的点位误差只有 2 厘米左右，达到了常规方法难以实现的精度，同时也大大提前了工期。GPS 技术也同样应用于特大桥梁的控制测量中。由于无须通视，可构成较强的网形，提高点位精度，同时对检测常规测量的支点也非常有效。GPS 技术在隧道测量中也具有广泛的应用前景，GPS 测量无须通视，减少了常规方法的中间环节，因此，速度快、精度高，具有明显的经济和社会效益。

四、GPS 在个人定位中的应用

国内首款语音彩信 GPS 定位器——昱读全资科技语音彩信 GPS 定位器，它内置全国的地图数据，无须后台支持，结合了 GPS 全球定位系统、GSM 通信技术、嵌入式语音播报技术、GIS 技术、GIS 搜索引擎、图像处理技术和图像传输技术，直接回复终端中文地址、彩信、语音播报地理位置。

图 5-6 为语音彩信 GPS 定位器。

**图 5-6　语音彩信 GPS 定位器**

五、GPS 在汽车导航和交通管理中的应用

三维导航是 GPS 的首要功能，飞机、轮船、地面车辆以及步行者都可以利用 GPS 导航器进行导航。汽车导航系统是在 GPS 基础上发展起来的一门新型技术。汽车导航系统由 GPS 导航、自律导航、微处理机、车速传感器、陀螺传感器、CD-ROM 驱动器和 LCD 显示器组成。GPS 导航系统与电子地图、无线电通信网络、计算机车辆管理信息系统相结合，可以实现车辆跟踪和交通管理等许多功能。

六、GPS 技术在导航仪中的应用举例

国际领先 GPS 导航仪品牌——Ahada(艾航达)源自美国硅谷,现已登陆中国(如图 5-7 所示)。

图 5-7 Ahada(艾航达)GPS 导航仪

Ahada 产品具有以下三个核心功能。

1. 地图查询

(1) 可以在操作终端上搜索用户要去的目的地位置。

(2) 可以记录用户经常要去的地方的位置信息,并保留下来,也可以和别人共享这些位置信息。

(3) 可以模糊查询在用户附近或者某个位置附近的(如加油站、宾馆、取款机等)信息。

2. 路线规划

(1) GPS 导航系统会根据用户设定的起始点和目的地,自动规划一条线路。

(2) 规划线路可以设定是否要经过某些途经点。

(3) 规划线路可以设定是否避开高速公路等功能。

3. 自动导航

自动导航功能包括:(1) 语音导航;(2) 画面导航;(3) 重新规划线路。

## 5.5 GIS 技术及应用

### 5.5.1 GIS 的概念

地理信息系统(Geographic Information System 或者 Geo-Information System,GIS)有时又称为“地学信息系统”或者“资源与环境信息系统”。地理信息系统是一种特定的十分重要的空间信息系统,它是在计算机硬、软件系统支持下,对整个或者部分地球表层(包括大气层)空间中的有关地理分布数据进行采集、储存、管理、运算、分析、显示和描述的技术系统。

地理信息系统既是管理和分析空间数据的应用工程技术,又是跨越地球科学、信息科学和空间科学的应用基础学科。其技术系统由计算机硬件、软件和相关的方法过程所组成，用以支持空间数据的采集、管理、处理、分析、建模和显示，以便解决复杂的规划和管理问题。

### 5.5.2 GIS的应用

一、用于全球环境变化动态监测

(1) 1987年，联合国开始实施一项环境计划(UNEP)，其中包括建立一个庞大的全球环境变化监测系统(GEMS)。

(2) 全球森林监测和森林生态变化有关项目(1990年对亚马逊地区原始森林的砍伐状况进行了调绘，1991年编制了全球热带雨林分布图)。

(3) 海岸线及海岸带资源与环境动态变化的监测。

(4) 全球性大气环流形势和海况预报等。

二、用于自然资源调查与管理

(1) 在资源调查中，提供区域多条件下的资源统计和数据快速再现，为资源的合理利用、开发和科学管理提供依据。

(2) 可应用于不同层次和不同领域的资源调查与管理(如农业资源、林业资源和渔业资源)。

三、用于监测、预测

(1) 借助于遥感(RS)和航测等数据，利用GIS对森林火灾、洪水灾情和环境污染等进行监视。如1998年长江流域发生特大洪水灾害期间，制作洪水淹没动态变化趋势影像图，为管理部门提供了有效的决策依据。

(2) 利用数字统计方法，通过定量分析进行预测。如加拿大金矿带的调查，分析不宜再行开采的存在储量危机的矿山，优选出新的开采矿区，并作出了综合预测图。

四、用于城市、区域规划和地籍管理

(1) GIS技术能进行多要素的分析和管理，可以实施城市和区域的多目标开发和规划，包括总体规划、建设用地适宜性评价、环境质量评价、道路交通规划和公共设施配置等。

(2) 城市和区域规划研究(研究城市地理信息系统的标准化、城市与区域动态扩展过程中的数据实时获取、城市空间结构的真三维显示和数字城市等)。

(3) 地籍管理(土地调查、登记、统计、评价和使用)。

五、军事应用

(1) 反映战场地理环境的空间结构，完成态势图标绘，选择进攻路线，合理配置兵力，选择最佳瞄准点和打击核心，分析爆炸等级、范围、破坏程度、射击目标等。

(2) 如在“海湾战争”中，美国利用GIS模拟部队和车辆机动性、估算了化学武器扩散范围、模拟烟雾遮蔽战场的效果、提供水源探测所需点位、评定地形对武器性能的影响，为军事行动提供决策依据。

(3) 美国陆军测绘工程中心还在工作站上建立了 GIS 和 RS 的集成系统，及时地(不超过 4 小时)将反映战场现状的正射影像图叠加到数字地图上，数据直接送到前线指挥部和五角大楼，为军事决策提供 24 小时服务。

(4) 如在科索沃战争中，美军利用 3S 高度集成技术，使打击目标更精准有效。

六、用于辅助决策

GIS 还在金融业、保险业、公共事业、社会治安、运输导航、考古和医疗救护等领域得到了广泛的应用。

图 5-8 为利用 GIS 技术制作的智能化三维地理信息系统平台。

**图 5-8 利用 GIS 技术制作的智能化三维地理信息系统平台**

### 5.5.3 GIS 与 GPS 结合在物流系统中的应用

GIS 作为对地球空间数据进行采集、存储、检索、分析和应用的计算机系统平台，能够提供多种的空间和动态的地理信息。GPS 则可以提供实时或者接近实时的位置信息。随着 GIS 技术和 GPS 技术的广泛应用以及不断完善，其强大的地理信息分析和处理功能将使整个配送过程不断优化，为企业提高工作效率、降低物流成本、提高企业的服务水平奠定了必要的基础。

GIS 和 GPS 相结合，可以提供动态的地理空间信息服务，在物流中的应用主要可以体现在以下五个方面。

### 一、数字化管理功能

GIS和GPS的应用必将提升物流企业的信息化程度，完善物流企业日常运作数字化的内涵。如企业拥有的物流设备或者客户的任何一笔货物都能用精确的空间信息与时间信息来描述，不仅可以提高企业的运作效率，同时也可以提升企业形象，争取更多的客户。

### 二、货物位置查询功能

通过GPS技术可以实时获取移动目标的位置以及运动状态，并能在监控中心和移动目标终端上显示出来，进而可以利用GIS提供的空间检索功能，得到定位点周围的信息，从而实现决策支持。对于调度人员和用户来讲，他们可以根据系统提供的参数，随时了解货物当前所处的位置，以及货物到达目的地的时间，便于提前做相应的接货和调度准备。

### 三、网络分析功能

对地理网络(如交通网络)和城市基础设施网络(如各种网线、电力线、电话线)进行地理分析和模型化，这是GIS中网络分析功能的主要目的。网络分析是运筹学模型中的一个基本模型，它的根本目的是研究、筹划一项网络工程如何安排，并使其运行效果最好，如一定资源的最佳分配、从一地到另一地的运输费用最低等。其基本思想则在于人类活动总是趋向于按一定目标选择到达最佳效果的空间位置。在空间网络分析中，路径问题占据重要位置，人们常想知道在地理空间网络的两指定节点间是否存在路径，如果有路径的话最符合自己需求的是哪条路径？这种路径问题对于现代物流系统有着重要的意义。如在物流配送过程中，有时要找运输费用最小的路径，有时要找两点间配送所需时间最短的路径等。GIS的网络分析功能将使物流服务商能用最少的时间和最低的成本将货物及时送到相应的货主手中。

### 四、监控导航功能

通过使用显示终端，用户可以查询物流运载的实时状态。如果车辆运行速度缓慢，则判断可能交通阻塞；如果车辆停止前进，则判断车辆可能出现故障或者送货员正在卸货。监控中心能与移动目标实时通信，并向移动目标传达调度和控制信息，保证最优化运输，指引司机根据交通情况做相应运输路线的调整。

### 五、实时调度功能

每辆运输车上都配有GPS接收器，通过接收器返回的信息实时在系统中精确地显示车辆的具体位置。这样，车辆调度人员可以根据货物的运送地点，结合客户的提货需求，通知离其最近的司机取货或者去送货，这样大大节省了调度时间，提高了用户对货物运送的满意程度。物流企业通过无线通信、GIS/GPS能够精确地获取运输车辆的信息，再让企业内部和客户进行访问，从而把整个企业的操作业务变得透明，为协同商务打下基础。

该系统的应用充分利用现代化技术，提高了物流硬技术水平，全程监控物流车辆的行踪，保证了货物的安全运输。高度自动化，节省了大量的人力。该系统不需要任何纸质介质来记录运单的信息，全部由系统记录客户的操作，并且完整地保存到数据库中。客户不需要自己查找哪些线路上可以配货，哪些货物可以配送，客户只需要轻松简单地选择路线和货物就可以完成配送任务。

集成GIS和GPS技术实现的物流系统，不仅使地图由传统的静态记录变为信息丰富多样的动态电子地图，实现了时空数据可视化，更为人们提供了对实时空间信息进行分析、处理的强大功能。集成GIS和GPS技术的物流配送方式使商品流通较传统的物流配送方式更容易实现信息化、自动化、社会化、智能化和简单化，使货畅其流，物尽其用。现代物流系统使空间信息、时间信息和属性信息流通畅到达各类信息终端，令物流运营管理工作变得更加轻松、更加直观；进而，通过对时空数据的综合统计和分析，为物流管理决策提供强有力的支持。现代物流系统既起到了减少生产企业库存、加速资金周转、提高物流效率和降低物流成本的作用，又刺激了社会需求，有利于整个社会的宏观调控，也提高了整个社会的经济效益，促进市场经济的健康发展。由此可见，GIS和GPS技术的引入大大提高了现代物流系统的工作效率。

## 本章练习题

1. 什么是条形码？条形码有哪些优势？
2. 列举一下条形码的应用范围。
3. 什么是射频识别技术？
4. RFID有哪些典型的应用领域？
5. 什么是电子数据交换？电子数据交换是如何工作的？
6. 简述电子数据交换的应用领域。
7. 什么是GPS和GIS？两者的区别是什么？
8. 简述GPS和GIS结合起来在物流中的应用。

# 第6章　电子商务物流软技术

**案例导读**

## 看上海贝尔电子商务的供应链管理[1]

在网络和信息技术迅速发展的今天，面对电子商务的出现和兴起，企业最关心的是如何通过电子商务解决供应链管理问题。本文通过研究上海贝尔的电子商务供应链管理战略实施案例，分析了基于电子商务的供应链管理的要素，并对应用的关键切入点进行了探讨。

一、上海贝尔面临的供应链管理问题

中比合资的上海贝尔有限公司(以下简称上海贝尔)成立于1984年，是中国现代通信产业的支柱企业，连续名列全国最大外商投资企业和电子信息百强前茅。上海贝尔总注册资本12 050万美元，总资产142亿元，现有员工4 000多人，平均年龄29岁，72%以上的员工具有大学本科以上学历，拥有硕士和博士生500余名，其中科研开发人员占员工总数的40%。2000年，上海贝尔实现销售收入108亿元。上海贝尔拥有国家级企业技术中心，在通信网络及其应用的多个领域具有国际先进水平。多年来，上海贝尔建立了覆盖全国和海外的营销服务网络，建成了世界水平的通信产品制造平台。上海贝尔的产品结构主要由两部分构成：(1) 传统产品，指S12系列程控交换机系列；(2) 新产品，相对S12产品而言，由移动、数据、接入和终端产品构成，产值比例约为8∶2。

上海贝尔企业内部的供应链建设状况尚可，例如，有良好的内部信息基础设施、ERP系统、流程和职责相对明晰。但上海贝尔与外部供应链资源的集成状况不佳，很大程度上依然是传统的运作管理模式，而并没有真正面向整个系统开展供应链管理。从1999年始，全球IT产品市场需求出现爆发性增长，但基础的元器件材料供应没有及时跟上，众多的IT行业厂商纷纷争夺材料资源，同时出现设备交货延迟等现象。由于上海贝尔在供应链管理的快速反应、柔性化调整和系统内外响应力度上有所不够，一些材料不成套，材料库存积压，许多产品的合同履约率极低，如2000年上半年普遍履约率低于70%，有的产品如ISDN终端产品履约率不超过50%。客观现状的不理想迫使公司对供应链管理进行改革。

二、上海贝尔的电子商务供应链管理战略

电子商务是一种未来企业提高国际竞争力和拓展市场的有效方式，同时，它也为传统的供应链管理理论与方法带来了新的挑战。供应链管理与电子商务相结合，产生了电子商务供应链管理，其核心是高效率地管理企业的信息，帮助企业创建一条畅通于客户、企业内部

① 资料来源：豆丁网。

和供应商之间的信息流。上海贝尔的电子商务供应链管理战略的重点分别是供应商关系管理的电子化、市场需求预测的电子化、外包决策和跟踪控制的电子化以及库存管理战略的电子化。

1. 供应商关系管理的电子化

对上海贝尔而言,其现有供应商关系管理模式是影响开展良好供应链管理的重大障碍,需要在以下两个方面作电子化的调整。

(1) 供应商的遴选标准。

首先,依据企业/供应商关系管理模型对上海贝尔的需求产品和候选供应商进行彼此关系界定。

其次,明确对供应商的信息化标准要求和双方信息沟通的标准,特别关注关键性材料资源供应商的信息化设施和平台情况。传统的供应商遴选标准加分类信息标准是电子化供应商关系管理的基础。

(2) 供应商的遴选方式和范围。

上海贝尔作为IT厂商,其供应商呈现全球化的倾向,故供应商的选择应以全球为遴选范围,并充分利用电子商务手段进行遴选、评价,如运用网上供应商招标或者商务招标,一方面可以突破原有信息的局限,另一方面可以实现公平竞争。

2. 生产任务外包业务的电子化

目前,IT企业的核心竞争优势不外乎技术和服务,上海贝尔未来的发展方向是提供完善的信息、通信解决方案和优良的客户服务,生产任务的逐步外包是当然选择。未来外包业务量的增大势必然会加大管理和协调的难度和复杂度,需要采用电子商务技术管理和协调外包业务。外包厂商的选择除原有的产能、质量、交货等条件外,增添对其生产计划管理系统和信息基础建设的选择标准,保证日后便于开展电子化运行和监控,如上海无线电35厂一直是上海贝尔的外包厂商,但其信息基础设施相对薄弱,一旦外包任务量大增,市场需求信息频繁变动,落后的信息基础设施和迟缓的信息响应会严重影响供应链的效率。上海贝尔现拥有Intranet和ERP系统,外包厂商可以借助Internet或者专线远程接入ERP管理系统的生产计划功能延伸模块,与上海贝尔实现同步化生产计划,即时响应市场、需求的变动。

3. 库存管理战略的电子化

近几年,由于全球性的电子元器件资源紧缺,同时上海贝尔的原有库存管理体系抗风险能力差,结果库存问题成为上海贝尔的焦点问题之一。面向供应链管理的库存管理模式有多种,根据上海贝尔的库存管理种类和生产制造模式,采用如下库存管理模式。

(1) 材料库存和半成品库存管理。

在上海贝尔,材料和半成品库存管理基本是对应于订单生产模式的,市场需求的不确定性迫使企业备有一定的安全库存,这样就产生了库存的管理问题。

(2) 联合管理库存。

根据近年遇到的实际情况,对关键性材料资源,考虑采用联合库存管理策略。通过供应商和上海贝尔协商,在考虑市场需求的同时,也顾及供应商的产能,在电子商务手段的支持下,双方实现信息、资源共享、风险共担的良性库存管理模式。

(3) 成品库存管理。

由于上海贝尔的产品结构和近期市场需求旺盛两方面的原因,近年来基本无严重成品库存管理问题，但是因市场需求波动造成的缺货压力偏大。

上海贝尔的终端产品渠道和分销商信息IT系统以及基础设施比较完善，能有力地支持库存管理，同时企业实力、存储交货能力也较强，2000年公司已开始尝试运用总体框架协议、分批实施、动态补偿，同时实行即时的相关信息交换，采用供应商管理客户库存模式来实现终端成品库存管理。

三、需求预测和响应的电子化

上海贝尔要发展成为世界级的电信基础设施供应商，必然面对全球化的市场、客户和竞争，势必对市场研究、需求预测和响应作相应地变革。上海贝尔的库存风险来自两方面：其一是库存管理模式；其二市场预测的偏差大，强化市场研究、减少需求预测偏差势在必行。

电子商务技术的应用可以从研究范围、信息来源、反馈时间和成本费用等提高市场预测的水平。上海贝尔可以在企业原有Intranet的基础上，与各分公司、分销商专门建立需求预测网络体系，实时、动态地跟踪需求趋势、收集市场数据，随时提供最新市场预测，使上海贝尔的供应链系统能真正围绕市场运作。从中长期而言，逐步发展上海贝尔的B2B电子商务，建立网上产品目录和解决方案、网上客户化定制和订购、在线技术支持和服务，使上海贝尔的目标客户更直接、更方便、更及时地与上海贝尔的内核响应。

四、电子商务供应链管理的要素和应用的关键切入点

1. 电子商务与供应链管理的集成

供应链管理模式要求突破传统的计划、采购、生产、分销的范畴和障碍，把企业内部和供应链节点企业间的各种业务看做一个整体功能过程，通过有效协调供应链中的信息流、物流和资金流，将企业内部的供应链与企业的供应链有机地集成，以适应新竞争环境下市场对企业生产和管理运作提出的高质量、高柔性和低成本的要求。基于电子商务的供应链管理的主要内容涉及订单处理、生产组织、采购管理、配送与运输管理、库存管理、客户服务和支付管理等几个方面。电子商务的应用促进了供应链的发展，也弥补了传统供应链的不足。从基础设施的角度看，传统的供应链管理一般是建立在私有专用网络上，需要投入大量的资金，只有一些大型的企业才有能力进行自己的供应链建设，并且这种供应链缺乏柔性。而电子商务使供应链可以共享全球化网络，使中小企业以较低的成本加入到全球化供应链中。从通信的角度看，通过先进的电子商务技术和网络平台，可以灵活地建立起多种组织间的电子连接，从而改善商务伙伴间的通信方式，将供应链上企业各个业务环节信息孤岛连接在一起，使业务和信息实现集成和共享，使一些先进的供应链管理方法变得切实可行。

2. 应用的切入点分析

企业的供应链管理是一个开放的、动态的系统，可以将企业供应链管理的要素区分为两大类。

(1) 区域性因素，包含采购/供应、生产/计划、需求/分销三要素；

(2) 流动性因素，包含信息流、资金流和物流。

根据供应链管理系统基本六元素的区域性和流动性，可形成供应链管理系统矩阵分析模型。借助电子商务实现集成化供应链管理是未来供应链管理的发展趋势，管理者可以从供应链管理矩阵的角度，根据供应链管理系统的具体内容，系统地认识和分析电子商务应用的关键切入点，并充分发挥电子商务的战略作用。基于电子商务的应用，可以有效地实现供应链上各个业务环节信息孤岛的连接，使业务和信息实现有效的集成和共享。同时，电子商

务应用将改变供应链的稳定性和影响范围，也改变了传统的供应链上信息逐级传递的方式，为企业创建广泛可靠的上游供应网关系、大幅降低采购成本提供了基础，也使许多的企业能以较低的成本加入到供应链联盟中。上海贝尔的电子商务供应链管理实践表明，该战略的实施不仅可以提高供应链运营的效率，提高顾客的满意度；而且可以使供应链管理的组织模式和管理方法得以创新，并使得供应链具有更高的适应性。

**理论与实务**

## 6.1 供应链管理

### 6.1.1 供应链管理概述

供应链管理(Supply Chain Management，SCM)，是指人们在掌握了供应链各环节内在规律和相互联系的基础上，利用管理的计划、组织、指挥、协调、控制和激励职能，对产品生产和流通过程中各个环节所涉及的物流、信息流、资金流以及业务流进行的合理调控，以期达到最佳组合和最高效率，通过前馈的信息流(如订货合同、采购订单等)和反馈的信息流(如提货单、完工报告等)将供应商、核心企业、直至消费者联成一个整体的管理模式。在一个组织内部，供应链涵盖实现客户需求的所有职能，包括新产品开发、采购、生产、分销、财务和客户服务等。供应链管理的最终目标是缩短产品从设计构思到消费者手中的时间，降低产品成本，满足消费者多样化的需求，使整个供应链产生的价值最大。

图 6-1 为供应链管理的图形定义。

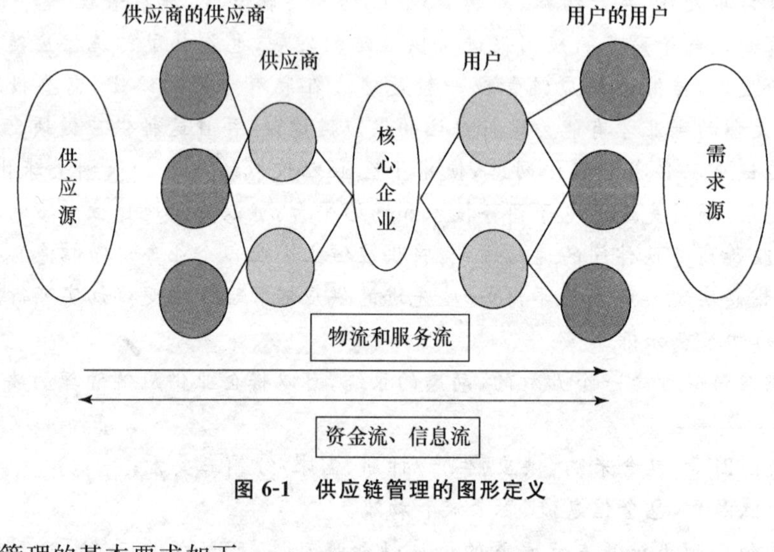


**图 6-1　供应链管理的图形定义**

供应链管理的基本要求如下。

一、信息资源共享

信息是现代竞争的主要后盾。供应链管理采用现代科技方法，以最优流通渠道使信息迅速、准确地进行传递，在供应链商的各企业间实现资源共享。

二、提高服务质量,扩大客户需求

在供应链管理中,一切围绕“以客户为中心”的理念进行运作。现在消费者大多要求提供产品和服务的前置时间越短越好,为此供应链管理通过生产企业内部、外部以及流通企业的整体协作,大大缩短了产品的流通周期,加快了物流配送的速度,从而将客户个性化的需求在最短的时间内得到满足。

三、实现双赢

供应链管理把供应链的供应商、分销商和零售商等联系在一起,并对其进行优化,使各个相关企业形成了一个融会贯通的网络整体,在这个网络中,各企业仍保持着个体特性。但它们为整体利益的最大化共同合作,实现多赢的结果。在供应链管理的发展中,有人预测,未来的生产和流通将看不到企业,而只看到供应链。生产和流通的供应链化将成为现代生产和流通的主要方式。

### 6.1.2 供应链管理的特点

一、供应链管理把所有的节点企业看做是一个整体,实现全过程的战略管理

传统的管理模式往往以企业的职能部门为基础,但由于各企业之间以及企业内部职能部门之间的性质、目标不同,造成相互的矛盾和利益冲突,各企业之间以及企业内部职能部门之间无法完全发挥其职能效率,因而很难实现整体目标化。

供应链是由供应商、制造商、分销商、销售商、客户和服务商组成的网状结构。供应链中各环节不是彼此分割的,而是环环相扣的一个有机整体。供应链管理把物流、信息流、资金流、业务流和价值流的管理贯穿于供应链的全过程。供应链覆盖了整个物流,从原材料和零部件的采购与供应、产品制造、运输与仓储到销售各种职能领域。它要求各节点企业之间实现信息共享、风险共担、利益共存,并从战略的高度来认识供应链管理的重要性和必要性,从而真正实现整体的有效管理。

二、供应链管理是一种集成化的管理模式

供应链管理的关键是采用集成的思想和方法。它是一种从供应商开始,经由制造商、分销商、零售商、直到最终客户的全要素、全过程的集成化管理模式,是一种新的管理策略,它把不同的企业集成起来以增加整个供应链的效率,注重的是企业之间的合作,以达到全局最优。

三、供应链管理提出了全新的库存观念

传统的库存思想认为:库存是维系生产与销售的必要措施,是一种必要的成本。因此,供应链管理使企业与其上下游企业之间在不同的市场环境下实现了库存的转移,降低了企业的库存成本。这也要求供应链上的各节点企业成员建立战略合作关系,通过快速反应降低库存总成本。

四、供应链管理以最终客户为中心

供应链管理以最终客户为中心也是供应链管理的经营导向。无论构成供应链的节点企业数量有多少，也无论供应链节点企业的类型、层次有多少，供应链的形成都是以客户和最终消费者的需求为导向的。正是由于有了客户和最终消费者的需求，才有了供应链的存在。而且，也只有让客户和最终消费者的需求得到满足，才能有供应链的更大发展。

通过对供应链管理的概念与特点的分析，我们可以知道：相对于旧的依赖自然资源、资金和新产品技术的传统管理模式，以最终客户为中心，将客户服务、客户满意、客户成功作为管理出发点的供应链管理的确具有多方面的优势。但是由于供应链是一种网状结构，一旦某一局部出现问题，它会马上扩散到全局，所以在供应链管理的运作过程中就要求各节点企业对市场信息的收集与反馈要及时、准确，以做到快速反应，降低企业的损失。而要做到这些，供应链管理还要有先进的信息系统和强大的信息技术作为支撑。

### 6.1.3 供应链管理中的关键问题

具体地说，在实施供应链管理中需要注意的关键问题主要有以下七个方面。

一、配送网络重构

配送网络重构，是指采用一个或者几个制造工厂生产的产品来服务一组或者几组在地理位置上分散的渠道商时，当原有的需求模式发生改变或者外在条件发生变化后引起的需要对配送网络进行的调整。这可能由于现有的几个仓库租赁合同的终止或者渠道商的数量发生增减变化等原因引起。

二、配送战略问题

在供应链管理中配送战略也非常关键。采用直接转运战略和经典配送战略，还是采用直接运输战略？需要多少个转运点？哪种战略更适合供应链中大多数的节点企业呢？所谓直接转运战略，就是指在这个战略中终端渠道由中央仓库供应货物，中央仓库充当供应过程的调节者和来自外部供应商的订货的转运站，而其本身并不保留库存。而经典配送战略则是在中央仓库中保留有库存。直接运输战略则相对较为简单，它是指把货物直接从供应商运往终端渠道的一种配送战略。

三、供应链集成与战略伙伴

由于供应链本身的动态性以及不同节点企业间存在着相互冲突的目标，因此对供应链进行集成是相当困难的。但实践表明，对供应链集成不仅是可能的，而且它能够对节点企业的销售业绩和市场份额产生显著的影响作用。那么，集成供应链的关键是什么呢？是信息共享与作业计划！显然，什么信息应该共享，如何共享，信息如何影响供应链的设计和作业，在不同的节点企业间实施什么层次的集成，可以实施哪些类型的伙伴关系等就成了最为关键的问题。

四、库存控制问题

库存控制问题包括：一个终端渠道对某一特定产品应该持有多少库存？终端渠道的订

货量是否应该大于、小于或者等于需求的预测值？终端渠道应该采用多大的库存周转率？终端渠道的目标在于决定在什么点上再订购一批产品，以及为了最小化库存订购和保管成本，应当订多少产品等。

五、产品设计

众所周知，有效的产品设计在供应链管理中起着多方面的关键作用。那么，什么时候值得对产品进行设计来减少物流成本或者缩短供应链的周期？产品设计是否可以弥补顾客需求的不确定性？为了利用新产品设计，对供应链应该做什么样的修改等，这些问题就变得非常重要。

六、信息技术和决策支持系统

信息技术是促成有效供应链管理的关键因素。供应链管理的基本问题在于应该传递什么数据？如何进行数据的分析和利用？互联网的影响是什么？电子商务的作用是什么？信息技术和决策支持系统能否作为企业获得市场竞争优势的主要工具？

七、顾客价值的衡量

顾客价值是衡量一个企业对于其顾客的贡献大小的指标。这一指标是根据企业提供的全部货物、服务以及无形影响来衡量的。最近几年来这个指标已经取代了质量和顾客满意度等指标。

### 6.1.4 供应链管理的步骤

第一步是企业资源计划（ERP）。ERP 就是由很多的循环构成的，如订单管理、生产派工、库存管理和采购管理等，这些循环结合起来就是一个好的 ERP 系统。

第二步是数据同步采集与实时分析，即 B2B、EAI、EIP 等。通过 B2B 的方式，把所有的数据采集回来，有了数据之后，才能去评估供应链到底做得好不好。

第三步开始做接单，即电子订单系统。其实国内的很多企业都在使用这个系统，有些是自己的分公司在使用，有些是给经销商使用的。通过这个系统可以降低库存。

第四步是供应链规划。

第五步是所谓的电子采购系统（SRM），包括采购订单的管理。

最后一步就是 VMI（Vendor Managed Inventory），即供应商管理的库存。

由此构成了全方位供应链管理。

### 6.1.5 供应链案例分析：德州仪器的供应链管理[①]

美国德州仪器公司成立于 1930 年，是一家全球性的半导体公司，提供创新的 DSP（Digital Signal Processing，数字信号处理）和模拟技术，以满足客户在现实世界中信号处理的需要。除了半导体之外，公司的业务还包括传感器和控制器，以及教育产品。德州仪器公司总部设在美国得克萨斯州的达拉斯，在全球超过 25 个国家设有制造、研发或者销售机构，

① 资料来源：佳工机电网。

全球雇员约3.45万人,在2003年德州仪器的销售收入达98.3亿美元。

20世纪90年代以来,由于科学技术的进步和生产力的发展,经济日益市场化、自由化和全球化的趋势使得企业之间的竞争变得越发激烈,各个企业面临缩短交货期、提高产品质量、降低成本和改进服务的压力。德州仪器公司作为一家历史超过50年,并且在世界主要国家拥有制造和销售中心的制造型企业来说,如何协调遍布世界各地的工厂的采购、生产和销售,使它们能够整合在一个架构之下即时协调工作,这是首先要解决的问题。

德州仪器公司根据调查分析,在半导体工业中,全球化是获得市场竞争力、提高市场份额和获得商业回报的必然趋势。然而,对分布在不同国家的生产制造部门的供应链进行有效的管理却很难做到,这就使得管理者在开拓全球市场的同时要面对许多问题。同时,半导体行业的特点是制造流程复杂,供应链长,而该公司正在从商品驱动性很强的业务向客户定义型业务转变以适应社会的发展,但是该公司现有的供应链系统已经不能很好地支持这种转变,必须对供应链系统进行改革,使公司能够在世界范围内将自己的运营实现最优化,使得生产部门能够提高对客户的响应时间,同时缩短产品到达客户的时间,降低产品的生产周期和减少库存。

通过仔细的选择和分析,德州仪器公司最终选择了美商智佳科技公司(TechnologiesInc,以下简称i2)作为他们的合作伙伴,因为i2所提供的解决方案与德州仪器公司想要达到的目标基本一致。德州仪器公司利用i2解决方案开展了新的供应链管理计划来优化其全球的业务,这其中包括了以下八个方面。

(1) 采购管理,包括支持多种货币、运输成本管理以及向多个供应商采购的多个订单、进行供应商业绩分析等功能。

(2) 运输管理,包括交通工具租赁成本管理、运输路线和交付状态跟踪等功能。

(3) 仓库/配送中心管理,包括计算机辅助商品货位查找及分配、商品的质量检验、仓库间商品调拨/配送等功能。

(4) 库存控制,支持多种成本计算方法;质量管理功能可以根据销售额和利润自动进行ABC分类,支持商品的批次和保质期管理等。

(5) 直接交付,即根据客户的要求从供应商订货,并且供应商直接将货物交付顾客的过程。一个直接交付订单可以包括多个来自不同供应商的商品,可以将一个直接交付订单分成多个送货单、多种订单状态。

(6) 需求分析预测与自动补货,即能够为缺货的商品自动地产生配送调拨单或者采购单,实现商品的自动补货。

(7) 财务系统,包括应收账款、应付账款、总账、现金管理和固定资产管理等功能模块。

(8) 供应商关系管理等。

供应链成功改革后,使德州仪器公司的晶片加工、成组测试部门以及产品配送中心可以协调工作,即使是分布在不同的地区,也可以像在一家工厂一样。这也就是我们常听到的虚拟工厂的概念。

同时,这也缩短了产品规划周期和客户订货交付时间。现在,德州仪器公司利用以天为单位的系统代替了他们之前以周为单位的系统,进而转向连续规划系统,这使该公司能够基于对企业在全球范围运营的认识,为所有下属公司根据销售计划制订工厂的开工计划,并且对一些个性化市场的客户需求作出最迅速的反应。同时,由于缩短了生产周期和简化了生产流程，德州仪器公司降低了成本，这在经济不景气的时期是最大的收获，找到了点"时"成金的方法。

采用 i2 的解决方案，德州仪器公司降低了库存量，提高了对于市场预测的准确度，公司的规划人员现在可以通过分析数据来作出生产计划，而不是围着数据转，更好地集成了公司的物流和市场推广部门。i2 的解决方案还使德州仪器公司可以全面地了解其全球供应链的情况，真正将所有的生产分布统一到一个管理架构之下。供应链规划方案为该公司的规划流程增加了制约管理，使公司能够发现问题，并迅速采取措施解决问题。

采用新的供应链管理系统后，德州仪器公司进一步增强了其产品在国际上的竞争力，提高了市场占有率，从而改善股东权益。"在我看来，我们能在实施 i2 解决方案后的第一年轻松收回 2 400 万美元的投资"，美国德州仪器公司供应链规划总监莎丽·坦普尔对 i2 方案如此评价。

## 6.2　企业资源计划

### 6.2.1　企业资源计划概述

企业资源计划(ERP)，是指利用计算机技术，把企业的物流、人流、资金流和信息流统一起来进行管理，把客户需要和企业内部的生产经营活动以及供应商的资源整合在一起，为企业决策层提供解决企业产品成本、提高作业效率和资金的运营情况一系列问题，使之成为能完全按用户需求进行经营管理的一种全新的行之有效的管理方法。ERP 是一个以管理会计为核心的信息系统，识别和规划企业资源，从而获取客户订单，完成加工和交付，最后得到客户付款。它是综合客户机和服务体系系统、关系数据库结构、面向对象技术、图形用户界面、第四代语言和网络通信等信息产业成果，以 ERP 为管理思想的软件产品。换言之，ERP 将企业内部所有资源整合在一起，对采购、生产、成本、库存、分销、运输、财务和人力资源进行规划，从而达到最佳资源组合，取得最佳效益。

图 6-2 生动地描述了 ERP 与其他物流软技术的关系。

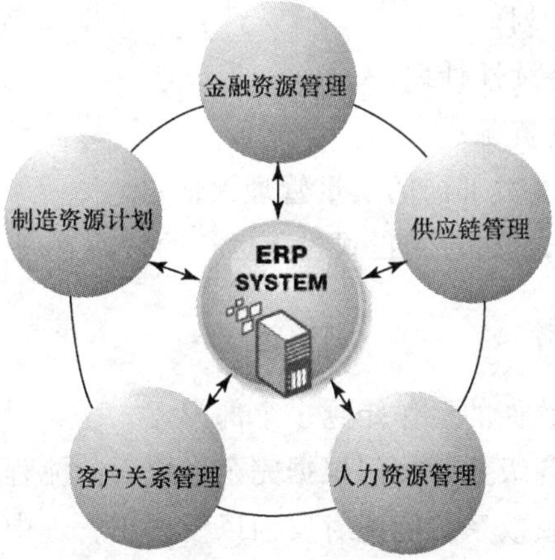


图 6-2　物流软技术之间的关系

ERP 软件的合理运用可以帮助企业内部业务操作合理化，同时运用功能丰富的协作/合作技术可以帮助企业在跨合作企业群体和贸易伙伴之间提高管理水平，扩展企业竞争空间和提高综合能力。

电子商务所带来的丰富的企业竞争手段和工具，能够帮助企业更好地运用 ERP 将广阔的网络商机和传统信息系统中的企业资源信息有效地结合起来。企业、客户、供应商、交易商和企业员工以前所未有的方式通过网络结合在一起。

### 6.2.2 ERP 管理理念和成功标志

#### 一、ERP 管理理念

(1) ERP 管理理念体现了对整个供应链资料进行有效管理的思想，实现了对整个企业供应链上的人、财、物等所有资源及其流程的管理。

(2) ERP 管理理念体现了精益生产、同步工程和敏捷制造的思想。面对激烈的竞争，企业需要运用同步工程组织生产和敏捷制造，保持产品高质量、多样化、灵活性，实现精益生产。

(3) ERP 管理理念体现事先计划与事中控制的思想，ERP 系统中的计划体系主要包括生产计划、物料需求计划、能力需求计划等。

(4) ERP 管理理念体现业务流程管理的思想，为提高企业供应链的竞争优势，必然带来企业业务流程的改革，而系统应用程序的使用也必须随业务流程的变化而相应调整。

ERP 系统实施成功有两个基本条件，一个是合适的软件，另一个是有效的实施方法。其中，有效的实施方法大致上可归纳为十个方面的内容：

一是高级管理层的支持和承诺；

二是有一支既懂管理又精通软件的实施和咨询队伍；

三是管理信息系统项目范围的重申和监督；

四是管理信息系统项目小组的组成；

五是管理信息系统项目工作的深入程度；

六是详细可行的项目计划；

七是详细可行的项目持续性计划；

八是项目必须有适当的资源；

九是“经验总结”，所有有关部门的质量管理评估；

十是项目从建模、测试、试运行到正式投入运行的转换管理。

#### 二、ERP 应用成功的标志

(1) 系统运行集成化，软件的运作跨越多个部门。

(2) 业务流程合理化，各级业务部门根据完全优化后的流程重新构建。

(3) 绩效监控动态化，绩效系统能即时反馈以便纠正管理中存在的问题。

(4) 管理改善持续化，企业建立一个可以不断自我评价和不断改善管理的机制。

### 6.2.3 ERP在物流管理中的应用

#### 一、分销管理

销售的管理是从产品的销售计划开始，对其销售产品、销售地区、销售客户各种信息的管理和统计，并可以对销售数量、金额、利润、绩效和客户服务作出全面的分析，这样在分销管理模块中大致有以下三方面的功能。

1. 对于客户信息的管理和服务

ERP能建立一个客户信息档案，对其进行分类管理，进而对该客户信息档案进行针对性的客户服务，以达到最高效率的保留老客户、争取新客户。在这里，要特别提到的就是最近新出现的CRM软件，即客户关系管理软件，ERP与它的结合必将大大增加企业的效益。

2. 对于销售订单的管理

销售订单是ERP的入口，所有的生产计划都是根据它下达并进行安排生产的。而销售订单的管理是贯穿了产品生产的整个流程，它包括：

(1) 客户信用审核及查询(客户信用分级，以此来审核订单交易)；

(2) 产品库存查询(决定是否要延期交货、分批发货或者用代用品发货等)；

(3) 产品报价(为客户作不同产品的报价)；

(4) 订单输入、变更及跟踪(订单输入后，变更的修正以及订单的跟踪分析)；

(5) 交货期的确认及交货处理(决定交货期和发货事物安排)。

3. 对于销售的统计与分析

ERP系统根据销售订单的完成情况，依据各种指标作出统计，如客户分类统计、销售代理分类统计等，再就这些统计结果来对企业实际销售效果进行评价。

(1) 销售统计(根据销售形式、产品、代理商、地区、销售人员、金额、数量来分别进行统计)。

(2) 销售分析(包括对比目标、同期比较和订货发货分析，以此来从数量、金额、利润及绩效等方面作相应的分析)。

(3) 客户服务(包括客户投诉记录、原因分析)。

#### 二、库存控制

即用ERP来控制存储物料的数量，以保证稳定的物流，支持正常的生产，但又最小限度的占用资本。ERP是一种相关的、动态的、真实的库存控制系统。ERP能够结合、满足相关部门的需求，随时间变化动态地调整库存，精确地反映库存现状。ERP的功能又涉及：

(1) 为所有的物料建立库存，决定何时订货采购，同时作为交与采购部门进行采购、生产部门制订生产计划的依据；

(2) 收到订购物料，经过质量检验入库，生产的产品也同样要经过检验入库；

(3) 收发料的日常业务处理工作。

#### 三、采购管理

即确定合理的订货量、优秀的供应商和保持最佳的安全储备。ERP系统能够随时提供订购、验收的信息，跟踪和催促外购或者委外加工的物料，保证货物及时到达；建立供应商的档案，用最新的成本信息来调整库存的成本。采购管理具体包括：

(1) 供应商信息查询(查询供应商的能力、信誉等)；

(2) 催货(对外购或者委外加工的物料进行跟踪)；

(3) 采购与委外加工统计(统计、建立档案，计算成本)；

(4) 价格分析(对原料价格进行分析，调整库存成本)。

## 6.3 客户关系管理

### 6.3.1 客户关系管理概述

客户关系管理(Customer Relationship Management，CRM)是一个不断加强与顾客交流，不断了解顾客需求，并不断对产品和服务进行改进和提高以满足顾客需求的连续的过程。CRM的内涵是企业利用信息技术(IT)和互联网技术实现对客户的整合营销，是以客户为核心的企业营销的技术实现和管理实现。CRM是一个获取、保持和增加可获利客户的方法和过程。CRM既是一种崭新的、国际领先的、以客户为中心的企业管理理论、商业理念和商业运作模式，也是一种以信息技术为手段、有效提高企业收益、客户满意度、雇员生产力的具体软件和实现方法。

CRM有三层含义：(1) CRM体现为新态企业管理的指导思想和理念；(2) CRM是创新的企业管理模式和运营机制；(3) CRM是企业管理中信息技术，软、硬件系统集成的管理方法和应用解决方案的总和。

图6-3为一个客户关系管理系统示意图。

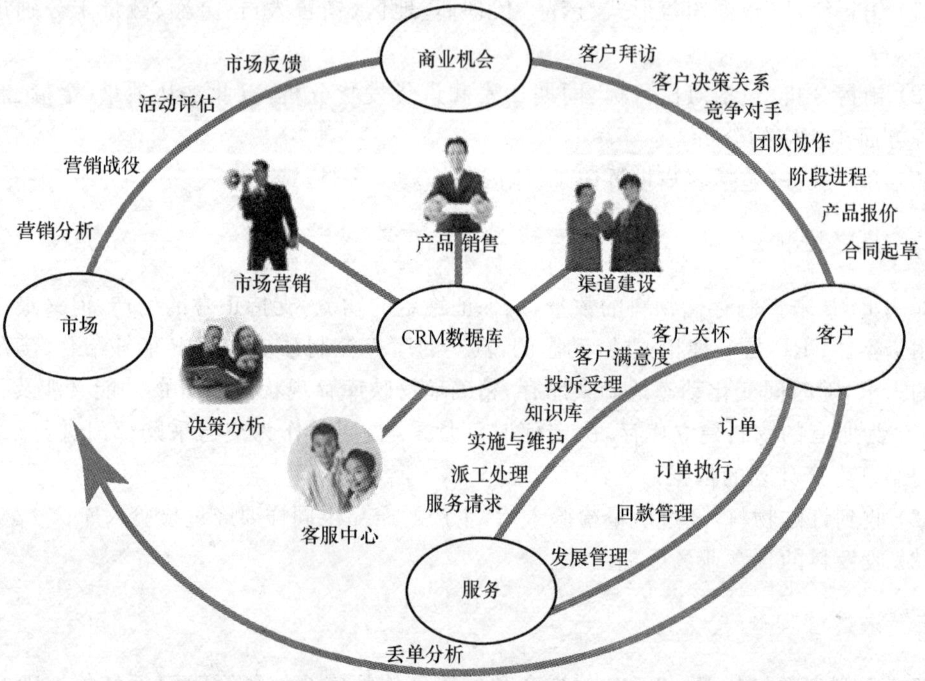


图6-3 客户关系管理系统示意图

CRM的实施目标就是通过全面提升企业业务流程的管理来降低企业成本，通过提供更快速和更周到的优质服务来吸引和保持更多的客户。作为一种新型管理机制，CRM极大地改善了企业与客户之间的关系，实施于企业的市场营销、销售、服务与技术支持等与客户相关的领域。

CRM的核心思想就是：客户是企业的一项重要资产；客户关怀是CRM的中心，客户关怀的目的是与所选客户建立长期和有效的业务关系，在与客户的每一个"接触点"上都更加接近客户、了解客户；最大限度地增加利润和利润占有率。

根据客户的类型不同，CRM可以分为B2B CRM和B2C CRM。B2B CRM中管理的客户是企业客户，而B2C CRM管理的客户则是个人客户。提供企业产品销售和服务的企业需要的B2B CRM，也就是市面上大部分CRM的内容，而提供个人及家庭消费的企业需要的是B2C CRM。

### 6.3.2　CRM的功能

CRM的功能就是解决客户关系管理中的三大"顽疾"。

"顽疾"一：遗忘老客户，盲寻新客户。

由于企业营销人员在不断地变动，客户也在变动。一个营销人员本来已经接触过的客户可能会被其他的营销人员当做新客户来对待，而重复上述的销售周期，不仅浪费了企业的财力和物力，而且不利于客户关系的维护。

CRM解决方案：通过CRM系统营销人员不仅可以根据实时数据，进行市场预测分析，制订可行性计划和目标，还可帮助他们更加有的放矢地跟踪客户，而且企业可以对营销人员实施动态业绩考核和评比，让不同分公司、营销人员之间形成正激励效应，提升企业业绩。

"顽疾"二：客户信息散乱，企业竞争弱。

在传统的客户管理中，对于客户信息的管理十分凌乱。由于采用传统的手段管理客户信息，对客户的信息管理也存在许多问题，如客户信息不够全面、查询信息不够方便、客户分析缺乏工具等问题。这种客户信息的分散性和片断性对企业的经营活动造成了极大困扰。

CRM解决方案：通过CRM系统，可以将企业资源进行科学而全面的分类，包含有客户、竞争对手、合作伙伴等具体分类，这样信息记录就更加全面，实现了企业内部资源管理计算机化、标准化、自动化，减轻了管理人员的工作负担，提高了工作效率，也有助于企业领导的监控和决策。

"顽疾"三：软件灵活差，开发升级难。

如同企业的产品有生命周期一样，客户同样也是有生命周期的。客户的保持周期越长久，企业的相对投资回报就越高，从而给企业带来的利润就会越大。但传统的管理软件灵活性差，不能满足企业的实际需求，如工作量巨大、成本高昂、时间无保障、维护及系统升级困难等，这些都对优化管理客户资源、最大化客户价值产生阻碍，不利于客户周期的长久保持企业的可持续规划。

CRM解决方案：针对我国企业的本地化特色，即使是同一行业的企业，管理流程也会完全不同。因此，中国的多重租赁商业模式必须具备强大的个性化自定制功能。

### 6.3.3 CRM管理技巧

CRM注重的是与客户的交流,企业的经营是以客户为中心,而不是传统的以产品或者以市场为中心。为方便与客户的沟通,客户关系管理可以为客户提供多种交流的渠道。顾客包括老顾客和新顾客,所以做好CRM的首要任务就是既要留住老客户,也要大力吸引新客户。

留住老客户的主要方法包括以下四种。

第一,为客户供高质量服务。质量的高低关系企业的利润、成本和销售额。每个企业都在积极寻求用什么样高质量的服务才能留住企业的优质客户。因此,为客户提供服务首先要考虑客户的感受和期望,把他们的关注点从对服务和产品的评价转换到服务的质量上。

第二,严把产品质量关。产品质量是企业为客户提供有力保障的关键武器。没有好的质量依托,企业长足发展就是一个很遥远的问题。如肯德基的服务是一流的,但依然出现了苏丹红事件,因此让竞争对手有机可乘,致使客户群体部分流失。

第三,加强与客户的信息即时互通。企业在管理上最重要的是与客户进行沟通,提供知识信息,让企业的服务或者营销人员控制协调好客户关系,传达好客户的要求和意见。营销人员可以多给客户提出一些在管理上的缺陷和对其所在市场的见解,让客户接受营销人员的思维。这就需要企业员工要有较高的职业素养、对市场的敏感以及丰富的管理技巧。当然,要注意不能忽视人际角色、信息角色和决策角色,不能干预客户更多的事情,除和客户正常的业务以外,不要掺杂其他内容,否则会影响客户关系。

第四,保证高效快捷的执行力。要想留住客户群体,良好的策略与执行力缺一不可。许多的企业虽然能为客户提供好的策略,却因缺少执行力而失败。在多数情况下,企业与竞争对手的差别就在于双方的执行能力。如果对手比你做得更好,那么他就会在各方面领先。成功的企业,20%靠策略,80%靠企业各级管理者的执行力!作为管理者,重塑执行力的观念有助于制定更健全的策略。事实上,要制定有价值的策略,管理者必须同时确认企业是否有足够的条件来执行。在执行中,一切都会变得明确起来。面对激烈的市场竞争,管理者的角色定位需要变革,从只注重策略制定转变为策略与执行力兼顾。以行为为导向的企业,其策略的实施能力会优于同业,客户也更愿意忠诚地跟随企业一起成长。

吸引新客户可以利用以下三种方法。

第一,以市场调查为由,收集客户名单。

第二,以企业的名义搞活动,可以参加抽奖,进而收集相关名单。

第三,开发已签单的客户,做好服务,寻求转介绍等方式,换句话讲,开发客户需要找一个理由,这点很重要。

### 6.3.4 实施CRM的主要步骤

一、确立业务计划

企业在考虑部署CRM方案之前,首先确定利用这一新系统实现的具体的目标,如提高客户满意度、缩短产品销售周期以及增加合同的成交率等。即企业应当了解CRM方案的价值。

二、建立 CRM 员工队伍

为了成功地实现 CRM 方案，管理者还必须对企业的业务进行统筹考虑，并建立一支有效的员工队伍。每一个准备使用 CRM 方案的部门均需选出一名代表加入该员工队伍。

三、评估销售和服务过程

在评估一个 CRM 方案的可行性之前，使用者需要多花费一些时间，详细地规划和分析自身具体的业务流程。为此，企业需要广泛地征求员工的意见，了解他们对销售过程和服务过程的理解和需求，确保企业高层管理人员的参与，以确立最佳方案。

四、明确实际需求

实施 CRM 的企业应该充分了解自身的业务运作情况，并从销售人员和服务人员的角度出发，确定其所需功能，并令最终使用者寻找出对自己有益的及其所希望使用的功能。就产品的销售而言，企业中存在着两大用户群：销售管理人员和销售人员。其中，销售管理人员感兴趣于市场预测、销售渠道管理以及销售报告的提交，而销售人员则希望迅速生成精确的销售额和销售建议、产品目录以及客户资料等。

五、选择供应商

实施 CRM 的企业应该确保所选择的供应商对自身需要解决的问题有充分的理解，了解其 CRM 方案可以提供的功能以及应当如何使用其 CRM 方案，确保该供应商所提交的每一软、硬设施都具有详尽的文字说明。

六、开发与部署

CRM 方案的设计需要企业与供应商两个方面的共同努力。为了使这一方案得以迅速实现，企业应当先部署那些当前最为需要的功能，然后再分阶段不断地向其中添加新功能。其中，企业应当优先考虑使用这一方案的员工的需求，并针对某一用户群对这一方案进行测试。另外，企业还应当针对其 CRM 方案制订相应的培训计划。

## 6.4 有效客户反应

### 6.4.1 有效客户反应系统概述

有效客户反应(Efficient Consumer Response，ECR)系统，是指为了给消费者提供更高利益，以提高商品供应效率为目标，广泛应用信息技术和沟通工具，在生产厂商、批发商和零售商相互协作的基础上而形成的一种新型流通体制。由于 ECR 系统是通过生产厂商、批发商和零售商的联盟来提高商品供应效率，因而又称为连锁供应系统。

ECR 系统的提出与近年来美国食品行业的危机有直接关系，并最早在食品行业中应用的。近年来,由于食品种类和品种日益增多,食品生产和流通企业适应顾客需求越来越困难,传统的商品供应体制很难适应现代流通市场的需求,销售额日益减少。消费者很少再像以前那样去反复购买同一种食品,原有的营销方法也不适用了。消费者对商品的价格和商品的品质日益敏感,然而商品的供应方式却并未改变,与消费者的需求相距越来越远。零售商在与进货商打交道时煞费心计,仍不能改变销售利润率下降的趋势。在这种背景下,食品业开始探索新的运作方法。1992年年初,美国食品营销协会成立了一个特别工作组,研究商品供应的新体制,具体作业分析由KSA公司执行。该公司对食品行业展开调查,提出物流、品种、促销和新商品的引入等四大需要改革的领域。KSA公司针对四大领域的改革措施和信息技术提出了一种综合运作系统,这就是ECR系统。该系统在1993年召开的美国食品营销协会大会上公开发表。目前,ECR系统的推广对象主要以快速移转消费产品以及食品杂货为主,而其实施重点包括需求面的品类管理改善、供给面的物流配送方式的改进等。

图6-4为一个有效客户反应系统。

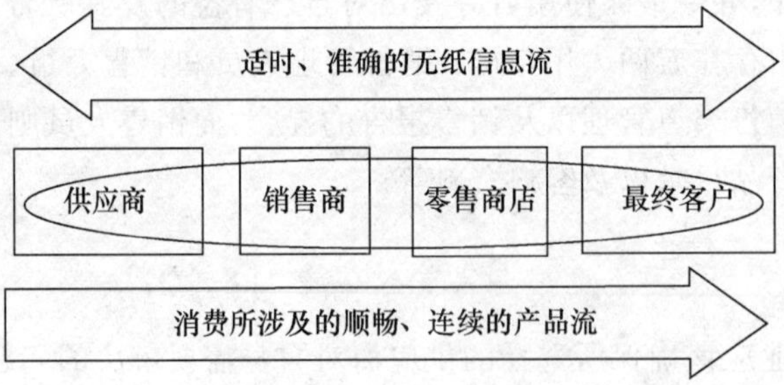


图 6-4 有效客户反应系统

### 6.4.2 ECR的观念

(1) 凡是对消费者没有附加价值的所有浪费必须从供应通路上排除,以达到最佳效益。
(2) 确认供应链内的合作体制和结盟关系。
(3) 实现准确即时的信息流,以信息代替库存。

ECR的实施策略包括有效的商品组合、有效的新品推介、有效补货和有效促销。

### 6.4.3 ECR系统实施过程中应当注意的问题

ECR系统自提出以来,在美国得到较为广泛的采用。欧洲和日本等许多国家也纷纷引用该系统的技术,以此来改变本国陈旧的商品供应系统,并已出现了许多的成功事例。因此,利用ECR系统使流通过程合理化是今后不容回避的课题,但在其实施过程中应当注意以下问题。

一、高层决策者的作用至关重要

ECR系统是改善企业经营管理工作的大工程,系统涉及产、供、销多个部门,任何部门出现错误都会对整个ECR系统的启动产生很大的影响。因此,各部门的高层决策者的热情和决心对于推动这项工作非常重要,他们的积极支持和倡导有利于明确目标,提高业务改革速度，排除浪费，增强 ECR 系统的应用质量。

二、正确地把握顾客的价值和需求

ECR 系统自始至终把增加消费者的利益和满足消费者的需求作为根本宗旨，所有业务的改善和效率提高都是围绕这一宗旨展开的。只有正确地把握顾客价值和需求才能制定出 ECR 系统的工作目标，增强其对顾客的适应能力。正确判断消费者的利益追求，把消费者的利益放在何种位置是开展 ECR 工作的第一步。当前，超市消费趋向于商品品质、鲜度、营养、包装和价格等方面，在品种结构上，顾客大多带有一次购妥的愿望。掌握了这些信息，ECR 系统才能真正发挥自身的优越性。

三、制定明确的目标和工作标准

作为一项系统的改善工作，ECR 系统要有明确的目标和工作标准。通过这些目标和工作标准，企业可以对照成果进行正确的评价。同时，有了目标和工作标准，员工才能明确需要完成的任务和达成的尺度。

四、积极改革组织机构

ECR 系统的有效开展必须获得相应的组织和机构保障。ECR 系统的基本思想是从流通过程和业务活动中寻求改革方案，因而传统职能划分的组织形式是不适应的，应当构筑起新型的组织形式。ECR 系统可视为一种广泛的连锁系统，因而可以按照连锁的模式来建立组织机构。

## 6.5　快速反应

### 6.5.1　快速反应概述

从 20 世纪 70 年代后期开始，美国纺织服装的进口急剧增加，到 80 年代初期，进口商品大约占到纺织服装行业总销售量的 40%。针对这种情况，美国纺织服装企业一方面要求政府和国会采取措施阻止纺织品的大量进口，另一方面进行设备投资来提高企业的生产率。但是，即使这样，价格低廉的进口纺织品的市场占有率仍在不断上升，而本地生产的纺织品市场占有率却在连续下降。为此，一些主要的经销商成立了“用国货为荣委员会”，一方面通过媒体宣传国产纺织品的优点，采取共同的销售促进活动；另一方面，委托零售业咨询公司 Kurt Salmon 从事提高竞争力的调查。Kurt Salmon 公司在经过了大量充分的调查后指出，纺织品产业供应链全体的效率并不高。为此，Kurt Salmon 公司建议零售业者和纺织服装生产厂家合作，共享信息资源，建立一个快速反应系统来实现销售额增长。

快速反应（Quick Response，QR）是供应链成员企业之间建立战略合作伙伴关系，利用 EDI 等信息技术进行信息交换与信息共享，用高频率、小数量配送方式补充商品，以实现缩短交货周期、减少库存、提高顾客服务水平和企业竞争力为目的的一种供应链管理策略。

图6-5 为一个快速反应体系。

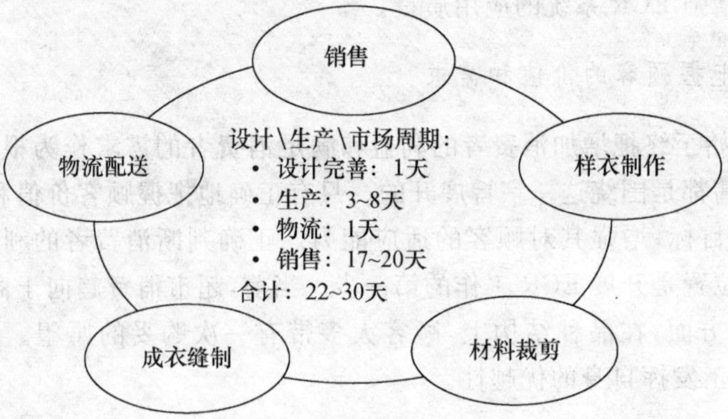


图 6-5 快速反应体系

QR 的实施包括以下三个阶段:

(1) 对所有的商品单元条码化,利用 EDI 传输订购单文档和发票文档;

(2) 增加内部业务处理功能,采用 EDI 传输更多的文档,如发货通知、收货通知等;

(3) 与贸易伙伴密切合作,采用更高级的策略(如联合补库系统等),以对客户的需求作出迅速的反应。

### 6.5.2 成功实施 QR 的条件

布莱克·本在对美国纺织服装业研究的基础上,认为成功实施 QR 的五项条件如下。

第一,改变传统的经营方式、企业经营意识和组织结构。

(1) 企业不能局限于依靠本企业独自的力量来提高经营效率的传统经营意识,要树立通过与供应链各方建立合作伙伴关系,努力利用各方资源来提高经营效率的现代经营意识。

(2) 零售商在垂直型 QR 系统中起主导作用,零售店铺是垂直型 QR 系统的起始点。

(3) 在垂直型 QR 系统内部,通过 POS 数据等销售信息和成本信息的相互公开和相互交换来提高各个企业的经营效率。

(4) 明确垂直型 QR 系统内各个企业之间的分工协作范围和形式,消除重复作业,建立有效的分工协作框架。

(5) 必须改变传统的事务作业的方式,通过利用信息技术实现事务作业的无纸化和自动化。

第二,开发和应用现代信息处理技术。

第三,与供应链各方建立战略伙伴关系。

第四,改变传统的对企业商业信息保密的做法,将销售信息、库存信息、生产信息和成本信息等与合作伙伴交流共享,并在此基础上,要求各方在一起发现问题、分析问题和解决问题。

第五,供应方必须缩短生产周期,降低商品库存。具体来说,供应方应努力做到:(1) 缩短商品的生产周期;(2) 进行多品种少批量生产和多频度少数量配送,降低零售商的库存水平,提高顾客服务水平;(3) 在商品实际需要将要发生时采用 JIT 方式组织生产,减少供应商自身的库存水平。

### 6.5.3 QR与ECR的比较

一、QR与ECR的差异

ECR主要以食品行业为对象,其主要目标是降低供应链各环节的成本,提高效率。QR主要集中在一般商品和纺织行业,其主要目标是对客户的需求作出快速反应,并快速补货。这是因为食品杂货业与纺织服装行业经营的产品的特点不同:杂货业经营的产品多数是一些功能型产品,每一种产品的寿命相对较长(生鲜食品除外),因此,订购数量过多(或者过少)的损失相对较小;纺织服装业经营的产品多属创新型产品,每一种产品的寿命相对较短,因此,订购数量过多(或者过少)造成的损失相对较大。

因此,QR与ECR的差异主要体现在以下四个方面。

1. 侧重点不同

QR侧重于缩短交货提前期,快速响应客户需求;ECR侧重于减少和消除供应链的浪费,提高供应链运行的有效性。

2. 管理方法的差别

QR主要借助信息技术实现快速补发,通过联合产品开发缩短产品上市时间;ECR除新产品快速有效引入外,还实行有效商品管理、有效促滚动。

3. 适用的行业不同

QR适用于产品单位价值高、季节性强、可替代性差、购买频率低的行业,ECR适用于产品单位价值低、库存周转率高、毛利少、可替代性强、购买频率高的行业。

4. 改革的重点不同

QR改革的重点是补货和订货的速度,目的是最大限度地消除缺货,并且只在商品需求时才去采购;ECR改革的重点是效率和成本。

二、QR和ECR的共同特征

表现为超越企业之间的界限,通过合作追求物流效率化。具体表现在如下三个方面:

(1) 贸易伙伴间商业信息的共享。

(2) 商品供应方进一步涉足零售业,提供高质量的物流服务。

(3) 企业间订货、发货业务全部通过EDI来进行,实现订货数据或者出货数据的传送无纸化。

## 6.6 准时制生产

### 6.6.1 准时制生产概述

准时制生产,是指在所需要的时刻,按照所需要的数量生产所需要的产品(或者零部件)的生产模式。准时制生产的目的是加速半成品的流转,将资金的积压减少到最低的限度,从而提高企业的生产效益。

准时制生产是一种全方位的系统管理工程。它像一根无形的链条调度并牵动着企业的各项工作能按照计划安排的进程顺利地实施，因而又称为一种“拉动”式的生产模式。准时制生产与大批量生产的福特模式生产线方式有很大的不同，后者是在每一道工序一次生产一大批零件，并需将其在中间仓库或者半成品库中存放一段时间，然后再运送到下一道工序；而准时制生产是以市场需求为依据，采用拉动式的生产模式，准时地组织各个环节进行生产，既不超量，也不超前，以总装配拉动总零件量，以总零件量拉动零件加工，以零件拉动毛坯生产，以主机厂拉动配套厂生产。在生产过程中，工序间的零件是小批量流动，甚至是单件流动的，在工序间基本上不存在积压或者完全没有堆积的半成品。

图 6-6 为一个准时制生产的解决方案。

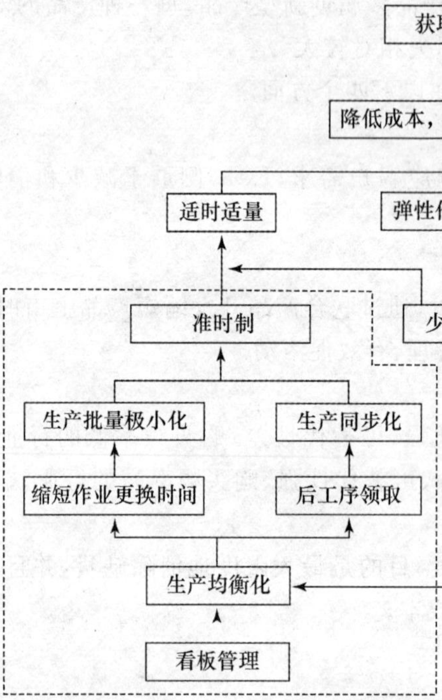


**图 6-6 准时制生产的解决方案**

### 6.6.2 准时制生产基本原则

一、物流的准时原则

物流的准时原则要求企业在需要的时间段内，一般指 15～30 分钟内将所有的物按照需要的规格、规定的质量水平和需要的数量，以规定的方式送到生产现场，或者在指定的地点能提取货物。

二、管理的准时原则

管理的准时原则要求在管理过程中，企业能够按照管理的需要，遵照管理规定的要求收集、分析、处理和应用所需的信息和数据，并作为指令来进行生产控制。

三、财务的准时原则

财务的准时原则要求在需要的时候，企业及时地按照需要的金额调拨并运用所需的周转资金，保证企业的财务开支适应生产运行的需求。

四、销售的准时原则

销售的准时原则要求企业在市场需求的供货时间内组织货源和安排生产，按照订单或者合同要求的品种和数量销售和交付产品，满足顾客的需求。

五、生产的准时原则

生产的准时原则要求企业通过实施劳动组织柔性化来坚持多机床操作和多工序管理的生产方式，通过培训使操作工掌握一专多能的技艺，形成一支适应性强、技术水平高和富有创造性的工作团队，以保证各项特殊要求的生产任务能出色和按时地完成。并且在生产组织上实行工序间"一个流"的原则或者成品/半成品储备量逐年下降的原则，最终实现"零库存"的管理目标。同时，在生产准备工作和生产调度也必须适应多品种混流生产的要求，实现柔性化生产。

准时制生产的主要内容可以归纳为融七大管理为一体的生产模式：即六种管理方法和一种管理体制的综合。六种方法是生产管理、质量控制、劳动组织、工具管理、设备管理和现场"5S"管理。一种管理体制是指"三为"的现场管理体制，即以生产现场为中心、以生产工人为主体和以车间主任为领导核心的现场生产组织管理模式，实现生产体系的高效运转和现场问题的迅速解决。

## 6.7 电子订货系统

### 6.7.1 电子订货系统概述

电子订货系统(Electronic Ordering System，EOS)，是指将批发、零售商场所发生的订货数据输入计算机，即通过计算机通信网络连接的方式将资料传送至总公司、批发商、商品供货商或者制造商处。因此，EOS能处理从新商品资料的说明直到会计结算等所有商品交易过程中的作业，可以说EOS涵盖了整个物流。在寸土寸金的情况下，零售业已没有许多的空间用于存放货物，在要求供货商及时补足售出商品的数量且不能有缺货的前提下，更必须采用EOS。EOS因内含了许多先进的管理手段，因此在国际上的使用非常广泛，并且越来越受到商业界的青睐。

EOS采用电子手段完成供应链上从零售商到供应商的产品交易过程，因此，一个EOS必须有：

(1) 供应商，即商品的制造者或者供应者(生产商、批发商)；

(2) 零售商，即商品的销售者或者需求者；

(3) 网络，即用于传输订货信息(订单、发货单、收货单、发票等)；

(4) 计算机系统，即用于产生和处理订货信息。

图6-7为一个EOS的示意图。

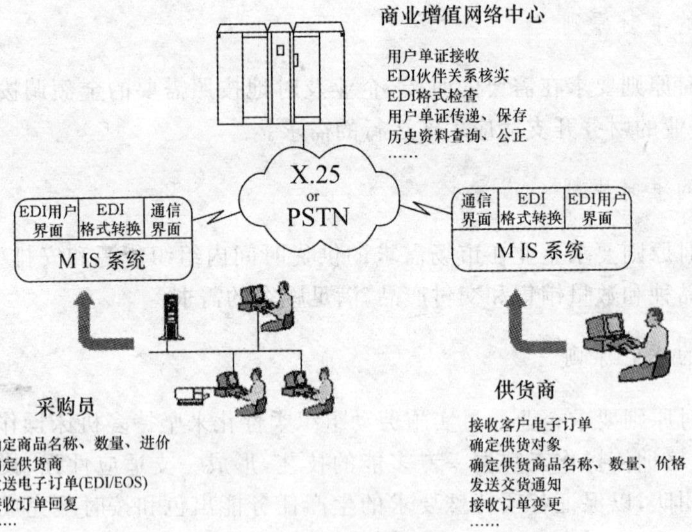


图 6-7 EOS 的示意图

### 6.7.2 EOS 的特点

EOS 具有以下六个特点。

(1) 商业企业内部计算机网络应用功能完善,能及时产生订货信息。

(2) POS 与 EOS 高度结合,产生高质量的信息。

(3) 满足零售商和供应商之间的信息传递。

(4) 通过网络传输信息订货。

(5) 信息传递及时、准确。

(6) EOS 是许多的零售商和供应商之间的整体运作系统,而不是单个零售店和单个供应商之间的系统。电子订货系统在零售商和供应商之间建立起了一条高速通道,使双方的信息及时得到沟通,使订货过程的周期大大缩短,既保障了商品的及时供应,又加速了资金的周转,实现了零库存战略。

### 6.7.3 EOS 的结构和配置

EOS 的构成内容包括订货系统、通信网络系统和接单电脑系统。就门店而言,只要配备了订货终端机和货价卡(或者订货簿),再配上电话和数据机,就可以说是一套完整的电子订货配置。就供应商来说,凡能接收门店通过数据机的订货信息,并可以利用终端机设备系统直接作订单处理,打印出出货单和检货单,就可以说已具备 EOS 的功能。但就整个社会而言,标准的 EOS 绝不是“一对一”的格局,即并非单个的零售店与单个的供应商组成的系统,而是“多对多”的整体运作,即许多的零售店和许多的供货商组成的大系统的整体运作方式。

门店 EOS 配置包括硬件设备配置与确立电子订货方式两个方面。

#### 一、硬件设备配置

EOS 的硬件设备一般由以下三个部分组成。

1. 电子订货终端机

电子订货终端机的功能是将所需订货的商品、条形码以及数量以扫描和键入的方式暂时储存在记忆体中，当订货作业完毕时，再将终端机与后台电脑连接，取出储存在记忆体中的订货资料，存入电脑主机。电子订货终端机与手持式扫描器的外形有些相似，但功能却有很大的差异，其主要区别是：电子订货终端机具有存储和运算等电脑基本功能；而扫描器即只有阅读及解码功能。

2. 数据机

数据机是传递订货主与接单主电脑信息资料的主要通信装置，其功能是将电脑内的数据转换成线性脉冲资料，通过专有数据线路，将订货信息从门店传递给商品供方的数据机，供方以此为依据来发送商品。

3. 其他设备

如个人电脑、价格标签和店内码的印制设备等。

二、确立电子订货方式

EOS的运作除硬件设备外，还必须有记录订货情报的货架卡和订货簿，并确立电子订货方式。常用的电子订货方式有以下三种。

1. 电子订货簿

电子订货簿是记录包括商品代码/名称、供应商代号/名称、进价/售价等商品资料的书面表式。利用电子订货簿订货就是由订货者携带订货簿和电子订货终端机直接地现场巡视缺货状况，再由订货簿寻找商品，对条形码进行扫描并输入订货数量，然后直接接上数据机，通过电话线传输订货信息。

2. 电子订货簿与货架卡并用

货架卡就是装设在货架槽上的一张商品信息记录卡，显示内容包括中文名称、商品代码、条形码、售价、最高订量、最低订量、厂商名称等。利用货架卡订货，不需携带订货簿，而只要手持电子订货终端机，一边巡货一边订货，订货手续完成后再直接接上数据机将订货信息传输出去。

3. 低于安全存量订货法

即将每次进货的数量输入电脑，销售时电脑会自动将库存扣减，当库存量低于安全存量时，电脑会自动打印货单或者直接传输出去。

### 6.7.4　EOS的操作流程

(1) 在零售店的终端利用条形码读取器获取准备采购的商品条形码，并在终端机上输入订货资料，利用电话线通过调制解调器传到批发商的计算机中。

(2) 批发商开出提货传票，并根据传票开出拣货单，实施拣货，然后根据送货传票进行商品发货。

(3) 送货传票上的资料变成零售商店的应付账款资料和批发商的应收账款资料，并接到应收账款的系统中去。

(4) 零售商对送到的货物进行检验后就可以陈列出售了。

使用EOS时要注意订货业务作业的标准化，这是有效利用EOS的前提条件：商品代码的设计，商品代码一般采用国家统一规定的标准，这是应用 EOS 的基础条件；订货商品目录账册的做成和更新，订货商品目录账册的设计和运用是 EOS 成功的重要保证；计算机以及订货信息输入和输出终端设备的添置是应用 EOS 的基础条件；在应用过程中需要制定 EOS 应用手册并协调部门间、企业间的经营活动。

## 6.8 销售时点信息系统

### 6.8.1 销售时点信息系统概述

销售时点信息(Point of Sale，POS)系统，是指通过自动读取设备(如收银机)在销售商品时直接读取商品销售信息(如商品名、单价、销售数量、销售时间、销售店铺和购买顾客等)，并通过通信网络和计算机系统传送至有关部门进行分析加工以提高经营效率的系统。POS 系统最早应用于零售业，以后逐渐扩展至其他(如金融、旅馆等)的服务行业，利用 POS 系统的范围也从企业内部扩展到整个供应链。

图 6-8 为一个销售时点信息系统。

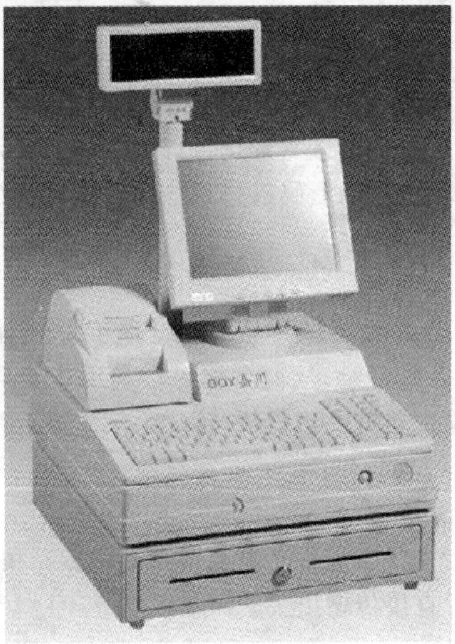

图 6-8　销售时点信息系统

### 6.8.2 POS 的类型

POS 主要有消费 POS 和转账 POS 两种类型。

第一种类型，消费 POS，具有消费、预授权、查询支付名单等功能，主要用于特约商户受理银行卡消费。

国内消费 POS 的手续费如下：

(1) 航空售票、加油、大型超市一般扣率为消费金额的 0.5%；

(2) 药店、小超市、批发部、专卖店、诊所等 POS 刷卡消费额不高的商户，一般扣率为消费金额的1%；

(3) 宾馆、餐饮、娱乐、珠宝首饰、工艺美术类店铺一般扣率为消费金额的2%；

(4) 房地产、汽车销售类商户一般扣率为固定手续费，按照POS消费刷卡笔数扣收，每笔按规定不超过40元。

第二种类型，转账POS，具有财务转账和卡卡转账等功能，主要用于单位财务部门。转账POS的特色是：

(1) 完善的各种前台销售功能；

(2) 便捷的各部门间货物的调拨；

(3) 强大的自动订货系统；

(4) 先进的出租柜台管理理念；

(5) 严格的系统权限管理；

(6) 脱销、畅销、滞销商品的分析；

(7) 超出安全库存商品的报警、订货提示；

(8) 各种类型的销售报表(供货商、部门、单个商品)；

(9) 销售信息反馈，商场内贵重商品(如手机、手提电脑、金银首饰等)的销售和库存情况；

(10) 商品的销售记录，完善售后服务、跟踪服务；

(11) 系统各用户之间的电子邮件传递；

(12) 每晚结算方式，自动按照整个商场、部门、类别对销售、进货、调拨进行结算，在数据查询、分析时简捷、高效、准确；

(13) 完善的库存管理，盘点、部门库存、商品类库存、供货商库存等的查询分析审查；

(14) 人事、工资管理系统。

### 6.8.3　POS系统应用实例

下面以连锁店为例对POS系统进行说明。

第一步，连锁店销售商品都贴有表示该商品信息的条形码或者商品标签。

第二步，在顾客购买商品结账时，收银员使用扫描读数仪自动读取商品条形码标签或者标签上的信息，通过店铺内的微型计算机确认商品的单价，计算顾客购买总金额等，同时将信息返回给收银机，打印出顾客购买清单和付款总金额。

第三步，各个店铺的销售时点信息通过在线联结方式即时传送给总部或者物流中心。

第四步，在总部，物流中心和店铺利用销售时点信息来进行库存调整、配送管理、商品订货等作业。通过对销售时点信息进行加工、分析来掌握消费者购买动向，找出畅销商品和滞销商品。以此为基础，进行商品品种配置、商品陈列、价格设置等方面作业。

第五步，在零售商与供应链的上游企业(批发商、生产厂家、物流业者等)结成协作伙伴关系的条件下，零售商利用以在线联结的方式把销售时点信息及时传送给上游企业。这样上游企业可以利用销售现场的最及时准确的销售信息制订经营计划，进行决策。如生产厂家利用销售时点信息进行销售预测，掌握消费者购买动向，找出畅销商品和滞销商品，对销售时点信息和订货信息进行比较分析，把握零售商的库存水平，以此为基础制订生产计划和零售商库存连续补充计划。

## 6.9 自动补货系统

### 6.9.1 自动补货系统概述

自动补货系统(Continuous Replenishment Program,CRP)是一种库存管理方案,是以掌控销售信息和库存量作为市场需求预测和库存补货的解决方法,由销售信息得到消费需求信息,供应商可以更有效地计划、更快速地反应市场变化和用户需求,因此CRP可以用来作为降低库存量、改善库存周转,进而维持库存量的最佳化,而且供应商与批发商可以分享重要信息,双方都可以改善需求预测、补货计划、促销管理和运输装载计划等。

图6-9为一个自动补货系统。

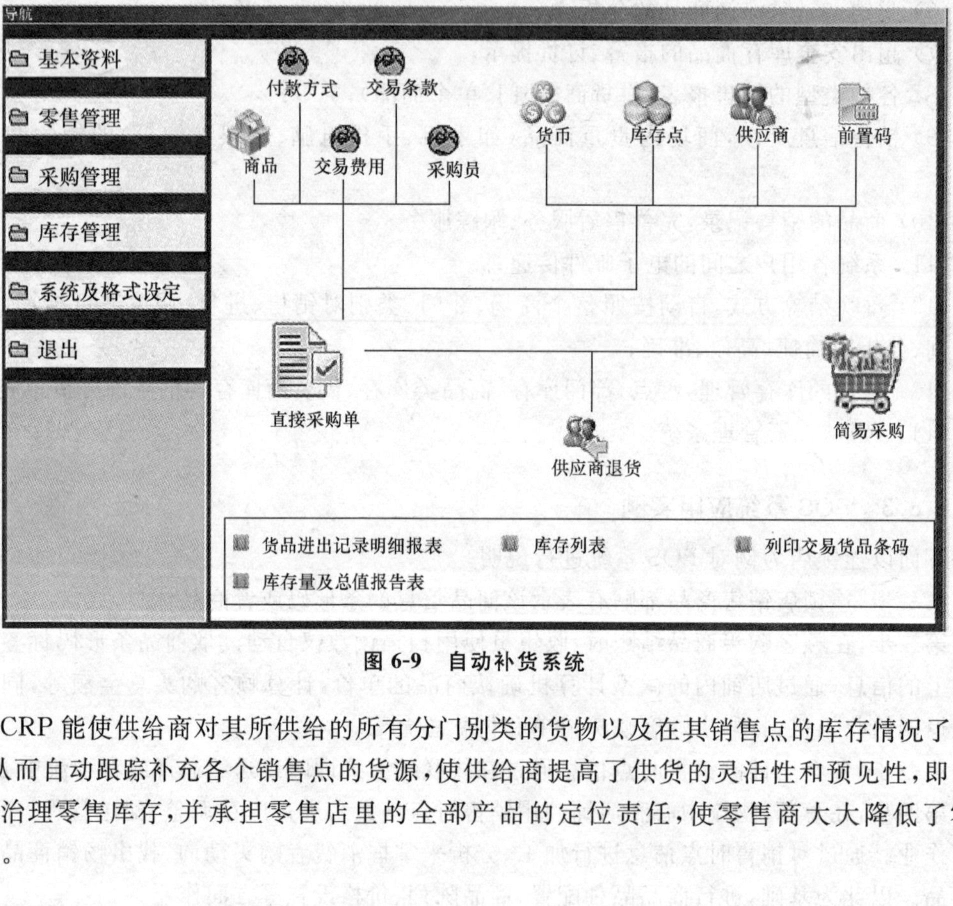


**图6-9　自动补货系统**

CRP能使供给商对其所供给的所有分门别类的货物以及在其销售点的库存情况了如指掌,从而自动跟踪补充各个销售点的货源,使供给商提高了供货的灵活性和预见性,即由供给商治理零售库存,并承担零售店里的全部产品的定位责任,使零售商大大降低了零售成本。

### 6.9.2 CRP的实施

一种商品一旦被大量采购,就会促使该商品的制造商大量生产此种商品,也会使该商品在供给链中快速流动起来。随着供给链治理的进一步完善,补货到零售店的责任,如今已从零售商转到了批发商或者制造商的身上。对于制造商和供给商来说,把握了零售店的销售量和库存,可以更好地安排生产计划、采购计划和供货计划,这是一个互助的商业生态系统。

从库存治理的角度看,在库存系统中,订货点与最低库存之差主要取决于从订货到交货的时间、产品周转时间、产品价格、供销变化以及其他的变量。订货点与最低库存之差保持一定的距离，是为了防止产品脱销等不确定性情况的出现。为了快速反映客户"降低库存"的要求，供给商通过与零售商缔结伙伴关系，主动向零售商频繁交货，并缩短从订货到交货之间的时间间隔。这样就可以降低整个货物补充过程（从工厂到门店）的存货，尽力切合客户的要求，同时减轻存货和生产波动。

CRP 的成功关键在于，在信息系统开放的环境中，供给商和零售商之间通过库存报告、销售猜测报告和订购单报文等有关商业信息的最新数据实时交换，使得供给商从过去的单纯执行零售商的订购任务转而主动为零售商分担补充库存的责任，以最高效率补充销售点或者仓库的货物库存。

为了确保数据能够通过 EDI 在供给链中畅通无阻地流动，所有以参与方（供给链上的所有节点企业）都必须使用同一个通用的编码系统来识别产品、服务和位置，这些编码是确保 CRP 实施的唯一解决方案。而之前的条形码技术正是这套解决方案的中心基础。

要使连续补货有效率，货物的数量还需要大到有运输规模经济效益才行，如沃尔玛的销售规模足以支撑连续补货系统的使用。沃尔玛成功地应用 CRP 后，有效地减少了门店的库存量，并提高了门店的服务质量，不仅降低了物流成本，还增加了存货的流通速度，大大地提高了沃尔玛供给链的经济效益和作业效率，为稳定沃尔玛的顾客忠诚度作出了杰出的贡献。

## 本章练习题

1. 简述供应链管理的定义、特点以及关键问题。
2. 什么是企业资源计划？其成功标志是什么？
3. ERP 在物流中有哪些应用？
4. 简述 CRM 的功能和管理技巧。
5. 实施 CRM 的主要步骤是什么？
6. 什么是有效客户反应？ECR 在实施过程中应该注意哪些问题？
7. 什么是准时制生产？准时制生产的基本原则是什么？
8. 简述电子订货系统的概念、特点、结构和配置。
9. 简述 EOS 的操作流程。
10. 简述 POS 系统的含义和类型。
11. POS 系统有哪些具体应用？
12. 什么是自动补货系统？如何实施自动补货系统？

# 第三部分 电子商务物流应用实务

◎ 物流对于电子商务的发展起着举足轻重的作用，反过来物流企业对于电子商务的依存度也不断增大。信息化是继工业革命之后全球经济的又一次革命，成为经济和社会发展的大趋势，在全球信息化背景下，信息服务业成为新世纪的主导产业。在《"十二五"规划纲要》中，电子商务已被列入国家战略性新兴产业的重要组成部分，成为下一阶段信息化建设的重心。与此同时，电子商务的应用领域也将进一步拓宽。

◎ 目前，各个行业都面临发展模式的创新，"两化"融合正在紧锣密鼓地展开，商务部在加大完善电子商务体系力度的同时，也在积极引导和鼓励商贸物流的模式创新和科技水平提高。但是，建设现代物流体系仍面临诸多瓶颈，同时也对物流信息化建设提出了新的课题与挑战。流通组织体系急需变革催生商贸物流服务方式创新，让电子商务交易搭上发展的快车。就此，《商贸物流发展专项规划》明确，要加大信息技术在商贸物流领域的推广应用力度，鼓励商贸物流企业广泛采用条形码、智能标签、无线射频识别等自动识别和标识技术、电子数据交换技术、可视化技术、货物跟踪技术等，实现商品来源可追溯、去向可查证、物流流程可视化。同时提出，转变经济发展方式是未来五年我国经济社会发展的主线，要引导和鼓励企业物流服务模式创新，推进商贸物流服务的专业化、信息化、网络化、规模化发展，不断完善商贸物流服务体系。

◎ 现在，技术与应用创新已成国内商贸物流业发展的重要保障，同时经过市场的培育和适应性开发，物联网技术正在引领新一轮的物流技术革命。无疑，物联网技术的大力推广应用将会对商贸物流的变革产生深远影响，提高我国商贸物流现代化、智能化水平，推动智慧物流发展。电子商务未来发展趋势迅猛，网络购物增长潜力十分巨大，网络创业也演变为一个新的产业模式。而物流对于电子商务发展起着举足轻重的作用，且物流企业对于电子商务的依存度会增大，因此从长期来看，物流同电子商务的结合是比较好的一种模式。

◎ 无论什么样的企业性质，随着计算机的发展都离不开网络营销行为，只有将电子商务物流推向市场，企业才能发挥最大的经济价值和社会价值。

# 第7章　电子商务企业的运营战略

案例导读

## 中国最大的B2C电子商务企业京东商城[①]

京东商城是中国最大的综合网络零售商，是中国电子商务领域最受消费者欢迎和最具有影响力的电子商务网站之一，在线销售家电、数码通信、电脑、家居百货、服装服饰、母婴、图书、食品和在线旅游等12大类数万个品牌、百万种优质商品。2012年第一季度，京东商城以50.1%的市场占有率在中国自主经营式B2C网站中排名第一。目前，京东商城已经建立华北、华东、华南、西南、华中和东北六大物流中心，同时在全国超过300座城市建立核心城市配送站。京东商城以“产品、价格、服务”为核心，致力于为消费者提供质优的商品、优惠的价格，同时领先行业推出“211限时达”、“售后100分”、“全国上门取件”、“先行赔付”等多项专业服务。京东商城通过不断优化的服务引领网络零售市场，率先为中国电子商务行业树立了诚信经营的标杆。

京东商城总部设在北京，目前在北京、上海、广州、成都和武汉设立了华北、华东、华南、西南、华中分公司和自己的服务、物流系统。管理中心：北京，采购中心：北京，一级物流中心：北京、上海、广州、成都、武汉，二级物流中心：沈阳、济南、西安、南京、杭州、福州、佛山、深圳，全国客服中心：宿迁。

一、京东商城企业理念

1. 发展理念

京东的发展首先得益于组织中“人”的发展，是因为人的发展带动了京东的企业发展，“人”是京东发展的核心助推器。京东相信，人的潜能是无限的，人是京东最基本的原动力，对人的深入关怀和挖掘，就是对京东发展战略的彻底实践。同时，京东坚信，创新是京东发展的不二法则，而唯有人能够推动发展创新，唯有京东人不断追求发展、创新方能为消费者持续创造价值。

2. 经营理念

国际化带来竞争全球化，中国电子商务领域风云变幻，360buy京东商城作为首当其冲的旗帜性企业，不可避免地会迎来更为激烈甚至白热化的商业竞争。面对愈发激烈的市场竞争，京东时刻告诫自己：我们不仅要协同战略合作伙伴加强密切合作关系，更要与对手在充分竞争的基础上展开合作。京东理解的合作是共赢发展的合作、联合互补的合作，由合作

① 资料来源：360图书馆。

带来的“竞合共赢”是京东谋求发展的永恒理念。

诚信京东在发展上秉承先人后企、以人为本的理念，在诚信的基础上建立与用户、供应商、投资方等多方合作者之间最为融洽的合作关系。“诚”代表了京东在合作关系中所坚持的诚意态度，而“信”则代表了京东以“信用”为根本的发展信条。可以说，“诚信”既是京东的行为准则，同时也是京东的道德规范。

如果将京东比喻为一个高速运转的机器，那么，用户、员工、投资方和供应商等多方合作者则是这一机器上不可或缺的组成部分，只有多方合作者亲密无间的合作才能让这一庞大的机器正常运转。因此，京东在做生意的过程中，力争与每一个客户或者合作伙伴多一些情感交流，慢慢地将生意圈转化为朋友圈，而不是纯粹的生意往来。做生意就是做人，而且要先做好人！

二、京东商城品类扩张

2004 年 1 月，京东开始涉足电子商务领域，经营电脑产品，从光磁产品逐步扩充到主板、CPU 等电脑核心产品。

2006 年，数码产品上线。

2007 年，手机通信产品、小家电产品上线。

2008 年年初，京东商城涉足销售平板电视，并于 6 月将空调、冰洗、电视等大家电产品线逐一扩充完毕。标志着京东商城在成立十周年之际完成了 3C 产品的全线搭建，成为名副其实的 3C 网购平台。

2008 年 12 月，京东商城“日用百货”频道上线。

2009 年，京东商城在线销售商品包括家用电器、手机数码、电脑产品以及日用百货四大类超过 10 万余种商品。

2010 年 3 月，京东商城收购韩国 SK 集团旗下电子商务网站千寻网。

2010 年 7 月，母婴商品上线销售。

2010 年 8 月，食品饮料上线，是继收购千寻网进军服饰业之后，京东商城向百货转型的又一动作。

2010 年 11 月，图书产品上架销售，实现从 3C 网络零售商向综合型网络零售商转型。

2010 年 12 月，京东商城“品牌直销”频道正式上线，宣告其开放平台正式运营。开放平台采取与联营商户更紧密的合作体系，商户可以借助仓储、配送、客服、售后、货到付款、退换货和自提货等体系，优化网购体验，削减自建服务体系的成本，消费者则可以通过京东开放平台购买到更丰富的商品。

2011 年 2 月，京东商城上线音像频道以及在线读书频道，深入图书音像领域，这意味着京东商城向综合型网站发展方向又迈出了一步。

2011 年 5 月，京东重启千寻网，上线运营。

2011 年 6 月，京东商城机票业务上线，进入在线旅游市场。

2011 年 7 月，京东商城联手国内最大的民营药企九州通，双方将通过合资公司正式进军 B2C 在线医药市场。

2011 年 11 月，京东商城奢侈品频道——360TOP 上线。

2012 年 1 月，收购日系 B2C 商城——迷你挑。

2012 年 5 月，迷你挑正式上线。

2012 年 5 月，京东商城宣布开放服务上线，布局电商云战略。

三、京东商城服务体系

1. 全场免运费为用户“零化”配送成本

在网上购物，动辄就要十多元的运费，往往令许多的网购消费者和商家踌躇于网购及销售的成本。就在买方卖方都在考虑成本的同时，京东做了一个表率性的举动。自 2010 年 6 月起，京东商城发布了正式的公告：不限金额，不分会员级别，不分品类实行全场免运费。这是一个有利于所有会员的优惠措施，也是促进 B2C 良性发展的开始。

2. 移动互联网“多元化”掌上应用

2011 年 2 月 17 日，京东商城在业界“第一个”推出基于 iOS 平台的移动设备客户端应用系统，除了下单、查询等常用功能，用户还可以通过直接拍摄商品的条形码时时查询京东商城的相应商品价格。随后，3 月 10 日，京东商城发布了基于 Android 平台的移动设备客户端软件。5 月 5 日，iPad 客户端上线，6 月 17 日，Symbian 客户端上线等其他智能平台移动设备的软件也将陆续发布。2011 年 6 月，京东商城手机客户端下载量近百万。

3. “211 限时达”极速配送

2010 年 3 月，京东商城推出“211 限时达”极速配送服务。京东商城承诺：当日上午 11：00 前提交现货订单(以订单进入出库状态时间点开始计算)，当日送达；夜里 11：00 前提交的现货订单(以订单进入出库状态时间点开始计算)，第二天 14：00 前送达。

4. GIS 包裹实时跟踪系统给包裹装上“定位”

2011 年 2 月 28 日，B2C 行业第一个 GIS 包裹实时跟踪系统在京东商城正式上线。京东商城所有的配送员均配备了 PDA 设备，以便于客户实时地追踪自己的网购物品配送进度。今天，网购客户可以在网站地图上实时地跟踪自己包裹在道路上的移动等投递情况。消费者可以不用再担心自己的货物已经被送到哪里，什么时候才可以送达等细碎的问题，直接在网上即可以查阅到包裹当时当刻的地理位置以及行进速度。甚至可以根据配送员即时服务系统，实现现场价格保护返还，无须和呼叫中心确认，京东配送员就可以现场实现“价格保护”服务。并且在送货过程中，网购消费者更可无须任何页面操作地实现退换货服务。GIS 包裹实时跟踪系统还能实现现场订单状态的即时完成，以便客户更快地进行产品评价、晒单。

**理论与实务**

## 7.1　电子商务企业界定

仅仅只有一个网站的企业，无法实现电子商务提高效率、降低成本、提升客户满意度的目的。没有一定的管理基础，包括确定的组织结构、工作流程和工作规范的企业不是电子商务企业；有管理但没有信息化的企业也不是电子商务企业。反过来，什么样的企业才能算是电子商务企业呢？利用互联网、Web 网站实现业务应当是其基本的特征，但更为核心的是企业内部必须运营在一个基于完善的管理思想和工作流程的“企业资源计划”(ERP)之上。

图 7-1 为 2010 年上半年中国电子商务企业区域分布占比图。

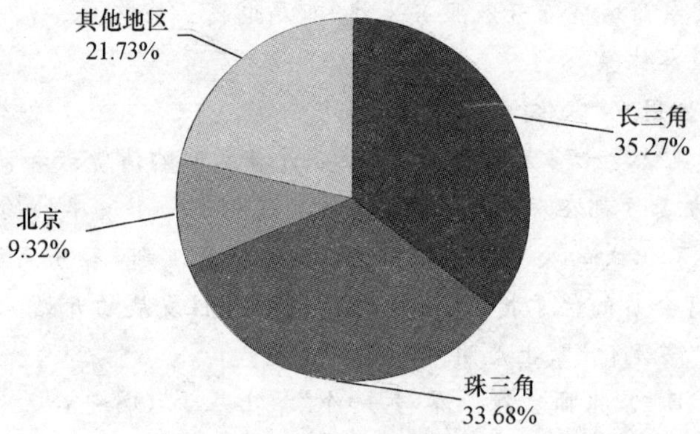


图 7-1　2010 年上半年中国电子商务企业区域分布占比图

## 7.2　电子商务企业运营模式——网上商店

### 7.2.1　网上商店概述

网上商店又称虚拟商店、网上商场、电子空间商店或者电子商场，是电子零售商业的典型组织形式，是建立在互联网上的商场。虚拟商店是最为简单的一种电子商务模式，其实只不过是将传统商务模式中的商店或者超市直接搬到了网上，产品的制造商可以运营这种电子商务模式，中间商也可以运营这种电子商务模式。网上商店应该是电子商务在应用过程中的一种重要表现形式，而这样的模式将电子商务的优势和利好面充分地加以反映，扩大了电子商务和网络营销在互联网大众中的影响。可以说，电子商务的发展给网店的发展带来了更多的技术和应用，而网店的发展扩展了电子商务的实际价值，增加了电子商务的实用性。

对于消费者来说，网上商店的好处很多。第一，价格比传统的商业模式要低。第二，花样品种的选择较多。第三，对于某些商品来说(如书籍和音像制品)进行网上搜寻和选择更为便利。第四，送货上门，方便快捷。

归纳起来，网上商店具有以下五个特点。

(1) 网上商店缩短了企业开展电子商务的周期，也减少了前期的资金投入。

(2) 网上商店简化了开展电子商务的复杂过程。

(3) 网上商店增加了网上展示产品的窗口。

(4) 网上商店可以直接获得网上销售收入而不仅仅是进行产品宣传。

(5) 网上商店的经营不需要太多的专业知识，便于进行管理和维护。

### 7.2.2　网上商店的种类

一、综合商城

综合商城有庞大的购物群体，有稳定的网站平台，有完备的支付体系和诚信安全体系(尽管目前仍然有很多的不足)，促进了卖家进驻卖东西，买家进去买东西。如同传统商城一样，综合商城是不卖东西的，它提供了完备的销售配套。

商城，谓之城，自然城中会有许多的店。综合商城就像现实生活中的大商城一样，商城的一楼可能是一级品牌，二楼是女士服饰，三楼男士服饰，四楼是运动/装饰，五楼是手机数码产品，六楼是特价商品……将N个品牌专卖店装进去，这就是商城。跟传统无异，综合商城有庞大的购物群体，有稳定的网站平台，有完备的支付体系。网上综合商城在人气足够、产品丰富、物流便捷的情况下，具有成本优势和产品优势等，从而成为交易市场的一个重要角色。

图7-2为京东商城网页截图。

图7-2 京东商城网页截图

## 二、百货商店

商店，谓之店，说明卖家只有一个；而百货，即是满足日常消费需求的丰富产品线。这种商店拥有自有仓库，并储存系列产品，以备更快的物流配送和客户服务。这种商店甚至会有自己的品牌。

图7-3为1号店网页截图。

图7-3 1号店网页截图

三、垂直商店

垂直商店的产品存在着更多的相似性，要么是满足于某一人群的需要，要么是满足于特定人群的某种需要，要么是满足某种平台的（如电器）的需要。有多少垂直商店存在于互联网上呢？这取决于市场细分种类的多少。设定细分的种类是 $x$ 的话，那就是 $x$ 的 3～5 倍，因为每一个领域总有三五家网络公司在相互竞争，而也正因为有了良好的竞争格局才促进了服务进一步完善。

四、复合品牌店

即一个品牌在已拥有了自己的直属店的情况下又加入商城。此模式的好处是当商城出现问题时，该品牌也会因自己的品牌效益而不会倒闭。如海尔有自己的网上直营店，但又加入了当当商城、苏宁易购商城、国美商城等。

五、轻型品牌店

轻型的品牌店也是单一品牌店，这种商店加强产品设计，通过信息化应用，日趋完善的物流配送等，使整条链条细化和完善，如梦芭莎、麦包包、凡客诚品和欧莱诺等。

六、服务型网店

服务型网店越来越多，都是为了满足人们不同的个性需求，甚至是帮忙排队买电影票，如 58 同城等。

七、导购引擎型

导购类型的网站使购物的趣味性和便捷性大大增加，同时诸多购物网站推出了购物返现活动，还有部分网站推出了联合购物返现活动，这些都用来满足大部分消费者的需求，许多消费者已不单单满足直接进入 B2C 网站购物了。

图 7-4 为给惠网网页截图。

**图 7-4 给惠网网页截图**

### 7.2.3　网上商店的两大模块

网上商店的两大模块是后台功能模块和前端界面功能模块，也就是后台管理支持模块和前台营销模块。

后台常见的功能模块如下。

一、商品管理

商品管理包括后台商品库存管理、上货、出货、编辑管理和商品分类管理、商品品牌管理等。

二、订单管理

订单管理即在线订单程序，通过该程序使消费者能够顺利地通过 Web 在线的方式直接生成购买订单。

三、商品促销

一般的购物系统都有商品促销功能，通过商品促销功能，网上商店能够迅速地促进消费者的消费积极性。

四、支付方式

支付方式即通过网上钱包、电子支付卡进行网上资金流转换的业务流程。国内主流的支付方式包括支付宝、财富通和网银在线等。还有部分网上商城(如京东商城、第九大道和鹏程万里贸易商城等)支持货到付款。

五、配送方式

购物系统集成的物流配送方式，从而方便消费者对物流方式进行在线选择，如 EMS、顺风速运等。

六、会员模块

在购物系统中，集成会员注册是吸引会员进行二次购买和提升转换率最好的方式。

网上商店的前端界面功能模块如下。

一、模板风格自定义

即通过系统内置的模板引擎，网上商店可以方便地通过后台可视化编辑，设计出符合自身需求的风格界面。

二、商品多图展示

随着电子商务的发展，商品图片成为吸引消费者的第一要素，多图展示即提供前台多张图片的展示，从而提升消费者的购物欲望。

三、自定义广告模块

内置在系统中的广告模块，网站管理员能够顺利地通过操作就可以在前端界面中添加各种广告图片。

四、商品展示

通过前端界面，以标准的或者其他个性化的方式向用户展示商品的各类信息，完成购物系统内信息流的传递。

五、购物车

用户可以对想要购买的商品进行网上订购，在购物过程中，随时增删商品。

图 7-5 为 B2C 前后台模块运行示意图。

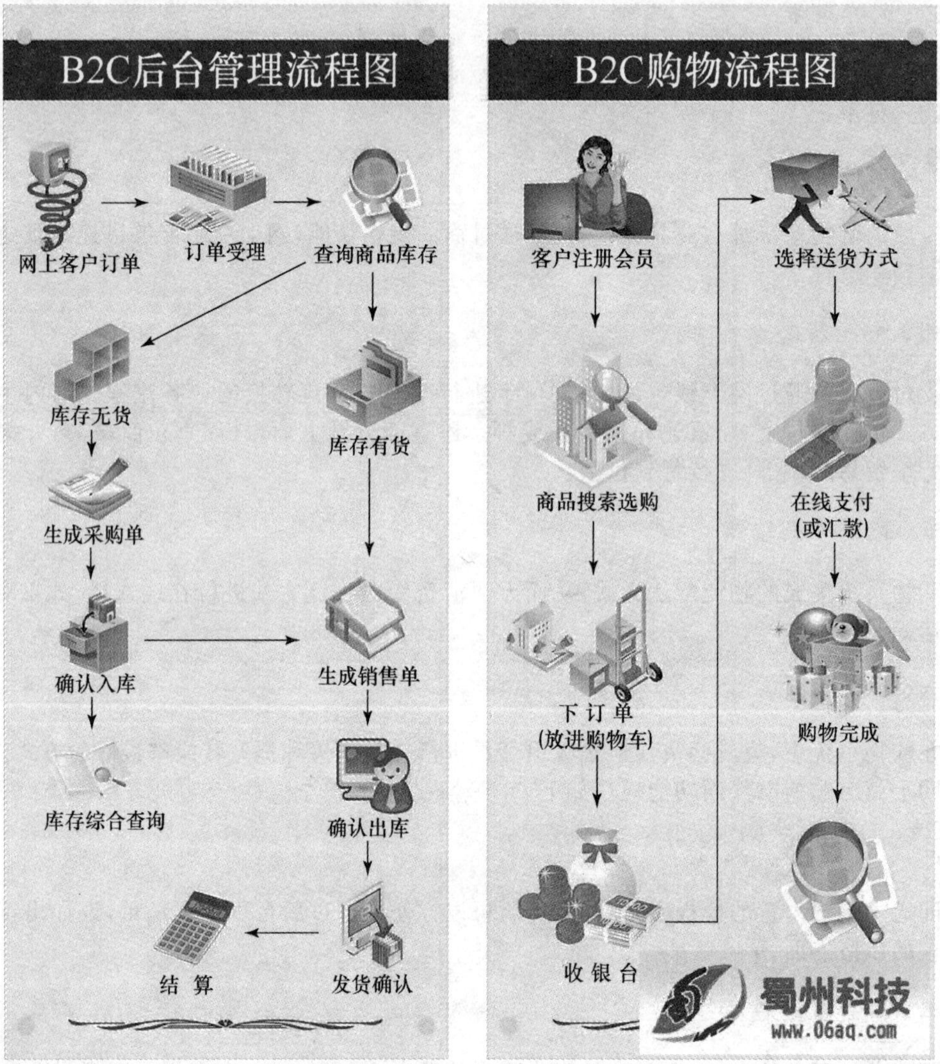



图 7-5　B2C 前后台模块运行示意图

### 7.2.4　网上商店的优势和劣势

网上商店的优势可以从消费者、企业和整个市场经济的角度来考虑。

首先,对于消费者来说。第一,可以在家"逛商店",订货不受时间的限制。第二,获得大量的商品信息,可以买到当地没有的商品。第三,网上支付较传统的现金支付更加安全,可以避免现金丢失等风险,但消费者要保存好自己各种支付账号和密码,防止他人获得。第四,从订货、买货到货物上门无须亲临现场,既省时又省力。第五,由于网上商品省去了租店面、招雇员及储存保管等一系列费用,总的来说其价格较一般商场的同类商品更便宜。

其次,对于商家来说。由于网上销售没有库存压力、经营成本低、经营规模不受场地限制等,在将来会有更多的企业选择网上销售,通过互联网对市场信息的及时反馈适时调整经营战略,以此提高企业的经济效益和参与国际竞争的能力。每天 24 小时,每周 7 天,任何时候都在为客户服务。第一,客户无限,全球的任何人都可以通过互联网访问网上商店,不受空间的限制。第二,服务优质,网上商店不但可以完成普通商店可以进行的所有交易,同时它还可以通过多媒体技术为用户提供更加全面的商品信息。第三,成本低廉,由于是网络虚拟商店,企业无须为租赁场地发愁,无须为水电费发愁,无须为店员的工资发愁。

再次,对于整个市场经济来说,网上商店这种新型的购物模式可以在更大的范围内、更广的层面上以更高的效率实现资源配置。

综上可以看出,网上商店突破了传统商务的障碍,无论对消费者、企业还是市场都有着巨大的吸引力和影响力,在新经济时期无疑是达到"多赢"效果的理想模式。

网上商店的劣势主要体现在:网上商店对货物的描述很具有迷惑性,主要在于顾客无法直接看到和触摸到商品,全凭企业的描述来购物;顾客无法判断货物是否从正规渠道而来或者是否为正品,若为仿制品,消费者的维权之路往往很漫长;网上商店对卖家的审核往往有很大的局限性,也会导致假冒伪劣产品泛滥,长期下来会引发大量对网上商店的负面评论,影响网上商店的长远发展。若能很好解决假冒伪劣的问题,网上商店的潜力将难以估量。

### 7.2.5 网上商店的发展策略

#### 一、加强商业信用和金融电子化进程

供需双方在网上交易,相互信任是成交的根本保证。网上商店应当通过设置合理的运行机制和运行标准,确保供需双方建立商业信用,并通过某些监督机构,保证参与交易的各方按期、按质、按量支付货物和货款。与此同时,网上商店还需要完善的支付手段来保证交易的顺利完成,如果采用汇款或者滞后付款的方式会给消费者和网上商店双方带来不便,也与网上商店提供快捷的服务不相称。在网上商店环境下,电子货币有替代现金流通的重要作用,网上商店的特点决定了电子货币必须在灵活性、安全性、保密性和国际化达到一定水平后才能在网上商店中广泛使用。因此,网上数字化电子货币的发放、支付和管理是我国金融业目前迫切需要探索和解决的问题。

#### 二、提高服务质量

网络公司能否保证网上商店最新的信息在第一时间发布,并且使企业的决策者随时了解顾客的动向?体现网络的信息双向传递特性必须依靠网络服务质量。好的网站也必须依靠推广才能发挥作用。只建站,不推广,就像拍了一部精彩的广告却没有播放。以最有效的方式全方位地提供专业推广咨询服务是网上商店取得预期效益的关键,也是衡量网络公司

服务的重要标准。推广网址的方法和途径有很多,在线的邮件广告、网络门户站点广告、交换链接、搜索引擎登录和传统媒介(如电视、报纸、名片、印刷资料)等都是可行的选择,好的推广方案应该是全方位而且性价比高的。商品是否快速、高效、高质量的送达也是衡量服务质量的一个至关重要的方面。物流派送是影响电子商务的一个瓶颈,其效率的提高意味着整体效率的提高,必须引起最大的关注。

三、加快信息基础设施建设

“信息贫困化”被视为21世纪发展中国家经济发展的瓶颈。我国在信息基础设施建设方面的落后有可能使我们在竞争中拉大与发达国家的差距。对此,我们应该加快信息基础设施建设。在加快信息基础设施建设的同时,更要有效地利用现有的网络资源,打破行业分割管理体制,提高资源效益。由于我国是发展中国家,发展信息产业的资源十分有限,现行体制的分割造成了信息产业整体管理混乱、资源紧缺和人才重复建设带来的资源闲置并存,限制了资源的有效利用。

## 7.3 电子商务企业的线上支持系统——电子支付系统

### 7.3.1 电子支付的含义和特征

电子支付也称电子支付与结算,英文一般描述为 Electronic Payment,或者简称为 E-Payment。中国人民银行《电子支付指引(第一号)》对于“电子支付”是这样定义的:电子支付是指单位、个人(以下简称客户)直接或授权他人通过电子终端发出支付指令,实现货币支付与资金转移的行为。

与传统的支付方式相比,电子支付具有以下特征。

(1) 电子支付采用现代技术通过数字流转来完成支付信息传输,支付手段均是数字信息;而传统的支付方式则是通过现金的流转、票据的转让以及银行转账等实体形式的变化实现的。

(2) 电子支付是基于开放的系统平台(即互联网)的,而传统支付则在较为封闭的环境中(银行专网)进行。

(3) 电子支付使用最先进的通信手段,因此对软、硬件的要求很高;而传统的支付方式对于技术的要求不如电子支付的高,且多为局域网络,无须连入互联网。

(4) 电子支付具有方便、快捷、高效、经济的优势。电子支付可以完全突破时间和空间的限制,可以满足24/7(每天24小时,每周7天)的工作模式,其效率之高是传统的支付方式望尘莫及的,而支付费用仅相当于传统支付的几十分之一,甚至几百分之一。

### 7.3.2 电子支付方式的分类

按照流通形态的不同,电子支付可分为开放式和封闭式两种。开放式支付方式,是指支付方式所代表的价值信息可以在主体之间无限传递下去。封闭式支付方式,是指价值信息只能在有限的主体间进行传递。

按照电子支付指令发起方式不同,电子支付可分为网上支付、电话支付、移动支付、销售点终端支付、自动柜员机交易和其他电子支付。

一、网上支付

网上支付(Online Payment)是电子支付的一种形式。广义地讲,网上支付是以互联网为基础,利用银行所支持的某种数字金融工具,发生在购买者和销售者之间的金融交换,从而实现从买家到金融机构、商家之间的在线货币支付、现金流转、资金清算、查询统计等过程,由此为电子商务服务和其他的服务提供金融支持。

二、电话支付

电话支付(Telephone Bill Payment)是电子支付的一种线下实现形式,是指消费者使用电话(固定电话、手机、小灵通)或者其他类似电话的终端设备,通过银行系统就能从个人银行账户里直接完成付款的方式。

三、移动支付

移动支付(Mobile Payment)是使用移动设备通过无线方式完成支付行为的一种新型的支付方式。移动支付所使用的移动终端可以是手机、PDA、移动 PC 等。

四、销售点终端支付

POS 是英文 Point of Sale 的缩写,意为销售点终端。金融 POS 系统是由银行计算机与商业网点、收费网点、金融网点之间通过网络进行联机业务处理的银行计算机网络系统。在消费时银行卡在 POS 终端上轻轻刷一下即可完成交易。所以,POS 支付方式广泛地应用于大型商场和酒店等消费场所。

五、自动柜员机交易

ATM 是英文 Automatic Teller Machine 的缩写,意思是自动柜员机。它是持卡人自我服务型的金融专用设备,可以向持卡人提供提款、存款、查询余额、更改密码等功能。ATM 不仅能接受本行本地卡,还可以通过网络功能接受异地卡、他行卡,同时为持卡人提供每日 24 小时服务。

### 7.3.3 电子支付工具

随着计算机网络及信息技术的发展,电子支付工具越来越多。这些支付工具可以分为三大类:第一类是电子货币类,如电子现金、电子钱包等;第二类是支付卡,包括信用卡、借记卡、赊账卡、商务卡、联名卡等;第三类是电子支票类,如电子支票、电子汇款(Electronic Fund Transfer,EFT)等。这些方式各有自己的特点和运作模式,适用于不同的交易过程。本节中主要介绍信用卡、电子现金、电子钱包、电子支票以及第三方支付工具——支付宝。

一、信用卡

从广义上说,凡是能够为持卡人提供信用证明,持卡人可凭卡购物、消费或者享受特定服务的特制卡片均可以称为信用卡。从广义上说,信用卡包括贷记卡、准贷记卡、借记卡、储蓄卡、提款卡(ATM 卡)、支票卡及赊账卡等。从狭义上说,国外的信用卡主要是指由银行或者其他财务机构发行的贷记卡,即无须预先存款就可以贷款消费的信用卡,是先消费后还款的信用卡；国内的信用卡主要是指贷记卡或者准贷记卡（先存款后消费，允许小额、善意透支的信用卡）。本书介绍的信用卡，主要是指广义上的信用卡。

信用卡具有支付结算、消费信贷、自动取款、信息记录与身份识别等多种功能，是集金融业务与电脑技术于一体的高科技产物，作为当今发展最快的一项金融业务之一将会在一定范围内替代传统现金的流通。直接支付结算功能是信用卡最基本的功能。信用卡可以提供广泛的结算服务，方便持卡人的购物消费活动，减少社会现金货币使用量，加快货币流转，节约社会劳动。持卡人在标有发卡银行的特约商家（包括商店、宾馆、酒楼、娱乐场所、机场和医院等场所）消费时，持有人只需出示身份证件即可用卡代替现金消费结账，或者利用POS系统通过专线即时支付。随着互联网业务的普及，信用卡借助网络平台可以实现在线支付而无须POS机等辅助设备。

在世界各国，信用卡已经成为最普遍的电子支付方式。在基于Internet的电子商务迅速发展的今天，信用卡应用型电子货币作为不受地域限制而采用的电子与网络支付工具受到人们的普遍关注。

具体到电子商务来讲，利用信用卡进行网络支付还具有以下独特的优点。

(1) 在银行电子化与信息化建设的基础上，银行与特约的网上商店无须太多的投入即能运行，且使用简单，持卡人只需登记一下就可以。

(2) 每天24小时无论何时何地，只要连接上网即可使用，这极大方便了客户与商家，避免了传统POS支付结算中布点不足带来的不方便。

(3) 几乎所有的B2C类电子商务网站均支持信用卡的网络支付结算，因此对客户来说是十分方便的。

(4) 相比于其他更新的网络支付方式（如电子现金、电子支票等），信用卡网络支付在法律方面和制度方面的问题较少。

## 二、电子现金

电子现金（Electronic Cash）又称数字现金，是一种以电子数据形式流通的能被客户和商家普遍接受的，在通过互联网购买商品和服务时使用的货币。电子现金是一种隐形货币，表现为由现金数值转换成为一系列的电子加密序列数，通过这些序列数来表示现实中各种金额的币值。电子现金其实是一种用电子形式模拟现金的技术，希望在多方面为在线交易复制现金方便、费用低、不记名等特性。

电子现金具有以下特性。

### 1. 安全性

电子现金的安全性不能只靠物理上的安全来保证，必须通过电子现金自身使用的各项密码技术来保证电子现金的安全。

### 2. 匿名性

银行和商家相互合作，从而导致用户不能跟踪自己拥有的电子现金的使用，也就是说，用户无法将电子现金与自己的购买行为联系到一起，从而隐蔽电子现金用户的购买历史。

### 3. 流通性

电子现金可以像普通现金一样在用户之间任意转让，且不会被跟踪；也可以和其他的支付工具（如纸币、银行存款和银行本票）那样相互交易；还能经由不同的存、取款设备进行存取、转账的功能。

4. 可分性

电子现金不仅能作为整体使用，还能被分为更小的部分多次使用，只要各部分的面额之和与原电子现金的面额相等，就可以进行任意金额的支付。

5. 不可伪造性

用户不能制造假币，同一个客户在已使用某个电子现金后就不能再用第二次，也不能随意复制使用。

应用电子现金进行网络支付，需要在客户端安装专门的电子现金客户端软件，在商家服务端安装电子现金服务器端软件，在发行银行运行对应的电子现金管理软件等。为了保证电子现金的安全和可兑换性，发行银行还应该从第三方 CA 申请数字证书以证实自己的身份，借此获取自己的公开密钥/私人密钥对，且把公开密钥公开出去，利用私人密钥对电子现金进行签名。

由于电子现金既具有纸质现金的属性又能在网络上方便地进行传送，还能满足人们的使用习惯。所以，随着网上商务的深入发展，电子现金将是一个极有潜力的发展项目。此外，电子现金的进一步成熟与丰富将开辟更加广阔的网上市场和应用服务。下面着重介绍目前国际上流行的五种电子现金解决方案。

1. E-Cash

E-Cash 是一种实现无条件匿名的电子现金系统，由 DigiCash 公司开发，也是最早的电子现金系统。目前使用该系统发布 E-Cash 的银行有十多家，包括 Mark Twain、Eunet、Deutsche、Advance 等世界著名银行。在使用 E-Cash 时，买方和卖方必须在发放 E-Cash 的银行建立一个账户，银行向他们提供 Purse 软件，用于管理和传送 E-Cash。然后，资金从常规账户输入到 Purse 软件上，并且在被支出前存储在买方的内置硬盘上。

2. Mondex

Mondex 是由英国最大的 West Minster 银行和 MidLand 银行为主开发和倡议的以智能卡为存储介质的电子现金系统，它属于预付式电子现金系统的一种，类似智能卡的应用模式。Mondex 于 1995 年 7 月在英国斯温顿市正式开始使用，可以说是全球唯一国际性的电子现金系统，也是现今最先进最完整的智能卡系统。日本 1997 年引入 Mondex，澳大利亚 4 家银行、新西兰 6 家银行都准备推广 Mondex，香港汇丰银行和恒生银行已经发行 4 万余张 Mondex 智能卡。

3. CyberCash

1994 年 8 月，CyberCash 开始提供一种 CyberCoin 软件，用于处理小额电子现金事务。在资金传输方面，CyberCoin 与 DigiCash 相似，资金从常规银行账户上传输给 CyberCoin 钱夹，然后买方能用这些钱进行各种事务处理。

4. NetCash

NetCash 是由美国南加利福尼亚大学信息科学研究所设计的电子现金系统，具有高可靠性和匿名性，且能安全地防止伪造。系统中的电子现金是经过银行签字的具有顺序号的比特串。NetCash 的主要特点是通过设置分级货币服务器来验证和管理数字现金，安全性较高。NetCash 产生的电子现金由以下字段组成：货币服务器名称(负责产生这个现金的银行名称及 IP 地址)；截止日期(电子现金停止使用的日期，到期后，银行将使其顺序号不再流通，同时银行还将记录未兑现账单数据库的余额)；顺序号(银行记录尚未兑现的有效账单的顺序号)；币值(电子现金的数量及货币类型)。

5. Mini-Pay

IBM的Mini-Pay系统提供一种E-Cash模式，主要用于网上的微额交易。该产品使用RSA公开密钥数字签名，交易各方的身份认证是通过数字证书来完成的，电子现金的证书当天有效。

尽管存在种种问题，电子现金的使用仍呈现增长势头。随着较为安全可行的电子现金解决方案的不断完善，电子现金一定会像商家和银行界预言的那样成为未来网上贸易方便的交易手段。

## 三、电子钱包

所谓电子钱包，英文为E-Wallet或者E-Purse，它是一个客户用来进行安全网络交易特别是安全网络支付并储存交易记录的特殊计算机软件或者硬件设备，如同生活中随身携带的钱包一样，特别在涉及个体的、小额网上消费的电子商务活动中，其应用起来很方便而又具有效率。

通俗地说，电子钱包本质上是一个装载电子货币的"电子容器"，可以把有关方便网上购物的信息(如信用卡信息、电子现金、钱包所有者身份证、地址及其他信息)等集成在一个数据结构里，以便整体调用，需要时又能方便地辅助客户取出其中的电子货币进行网络支付，是小额购物或者购买小商品时常用的新式虚拟钱包。因此，在电子商务中应用电子钱包时真正支付的不是电子钱包本身，而是它装的电子货币，就像生活中钱包本身并不能用于购物付款，但可以方便地打开钱包，取出钱包里的纸质现金、信用卡等来付款，看起来就像用钱包付款了。

电子钱包具有以下功能：

(1) 安全电子证书的管理，即包括电子安全证书的申请、存储、删除等；

(2) 安全电子交易，即进行SET交易时辨认用户的身份并发送交易信息；

(3) 交易记录的保存，即保存每一笔交易记录以备日后查询。

电子钱包的支付流程如下。

(1) 客户使用浏览器在商家的Web主页上查看在线商品目录浏览商品，选择要购买的商品。

(2) 客户填写订单，包括项目列表、价格、总价、运费、搬运费、税费。

(3) 订单可以通过电子化方式从商家传过来，或者由客户的电子购物软件建立，有些在线商场可以让客户与商家协商物品的价格(如出示自己是老客户的证明或者给出竞争对手的价格信息)。

(4) 顾客确认后，选定用电子钱包付钱。顾客将电子钱包装入系统，单击电子钱包的相应项或者电子钱包图标，电子钱包立即打开，然后输入自己的保密口令，在确认是自己的电子钱包后，从中取出一张电子信用卡来付款。

(5) 电子商务服务器对此信用卡号码采用某种保密算法算好并加密后，发送到相应的银行，同时商家也收到了经过加密的购货账单，商家将自己的顾客编码加入电子购货账单后，再转送到电子商务服务器上去。这里，商家对顾客电子信用卡上的号码是看不见的，不可能也不应该知道，商家无权也无法处理信用卡中的钱款。因此，只能把信用卡送到电子商务服务器上去处理。经过电子商务服务器确认这是一位合法顾客后，将相关信息同时送到信用卡公司和商业银行。在信用卡公司和商业银行之间要进行应收款项和账务往来的电子数据交换和结算处理。信用卡公司将处理请求再送到商业银行请示确认并授权,商业银行确认并授权后送回信用卡公司。

(6) 如果经商业银行确认后拒绝并且不予授权,则说明顾客的这张电子信用卡上的钱不够用了、没有钱或者已经透支了。在商业银行拒绝后,顾客可以单击电子钱包的相应项再打开电子钱包,取出另一张电子信用卡,重复上述操作。

(7) 如果经商业银行证明这张信用卡有效并授权后,商家就可以交货。与此同时,商家留下整个交易过程中发生往来的财务数据,并且出示一份电子收据发送给顾客。

(8) 上述交易成交后,商家就按照顾客提供的电子订货单将货物在发送地点交到顾客或者其指定的人手中。

### 四、电子支票

所谓电子支票,英文一般描述为 E-Check,也称数字支票,是客户向收款人签发的、无条件的数字化支付指令,它可以通过计算机网络来完成传统支票的所有功能,即将传统支票的全部内容电子化和数字化,形成标准格式的电子版,借助计算机网络(Internet 与金融专网)完成其在客户之间、银行与客户之间以及银行与银行之间的传递与处理,从而实现银行客户间的资金支付结算。简单地说,电子支票就是传统纸质支票的电子版。电子支票包含和传统纸质支票一样的信息,如支票号、收款人姓名、签发人账号、支票金额、签发日期、开户银行名称等,具有和传统纸质支票一样的支付结算功能。电子支票系统传输的是电子资金,最大限度地利用当前银行系统的电子化与网络化设施的优势。

#### 1. 电子支票的支付流程

(1) 付款人(消费者)和收款人(商家)达成购销协议并选择用电子支票支付。

(2) 付款人利用自己的私钥对填写的电子支票进行数字签名后,通过网络发送给收款人,同时向银行发出付款通知单。

(3) 收款人通过认证中心对消费者提供的电子支票进行验证,验证无误后将电子支票送交收单行索付。

(4) 收单行把电子支票发送给自动清算所的资金清算系统,以兑换资金进行清算。

(5) 自动清算所向付款人的付款银行申请兑换支票,并把兑换的相应资金发送到收款人的收单行。

(6) 收单行向商家发出到款通知,资金入账。

电子支票与电子现金的系统架构类似,最大的不同点是电子现金需要发行单位为其所发行的现金担保,因此电子现金发行单位在电子现金上的数字签名很重要;而电子支票的开票人(即付款人)要为其所开出的支票兑现做担保,因此付款人在电子支票上的数字签名很重要。

#### 2. 电子支票支付模式的优点

(1) 与传统的纸质支票类似,用户比较熟悉,易于接受。

(2) 电子支票具有可追踪性,所以当使用者支票遗失或者被冒用时可以停止付款并取消交易,风险较低。

(3) 通过应用数字证书、数字签名和各种加密/解密技术,提供比传统纸质支票中使用印章和手写签名更加安全可靠的防欺诈手段。加密的电子支票也使它们比电子现金更易于流通,买卖双方的银行只要用公开密钥确认电子支票即可,数字签名也可以被自动验证。

3. 电子支票支付模式的缺点

(1) 需要申请认证,安装证书和专用软件,使用较为复杂。

(2) 不适合小额支付及微支付。

(3) 电子支票通常需要使用专用网络进行传输。

五、第三方支付工具——支付宝

第三方支付,是指一些和国内外各大银行签约,并具备一定实力和信誉保障的第三方独立机构提供对交易的支持。第三方支付通过与银行的商业合作,以银行的支付结算功能为基础,向政府、企事业单位提供中立的、公正的面向用户的个性化支付结算与增值服务。它在国内主要有两种表现形式:一是依托大型 B2C、C2C 网站的支付工具,如“支付宝”;二是第三方支付平台整合了网上支付、电话支付、移动支付等多种支付手段,提供商通过采用规范的“连接器”,在网上银行和商家之间建立起安全连接,实现消费者与金融机构以及商家之间的在线货币支付、资金清算、查询统计等业务。

图 7-6 为阿里巴巴支付宝图标。

图 7-6 阿里巴巴支付宝图标

支付宝最初作为淘宝网公司为了解决网络交易安全所设的一个功能,该功能为首先使用的“第三方担保交易模式”,由买家将货款打到支付宝账户,由支付宝向卖家通知发货,买家收到商品确认后指令支付宝将货款放与卖家,至此完成一笔网络交易。支付宝于 2004 年 12 月独立为浙江支付宝网络技术有限公司,是阿里巴巴集团的关联公司。支付宝于 2010 年 12 月宣布用户数突破 5.5 亿。2011 年 9 月 5 日,支付宝收购安卡支付打算深度拓展跨境业务。2012 年 2 月 8 日起,支付宝关闭信用卡充值服务,但可以继续使用信用卡付款。

支付宝平台的使用过程非常简洁,以淘宝网为例,具体操作步骤如下。

第一步,申请账号。

(1) 进入支付宝网站点击“免费注册”按钮。

(2) 输入注册信息,请按照页面中的要求如实填写,否则会导致用户的支付宝账户无法正常使用。支付宝账户分为个人、个人商家和企业三种类型,请根据自己的需要慎重选择账户类型。公司类型的支付宝账户一定要有公司银行账户与之匹配。

(3) 正确填写了注册信息后,单击“确认注册”按钮,支付宝会自动发送一封激活邮件到用户注册时填写的邮箱中。

(4) 登录邮箱,点击邮件中的激活链接,激活用户注册的支付宝账户。

(5) 激活成功,支付宝注册成功,用户即可体验网上安全交易的乐趣。

第二步，登录淘宝网站。

(1) 进入淘宝网主页后，单击淘宝网首页右上角蓝色字体的"免费注册"，页面显示新会员注册页面，根据提示填写基本信息，包括会员名、密码、邮箱等信息，其中 * 号为必填项目。

(2) 淘宝激活以后，系统会自动生成一个支付宝账户，单击"登录支付宝"，激活用户注册的支付宝账户。

(3) 或者登录淘宝的注册邮箱，点击邮件中的激活链接，激活用户注册的支付宝账户。

(4) 点击激活链接，进入支付宝网站页面，输入注册淘宝账户时设置的登录密码，点击登录。

(5) 输入注册信息，请按照页面中的要求如实填写，否则会导致用户的支付宝账户无法正常使用。

(6) 单击"保存并立即启用支付宝账户"以后即激活成功。

第三步，购物。

(1) 注册并实名认证。

(2) 支付宝充值。

(3) 拍下"宝贝"。

(4) 收取"宝贝"。

(5) 确认收取"宝贝"，确认付款。

除淘宝和阿里巴巴外，支持使用支付宝交易服务的商家已经超过 46 万家，涵盖了虚拟游戏、数码通信、商业服务、机票等行业。目前，中国工商银行(以下简称工商银行)、中国农业银行(以下简称农业银行)、中国建设银行(以下简称建设银行)、招商银行和上海浦发银行等各大商业银行以及中国邮政、VISA 国际组织等各大机构均与支付宝建立了深入的战略合作，不断根据客户需求推出创新产品，成为金融机构在电子支付领域最为信任的合作伙伴。

支付宝实行"实名认证"服务。"支付宝实名认证"服务是由支付宝(中国)网络技术有限公司提供的一项身份识别服务。支付宝实名认证同时核实会员身份信息和银行账户信息。通过支付宝实名认证后，相当于拥有了一张互联网身份证，可以在淘宝网等众多电子商务网站开店、出售商品。支付宝数字证书增加了支付宝账户拥有者的信用度。支付宝数字证书是由支付宝通过与公安部、信息产业部、国家密码管理局等机构认证的权威机构合作，采用数字签名技术，颁发给支付宝客户用以增强支付宝客户账户使用安全的一种数字凭证，并根据支付宝客户身份给予相应的网络资源访问权限。

## 7.4 电子商务企业线下支持系统——物流配送运营策略

为了更好地研究电子商务物流合理化运营的问题，我们有必要对第三方物流企业进行简单的分类。

A 类，网络直营型，如宅急送、EMS、顺丰等。

B 类，网络加盟，如星辰急便、东明等。

C 类，区域直营型，如卓越网、当当网等，此类大多只做一个大区或者一个城市的 COD (Central Office District，中央办公区)配送业务，不做跨区服务，返款及配送时效较灵活，因此受到大型电子商务企业的青睐。

D 类，加盟性区域配送商，如 TNT、百世等，这些都是区域内或者城市内加盟性质的快递公司。

E类,电子商务企业自建的配送公司,如世纪卓越、京东快递等。

以上电子商务企业在配送服务流程中,由于受产品的种类、运费、体积等因素的制约,配送流程中的价格及服务表现出不一致性的现象。依此,本章做一个策略分析。

图7-7为一个电子商务物流配送系统。

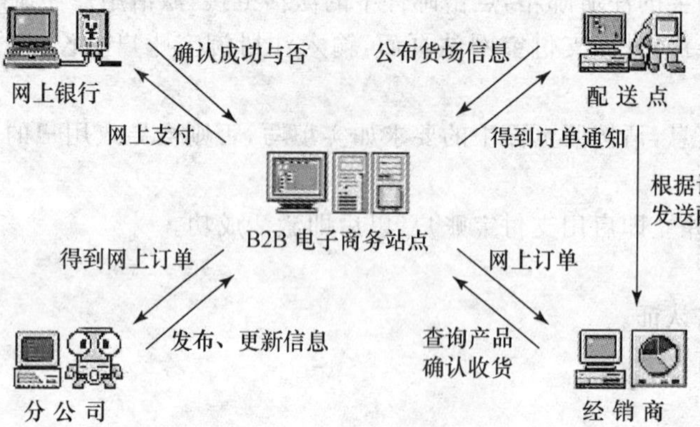


图7-7 电子商务物流配送系统

### 7.4.1 小型电子商务企业的物流配送运营策略

小型电子商务企业物流配送的最大难点是货量不足,并且订单的区域集中性不强,这就使第三方物流企业在合作中很难取得理想化价格,如此运作的小型电子商务企业将会在物流成本上付出高昂的代价。在前期订单不能保证的情况下,对于小型电子商务企业有以下三点建议可供参考。

(1) 采用与较大型的第三方物流企业运营合作的方案,成本可能会稍高,但订单配送方面货量及返款及时性方面基本能够保证。

(2) 与区域型的小型电子商务企业联合发展,积累订单,取得同第三方物流企业谈判的条件。

(3) 运营风险转嫁或者转移,以降低物流成本和风险率。

小型电子商务企业在返款效率上大多没有大中型电子商务企业的效率快,由于货款低的原因,第三方物流企业一般会规定周返、半月返,甚至一个月返还一次,这就使资金的安全得不到最佳保障。在退货方面,小型电子商务企业与其他的商家没太大的差别,只是在物流费用和返款时间上较被动。不过对一些潜力较大的小型电子商务企业,第三方物流企业也会主动提升服务级别,甚至有些第三方物流企业会采用买断的形式来获取这类小型电子商务企业的青睐,以获得更长期的合作。

### 7.4.2 中型电子商务企业的物流配送运营策略

中型电子商务企业的物流配送难点是订单较多,返款效率及退货效率低,尤其是在物流系统还不完善的情况下,产生的物流成本是相当惊人的。在实际中,中型电子商务企业的物流配送成本应该更低一些,成本主要体现在运营成本上而不是配送成本上,所以,对于中型电子商务企业有以下三点建议可供参考。

(1) 在同第三方物流企业的长期合作中，有足够订单的中型电子商务企业便可以同第三方物流企业谈判令双方都受益的条件，包括服务质量控制、成本控制、资金风险控制、运营流程。

(2) 从成本及运营角度考虑，要建立完善的物流系统来支撑整个物流体系的运作，以完善的系统及合理的运营流程来取代人工操作的流程，实现以最低成本完成最大的工作量，使整个物流的运作流程合理化。

(3) 由于物流配送的成本及效率原因，中型电子商务企业在选择第三方物流企业时大多会集中在A类和C类，A类大多是实现C类达不到的区域。A类的优势在于覆盖面广、少有盲区；而劣势在于价格较高，退货周期较长。而C类为区域性或城市性质的COD配送商，在配送、返款、退货等流程方面较为灵活，大多可以做到次日返款退货。在配送服务质量方面因为覆盖区域较小，作业人员及区域性网络大多为直营，所以控制力度较强。同时由于C类是区域配送，在价格方面较A类就更有优势。"货运费＋同城配送费"的模式对于中型电子商务企业的成本控制来讲，的确有很大的吸引力。为此，大多中型电子商务企业较多地选择C类物流企业配送商。

中型电子商务企业的核心问题是成本控制难。由于中型电子商务企业的订单量可以保证，所以对配送质量有着较高的要求，尤其是对货款的安全性和退货的及时性要求更为严格。中型电子商务企业在选择第三方物流企业时会进行多项测评，并尽可能地去筛选行业内规模较大的第三方物流企业运营商来进行合作。

### 7.4.3　大型电子商务企业的物流配送运营策略

当然，大型电子商务企业自建物流可能存在一定的负面影响，主要表现如下。

第一，面临巨大的资金投入压力。自建物流体系并不简单。仅在资金投入上，就把绝大多数大型电子商务企业拦在了门外。以红孩子为例。首先是物流管理信息系统的投入。物流管理信息系统是B2C电子商务企业自建物流体系的核心，没有物流管理信息系统的物流体系，就像一台没有CPU的电脑。红孩子在物流管理信息系统的开发方面，选择与精益化物流软件领导厂商FLUX合作，针对红孩子企业业务特点，为其量身定做，这意味着大笔的资金投入。其次是物流硬件设施、设备的投入。目前，红孩子在全国16个大中城市拥有自己的物流设施、设备，设有仓库、储运中心和配送站点。最后是物流人力资本的投入。红孩子拥有一支超过700多人的配送队伍。

上述的这些方面，没有雄厚的资金投入是无法实现的。红孩子之所以能够支撑多方面的巨大投入，源于其先后获得了风险投资近2亿元左右的资金支持。对于很多规模小、实力弱的中小型电子商务企业而言，根本没有能力自建物流。就是对于一些有实力、规模较大的超大型电子商务企业来说，在选择自建物流体系时也是多方权衡的。自建物流体系的失败，不仅会造成巨大的资金损失，而且可能会累及企业的核心业务。

第二，物流对于大型电子商务企业来说是一个全新的经营领域。建立自己的物流体系并经营和管理，对于大型电子商务企业来说，无疑是一个挑战。物流是一个庞大的体系，企业的商业地域扩展到哪里，物流服务就必须跟到哪里，相应的物流基础设施、设备和经营运作团队也必须配备齐全。经营业务领域的巨大差异是自建物流体系的大型电子商务企业在管理上面临的第一大压力。此外，庞大的物流人员队伍也增加了大型电子商务企业的管理难度，管理成百上千的员工要比管理有限的几家第三方物流公司复杂和困难得多。

从理论上来讲，将物流业务外包给第三方物流企业，对电子商务企业来说，既节约成本，也符合社会分工原则。电子商务企业自建物流是迫于第三方物流发展滞后的一种无奈选择。尽管自建物流已成为中国电子商务领域的一种趋势，但是，未来中国电子商务领域的物流不会完全由企业自建物流取代。理念先进、服务完善的第三方物流行业的形成，始终是电子商务企业的期待。

## 7.5 电子商务发展新方向——移动电子商务

### 7.5.1 移动电子商务的定义

移动电子商务就是利用手机和 PDA 等无线终端进行的 B2B、B2C 或者 C2C 的电子商务。移动电子商务将互联网、移动通信技术、短距离通信技术及其他技术完美地进行结合，使人们可以在任何时间、任何地点进行各种商贸活动，实现随时随地的线上线下购物与交易、在线电子支付以及各种交易活动、商务活动、金融活动和相关的综合服务活动等。

目前，常见的移动设备有手机、PDA、手提电脑、手持设备等。从服务的对象来看，移动电子商务分为个人应用的移动电子商务和企业应用的移动电子商务。移动电子商务包括移动支付、无线 CRM、移动股市、移动银行与移动办公等。移动电子商务最大的特点在于商业信息流可以随着移动设备的移动而移动，这样业务人员可以真正做到随时随地获得、携带和传递商业信息，使企业的业务无处不在、无时不在，大大缩短企业与市场的距离，提高企业对市场的响应能力。通过移动电子商务，用户可以随时随地获取所需的服务、应用、信息和娱乐。移动电子商务的应用范围很广，包括从电子订票、自动售货机支付，到通过无线设备实现的各种商品和服务的在线选购和支付，以及金融交易和其他银行业务等。

图 7-8 为 2010 年中国移动电子商务各项服务市场收入占比情况。

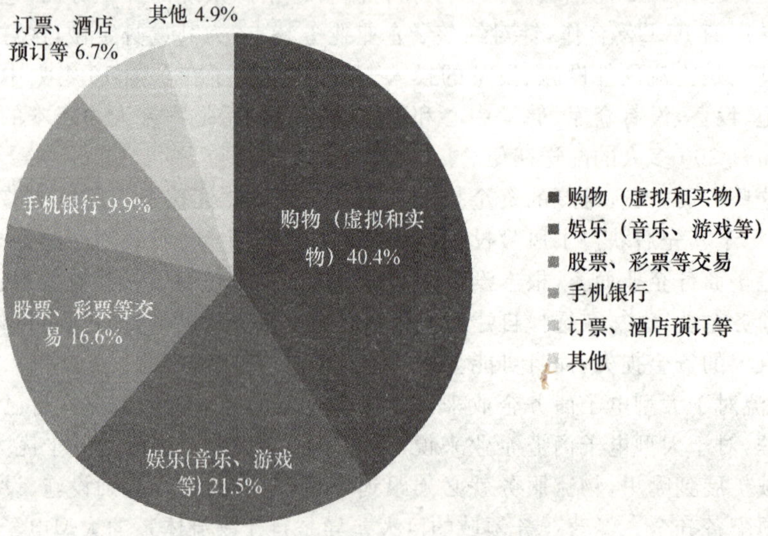


**图 7-8 2010 年中国移动电子商务各项服务市场收入占比情况**

### 7.5.2 移动电子商务的特点

一、不受时空限制

同传统的电子商务相比，移动电子商务的一个最大优势就是移动用户可以随时随地获取所需的服务、应用、信息和娱乐。移动用户可以在自己方便的时候使用智能电话或者PDA查找、选择以及购买商品和服务。虽然当前移动通信网的接入速率还比较低，费用也较固定网的高，但随着3G的推出和移动通信市场更加激烈的竞争，这些因素的影响将逐渐淡化。

二、身份鉴别唯一化

SIM卡的卡号是全球唯一的，每一个SIM卡对应一个用户，这使得SIM卡成为移动用户天然的身份识别工具。利用可编程的SIM卡，可以存储用户的银行账号、CA证书等用于标识用户身份的有效凭证，还可以用来实现数字签名、加密算法、公钥认证等电子商务领域必备的安全手段。有了这些手段和算法，就可以开展比互联网领域更广阔的电子商务应用。

三、服务更加个性化

移动电子商务能更好地实现移动用户的个性化服务，移动计算环境能提供更多移动用户的动态信息(如各类位置信息、手机信息)，这为个性化服务的提供创造了更好的条件。移动用户能更加灵活地根据自己的需求和喜好来定制服务与信息的提供(如移动用户可以将自己所在的城市结合进去，调整商品递送的时间，实现自己的个性化服务)。

四、信息的获取更及时

在移动电子商务中，移动用户可以实现信息的随时随地访问本身就意味着信息获取的及时性。但需要强调的是，同传统的电子商务系统相比，用户终端更加具有专用性。从运营商的角度看，用户终端本身就可以作为用户身份的代表。因此，商务信息可以直接发送给用户终端，这进一步增强了移动用户获取信息的及时性。

五、移动支付方便、快捷、成本低

在移动电子商务中，移动用户通过移动终端访问网站、从事商务活动，服务付费可以通过移动支付完成。移动支付与传统的支付方式相比有着两大优点：便捷性和低成本。首先，移动支付方式方便了支付行为，只要用户持有开通移动支付功能的手机，完全可以实现“一机在手，走遍天下”。其次，手机支付也可以用在饮料零售、彩票购买、车票购买等零售环节，节省了销售人员和店面，很大程度上降低了销售成本。当然，移动支付方式不能完全代替传统支付方式，而是作为传统的支付方式的有效补充。

六、信用机制好

对于传统的电子商务而言，用户的消费信用问题是影响其发展的一大瓶颈，而移动电子商务在这方面显然拥有一定的优势。手机号码具有唯一性，手机卡上存贮的用户信息可以确定一个用户的身份。对于移动电子商务而言，这就有了信用认证的基础。此外，与西方国家相比，目前我国银行卡的使用率还不高，商业信用体系尚不健全，个人信用体系缺位。以移动终端为载体的移动小额支付在未来有可能代替信用卡，弥补整个社会消费信用制度的缺位，成为人们较为容易接受的新型电子支付方式。

### 7.5.3 移动电子商务模式分析

在移动电子商务中参与的主要角色有移动用户、内容提供商、移动门户网站、移动网络运营商和 WAP 网关提供商等。本书主要从移动电子商务中参与角色的角度来分析移动电子商务模式。

#### 一、内容提供商

内容提供商直接地或者通过移动门户网站间接地向移动用户提供信息和服务。网络公司通过发布新闻消息等方式，以年、月等单位定期向接收信息和服务的用户收费，收费的金额可以是固定的，也可以根据该信息产品的被访问情况而确定。而战略联盟(即移动门户网站)的收益主要来源于最终消费者。通常消费者按浏览的内容或者访问的页数收费。内容提供商的关键成功因素在于内容提供商把与移动用户的任务交给其战略联盟完成，而自己将主要精力专注于专业能力上。同时，这样还避免了在市场开拓、交易平台维护和管理方面耗费过多的资源。但内容提供商也有缺陷，即过于依赖内容战略联盟来扩散内容。

#### 二、移动门户网站

移动门户网站通过无线网络使移动用户从不同的移动网络运营商和内容提供商无线网站来获取服务，同时为移动客户提供服务和信息。移动门户网站是用户接收无线网络的入口。移动门户网站的关键成功因素是通过建立灵活的平台，可以支持不同的标准、协议和终端，方便移动用户进行交易。通过在各个接触点收集和分析用户信息，移动门户网站还可以提供个性化、区域化服务。此外，通过建立一定规模的客户基础，移动门户网站可以吸引移动网络运营商和内容提供商加盟。移动门户网站的主要收入来源于广告收入、交易收入和接入收入等，还可以通过吸引内容提供商做广告来收取费用。

#### 三、移动网络运营商

移动网络运营商提供一个范围广、使用方便的业务平台，为移动用户提供快捷方便的接入，并在安全、计费、支付等方面提供支持。移动用户、服务提供商和银行在此平台上交换信息。移动运营商的典型应用如中国移动的移动梦网，其服务提供商合作伙伴有 600 多家，提供了超过 7 万种业务。移动网络运营商的关键成功因素是通过控制移动网络平台，占有主动权，并自主选择内容提供商。作为移动价值链的枢纽，移动网络运营商确保参与者的交易信息安全。通过与内容提供商合作，移动网络运营商也可以吸引移动用户，从而扩大客户群。在此模式中，内容计费存在一定的难度，传统的基于时长或者数据流量的计费方法已不足以解决移动网络的计费需求。

#### 四、WAP 网关提供商

WAP 技术是一组通信协议，即把互联网技术与无线网络技术结合起来，针对移动通信设备接入互联网以及其他待开发的新型电信增值业务而设计的一套规范。它通过 WAP 网关对 Web 服务器的信息进行转换，以使 Web 服务器能够浏览 Web 服务器上的内容。WAP 网关提供商的关键成功因素是将处理功能集中在 WAP 网关中，大大减少了手机操作负载。服务提供商还通过与 WAP 网关提供商合作致力于改进服务，而无须关心相关的技术细节以及安全等问题。

五、移动直接面向客户

内容提供商可以通过 WAP 网关直接与移动用户进行商务活动，提供信息和服务。内容提供商可以通过 Web 服务为移动用户提供各种有价值的信息，包括私人邮件阅读、世界新闻、金融、旅游信息，移动用户也可以根据个人兴趣定制信息。目前，移动直接面向客户模式还不是很完善，由于移动设备屏幕、键盘小且功能复杂，不仅需要新技术实现信息的可视化，还需要合理利用有限的键盘实现操作命令。

六、移动虚拟社区

移动虚拟社区为移动用户提供类似于传统网络虚拟社区的功能，如交友、聊天和同学录等。2004 年年初，摩托罗拉和友联网联合推出中国首款手机支持的无限虚拟娱乐社区——MOTO 都市。MOTO 都市将网络社区中的精彩内容移植到手机中，包括 MOTO 会所、工作中心、MOTO 购物和 MOTO 校友录等多种功能。

目前，移动电子商务在我国才刚刚起步，其商务模式和平台技术还在摸索中前进。随着 3G 网络在世界范围内的不断成熟，移动电子商务企业应用的不断普及和发展，移动电子商务市场将面临更加激烈的竞争。因此，对移动电子商务及其模式的研究就显得更加重要。

图 7-9 为一个移动电子商务示意图。

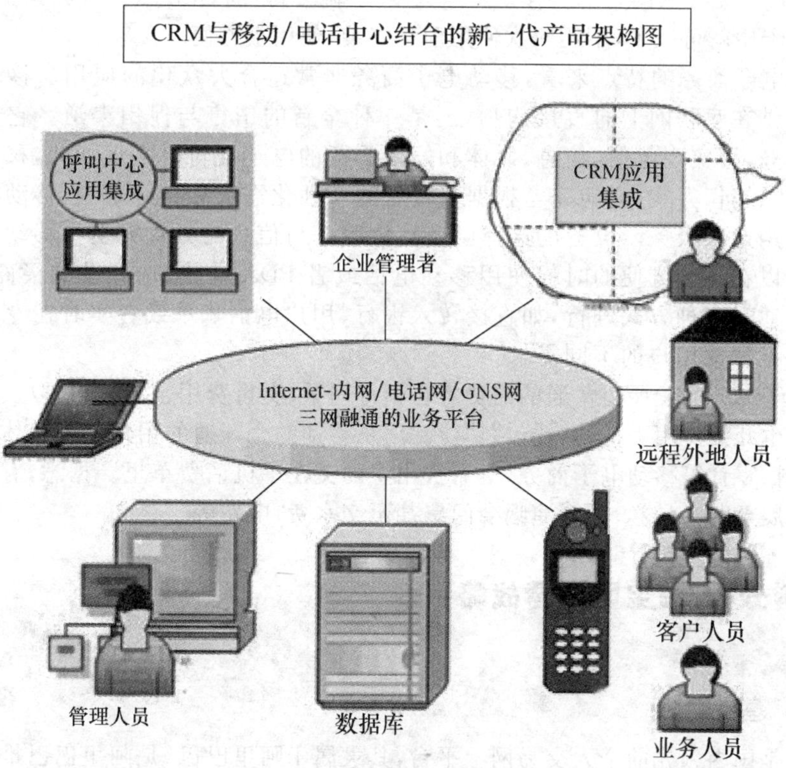


图 7-9　移动电子商务示意图

### 7.5.4 移动电子商务的应用实例

一、手机钱包：拇指动动，送货上门

作为广发银行与中国移动共同推出的一项服务，手机钱包以储蓄卡账户为资金支持，以手机为交易工具，将移动用户的储蓄卡账户和手机号码进行绑定，通过层层加密的技术手段，实现购物消费、代缴费、转账、退货以及账户余额和话费余额查询等功能。

二、小额支付：手机买彩票

一种被称为移动小额支付的业务正在投入应用。现在，移动用户已经可以利用小额支付业务购买可乐、彩票和保险等，操作非常简单。

三、会易通：非常时期大显身手

拿起手机，移动用户可以同时给最多150个人打电话——这是浙江移动推出的"会易通"业务。现在开会可以不用会议室，会议召集人只要在电话中输入一个个会议成员的手机号码就可与多方召开电话会议，也可以群发短信等。在"非典"时期，"会易通"的非接触开会方式得到了浙江很多大企业的认同和欢迎。

四、"随e行"：互联网随身而行

移动用户只需在笔记本电脑或者PDA中插入GPRS网卡和专用的数据SIM卡，不依靠任何其他的外部设备即可实现无线上网，让互联网随身而行。没有线路接来接去的麻烦，"随e行"实现了无线上网。平时移动用户只要把"随e行"的SIM卡一直放置在笔记本电脑的GPRS网卡中就可以了，不用每次使用前都安装，使用很方便。

从移动电子商务的特点来看，移动电子商务非常适合大众化的应用。移动电子商务不仅仅能提供在互联网上的直接购物，还是一种全新的销售与促销渠道。它全面支持移动互联网业务，可实现电信、信息、媒体和娱乐服务的电子支付。不仅如此，移动电子商务不同于目前的销售方式，它能完全根据消费者的个性化需求和喜好定制，移动用户随时随地都可以使用这些服务。设备的选择以及提供服务与信息的方式完全由移动用户自己控制。他们可以在自己方便的时候使用移动电话或者PDA查找、选择及购买商品和服务。服务付费可通过多种方式进行，如直接转入银行、用户电话账单或者实时在专用预付账户上借记以满足移动用户的不同需求。

移动电子商务的发展使普通的消费者在预订门票、支付费用、股票交易以及财务办理上受益。我国也开始使用手机的"钱包"功能。广东移动的全球通的用户就可以体验用手机买地铁票、饮料、零食等移动电子商务，所需费用将列支在手机话费单里。据悉，有关此类服务今后还将扩展至购买足彩、预订演唱会门票甚至交水费、电费等。

## 7.6 案例分析：淘宝网经营战略

### 7.6.1 基本情况

淘宝网是国内领先的个人交易网上平台，其隶属于阿里巴巴，是阿里巴巴推出的一个个人交易网站。淘宝网致力于成就全球最大的个人交易网站。

### 7.6.2 商业模式分析

一、战略目标

淘宝网的目标是成为中国最大的网上个人物品交易市场。

二、目标客户群

淘宝网是一个C2C的个人交易网站，面向整个中国的个体群众。只要用户会上网，能够进行网上支付，就可以在淘宝网上开店卖东西，也可以买东西。所以，淘宝网面向的是广大的消费者。

三、产品和服务

1. 产品

淘宝网产品的提供者有企业和个人，他们提供各种各样的商品和服务。无论是企业还是个人，都可以在淘宝网提供并出售自己的货物。

2. 诚信服务

(1) 身份认证。

为了维护电子商务市场的安全和稳定发展，淘宝网规定淘宝卖家在成为淘宝注册会员后，必须通过淘宝的身份认证方可在淘宝网交易或者出售商品。

(2) 支付宝。

支付宝是淘宝网进行安全网络交易的核心保障。在交易过程中，支付宝作为诚信中立的第三方机构，充分保障货款的安全以及买卖双方的利益。

(3) 网络警察。

为了给建设安全诚信的网络交易平台提供一个坚实的后盾，淘宝网于2005年起在原有工作基础上专门成立了网络安全部。这个部门特意聘请了原公安系统具有多年刑事侦查经验的高手负责，由富有网络技术和反网络诈骗经验的人员组成。

淘宝网设立的网络交易十分安全，一旦发现存在网络交易欺诈等不诚信的犯罪行为就立即与各地公安网监部门一起进行严厉打击，绝不姑息。

四、收入与价值来源

1. 广告收入

淘宝网在自己的网站内设有广告，淘宝网上的卖家要想通过广告让买家来知道自己的产品，就要向淘宝网运营商交纳一些广告费用。

2. 中介收入

作为一个中介，淘宝网为买卖双方提供信息，然后从成交中提取一定的费用。

3. 网站收入

淘宝网为供应商和消费者提供了交易的场所，并从中获得一些利润。

4. 支付宝手续费收入

淘宝网一大部分收入是来自支付宝手续费。支付宝手续费的规定在不同的时期会有一些差异，如2010年规定：对于支付宝认证账户，同一认证用户持有的全部认证账户于一个自然月内累计完成的“交易流量”在人民币5 000元以内(含本数)的，无须向阿里巴巴公司支付服务费用；完成的“交易流量”累计超过人民币5 000元(不含本数)的部分，须按超出部分金额的1%向阿里巴巴公司支付服务费用，且涉及的每笔交易须支付的服务费用最低为人民币1元，最高为人民币40元。

五、营销策略

淘宝网为个体提供了网上购物的场所，为供应商和消费者都提供了方便。供应商可以在网站直接订好产品的价格，让消费者直接购买，同时也可以无底价起拍，让买家竞价购买。消费者同样也可以使用上述的两种方式购买东西，然后消费者可以用支付宝来支付所要购买的东西。淘宝网作为一个中介，为买卖双方达成交易，提供双方都承认的支付工具。

### 7.6.3 技术模式分析

淘宝网的网站技术模式定位于系统运行的持续稳定性和安全性两方面。淘宝网作为信息中介服务平台，它的系统要求是严格的。淘宝网的通信系统采用互联网和通信网，在服务器的构建上要保证交易信息的安全传递，保证数据库服务器的绝对安全，防止网络黑客的闯入破坏。淘宝网在身份验证和安全监控上也有很大的作用。在系统应用软件方面，淘宝网采用了网上信用管理系统、身份认证和安全管理系统、网络监控管理系统和网络安全管理系统等，最大限度上来保证网站安全、数据安全和交易安全。

### 7.6.4 经营模式分析

淘宝网实行免费政策，其所有的服务均免费，卖家开店免费、交易免费，实行产品登录免费制度，让用户真正从网上交易中获得利益，以此培养更多忠实的网络交易者，从而把“蛋糕”做大。淘宝网给商家提供免费的产品展示空间、免费电子邮件，并提供大量及时的免费供求信息，以此吸引无数用户来尝试新鲜事物，为淘宝吸引了无数的买家。

中国互联网用户正在经历从网民到网友再到网商的历史转折时期，互联网用户已经表现出通过网上交易为自己创造真实的价值的强烈趋势。只有让用户真正在网上交易中获得利益，才能培养更多更忠实的网络交易者。免费，降低了中国的网民、网友、网商上网进行个人间交易的门槛，是保护当前网上交易双方利益的措施，也是体现公平竞争规则的现实选择。

淘宝网最有特色应该是“淘宝旺旺”这一即时通信软件，联系或留言给买(卖)家都十分方便。除此之外，“支付宝”为买家提供支付保障，使买家在购买时更没有后顾之忧。创立之初“淘宝旺旺”即被誉为当年国内最成功的网络投资项目，除创造性地推出“支付宝”产品，将网络交易的危险性降到最小以外，淘宝网还与工商银行、招商银行等进行全方位的合作，积极完善个人网上交易支付平台。

### 7.6.5 管理模式分析

一、经营管理

淘宝网采用会员制，只对注册会员提供交易服务，对交易的物品称“宝贝”。另外，淘宝网提供了第三方支付工具——支付宝，帮助交易双方完成交易，从而提高网上交易的信用度。淘宝网还提供留言管理、站内信件、淘宝社区等非实时的会员交流、协商方式。淘宝社区作为一个反馈论坛，有专人管理，以回应“淘宝人”的发帖，促进了淘宝网自律机制的动态发展。非会员用户进入淘宝网既可以浏览淘宝用户的电子店铺和商品，也可以使用淘宝网的搜索工具进行搜索。

二、系统管理

1. 会员注册系统

淘宝网实行免费的会员注册方式，注册过程简单。

2. 淘宝网的网上买卖系统

淘宝网通过电子商务平台为买卖双方提供一个在线交易平台，卖方可以主动提供商品上网销售或者拍卖，而买方可以自行选择商品进行竞价和购买，双方不再受时间和空间的限制，方便的比价、议价和竞价过程可以节约大量的市场沟通成本。

3. 淘宝网的支付系统

支付宝是淘宝网针对网上交易特别推出的一种安全付款服务，是2004年淘宝网与工商银行、建设银行、农业银行和招商银行等联手推出的一种在线交易安全支付工具。网上的买家先将货款打到支付宝账户上，支付宝确认到账之后通知网上卖家发货，买家在收到货物确认无误之后通知支付宝，支付宝再将货款转付卖家。在这个过程中支付宝实际上成了一个信用中介。目前，支付宝已成为最安全、最快捷、最普及、最方便的电子商务网络支付产品。

4. 网络服务系统

淘宝网利用其在C2C服务领域的成熟运作经验，及时预测商业潮流动向，创出精品服务频道品牌提供支持，而21CN借助其雄厚的网络资源和技术资源优势为淘宝网打造短信平台，拓展淘宝网会员服务渠道，进一步完善淘宝网的服务网络。

三、网站管理

淘宝网从保持人气或者巩固社区地位的角度上允许会员免费使用3年，甚至是终身免费。淘宝网在对网站进行管理时起用了网上信用管理系统、身份认证管理系统、网络管理系统和网络安全管理系统等，最大限度地保证了网站安全、数据安全和交易安全。

### 7.6.6 总结

淘宝网倡导诚信、活泼和高效的网络交易文化。在为淘宝网会员打造更安全高效的商品交易平台的同时，也全心营造和倡导了互帮互助、轻松活泼的家庭式文化氛围，让交易更加迅速、高效，并在交易的同时吸引更多的潜在客户。淘宝网已成为越来越多的网民进行网上创业和以商会友的最先选择。

在支付功能上，淘宝网打造了最诚信和最安全的网上交易市场。淘宝网开发了支付宝功能，这个功能的出现最大限度地符合会员的强烈要求，就是共同建造网上交易的诚信环境，让买家敢于尝试网上购物，让卖家能取信于客户。

随着网络的快速发展，我国的网民也在不断提升，以及网民和企业对于电子商务态度的转变，网站和电子商务正成为越来越现实的盈利途径。淘宝网以其先进的管理模式和技术模式，不断地带动自己发展。淘宝是免费的，所以吸引了无数的买家和卖家来尝试新鲜事物。淘宝网开发的交易即时通信工具很符合网上购物和网上交易的需要，所以这个功能深受用户喜爱。所以，作为一个企业应当把客户的切身利益放在首位，而不要为眼前的一些小利而放弃“钓大鱼”的机会。

## 本章练习题

1. 如何界定电子商务企业?
2. 网上商店的种类有哪些? 网上商店有哪些优势和劣势?
3. 简述网上商店的发展策略。
4. 简述电子支付的含义和特征。
5. 简述电子支付方式的分类。
6. 简述电子支付工具。
7. 不同规模的电子商务企业如何规划物流配送模式。
8. 简述移动电子商务的定义、特点和模式分析。
9. 简述移动电子商务的应用实例。
10. 简述淘宝网的商业模式、技术模式、经营模式、管理模式和资本模式。

# 第8章　物流企业的电子商务化战略

案例导读

### 物流企业向"电子商务进军"[1]

由于油价和人工成本节节攀升，使得快递企业难以为继，除了提价之外，日前，宅急送推出"e购宅急送"，通过电子商务平台出售三洋电器、富硒茶、户外休闲用品等；圆通则上线了新农网，销售各地的特产、电子百货等；中通选择的是"久久票务网"，线上销售火车票；而最早的大概是"顺丰E商圈"。一些国内领先的民营快递企业正在不约而同地从单纯的物流配送环节延伸进入电子商务领域，形成了一股新的"跨界潮"。除了民营物流，中国邮政同样不甘落后。邮政EMS与TOM合资推出邮乐网，销售综合类商品；而深圳邮政EMS更是单独行动，近日通过资源整合，搭建了电子商务平台——乐邮183购物平台。该平台以网购奶粉为切入点，引进了香港和深圳当地特色品牌产品，免费速递全国，通达全国2 000多个县市。

巨大的电子商务市场让物流业"试水"。中国个人消费电子商务市场(包括B2C和C2C)未来五年的复合年增长率将达42%，市场总规模将于2014年达到人民币1.523万亿元，占国内零售总额的7.2%。与此同时，中国互联网普及率将上升至59.3%，个人用户总数将达8.12亿。物流企业进军电子商务主要基于两点考虑。第一，电子商务未来的发展趋势。随着电子商务的不断发展，物流企业同电子商务的联系也更加紧密。第二，从物流业的发展来看，目前物流行业的竞争越发激烈，企业需要顺应新的发展形势，积极求变才能在市场中掌握主动。因此，拓展和延伸产业链成为企业新的增长点，而且通过打通产业链有助于企业形成强大的综合实力。

理论与实务

## 8.1 "电子商务的脚"——异军突起的快递业

### 8.1.1 快递业概述

近年来，我国的电子商务迅速发展，而被称为"电子商务的脚"的快递业也得到了同步发展，电子商务企业占据了快递业务的七成份额。目前，电子商务正以每年200%～300%的速

[1] 资料来源：中国电子商务研究中心。

度增长，这对快递企业的网络营运能力、运力资源整合能力、业务专业性和信息系统的要求越来越高。B2C类电子商务强劲发展和物流配送的瓶颈使得电子商务企业自己组建快递队伍，以提高其综合竞争能力，并且期望赚取物流环节的利润。但是，如京东商城、当当网这类电子商务企业仅能在北京和上海等核心城市组建自己的快递队伍，实现同城快递；而其在省内、区域、全国的快递业务仍然只能依托快递企业完成。

所谓快递业，是指承运方通过铁路、公路和航空等交通方式，运用专用工具、设备和应用软件系统，对国内、国际及港澳台地区的快件揽收、分拣、封发、转运、投送、信息录入、查询、市场开发、疑难快件进行处理，以较快的速度将特定的物品运达指定地点或者目标客户手中的物流活动。快递业是物流的重要组成部分，它的特点就是在于"快"字。快递能够在极短的时间内将物品运达目标地点，但是运量相对较小，运费较高，同时由于要经过不同的站点，几经周折，易使物品流失或者损坏，安全系数相对较低。

快递的运费一般大大高于普通运输方式的运费，一方面是由于其追求时效性而使得成本增加，另一方面是因为满足客户对时间需求而增加的增值。

## 一、快递业的分类

根据运输方式和对象的不同，快递业可分为航空快运、公路快运、铁路快运和水运快运。

### 1. 航空快运

航空快运，是指航空快运企业利用航空运输，收取收件人托运的快件并按照向发件人承诺的时间将其送交指定地点或者收件人，掌握运送过程的全部情况并能将即时信息提供给有关人员查询的门对门快递服务。由于航空快运运输方式的快捷，其已经成为快运的最常用方式之一。

### 2. 公路快运

公路快运是公路快速货运的简称。对于公路快运的分类，发达国家一般将其分为三种物流模式，即整车快运、零担快运和小件快运。其各自定义服务范围大致如下。

(1) 整车快运。

此项业务一般定义为整车直达运输，运输企业派车前往货主的仓库，装车后直接驶往收货人的仓库或者其他指定地点。此项业务并不一定使用运输企业的货运，但必须拥有相应的车辆。

(2) 零担快运。

所谓零担快运，是一种介于整车快运和小件快运(即快递)之间的物流模式，服务对象以中小生产、流通类企业为主，每票货物在30～500千克。在国外一般指单件货物的重量在70磅(相当于30千克)以上而又不足一车的货运模式，但由于车辆吨位大小不一，所以整车货物在理论上尚有很大的弹性。因为货物都需要拼装，因而与小件运输一样都需要有自己的货运站，此外还有其他要求。

(3) 小件快运。

小件快运，是指单件货物为70磅或者30千克以下的货运模式。

在上述三种模式中，零担快运的业务总量超过其他两种之和，成为公路快运业的主流。公路快运则是目前运输量最大的快递方式。

3．铁路快运

中国铁路小件货物特快专递运输简称“中铁快运”，英文全称“CHINA RAILWAY EXPRESS”，缩写为“CRE”，经原国家计委、铁道部和国家工商行政管理总局批准于1993年9月1日正式运营，由铁道部中国铁路快运总公司所属各分支机构负责经营，国内网络已遍及包括香港在内的120多个大、中城市，形成连锁服务网络。铁路快运的特点是运量大、安全、准时。

4．水运快运

水运快运就是通过海洋运输及内河运输从事的快运业，适合于大宗物品的运输，尤其是有时间紧迫性需求的大宗特殊物品的运输。

根据服务对象进行分类，快递业可分为特快专递和一般快递。

1．特快专递

特快专递主要是门到门或者桌到桌服务。即由快递公司派人上门取件，送至机场后委托航空公司空运，货到目的港机场后，由当地的快递公司（或者代理）提货，派送到收件人手中。

2．一般快递

一般快递也称普通快递，其速度和安全系数都一般，但费率较低，适合一般物品的快递运输。

## 二、快递业的基本特征

快递业具有服务性、网络性及规模经济性、时效性等基本特征。

1．服务性

快递需求是衍生需求，快递产业属于第三产业中的服务行业。快递服务包含服务广度、服务深度以及服务舒适度等三个方面。

服务广度，是指快递服务的业务种类及其满足用户需求的程度，业务种类越多，服务广度越广。

服务深度，是指为用户提供快递服务的完全程度和便利程度。服务深度越深，需要由用户自己完成的工作量越小。

服务舒适度，是指以员工服务态度、服务质量和工作效率为核心，用户在使用过程中心理感受的优劣程度。

2．网络性及规模经济性

网点的增加对快递企业业务量的影响有两个：一是新增网点的快递业务直接增加业务总量；二是由于便利性的提高和快递企业影响的扩大，原有网点的业务量也会间接增加。但是，网点的增加会带来成本的增加，增加网点是否能够使整体盈利增加，以及网点覆盖面扩大到什么程度能够实现利润最大化，这些问题都值得已经具有较大规模的民营快递企业思考。

3．时效性

时效性是信息、物品类传递服务的基本要求。快递的实物传递性决定了快递服务在保证安全、准确的前提下，传递速度是最重要的服务质量衡量标准之一。

中国的快递业目前处于国内快递行业和国际快递巨头竞争激烈的环境中。相对于国际快递巨头而言，中国的民营快递企业处于比较弱势的地位，中国国内的快递企业多争夺底端市场。中国快递业务的发展程度还很低，现在的快递业务量还不到GDP的0.3%，与发达国家达到GDP的1%左右相比差距很大。

目前，在中国从事快递业的主要有中国邮政快递、民营快递公司和国际快递巨头三类企业。

### 8.1.2 中国邮政EMS

EMS的英文全称为Express Mail Service，即邮政特快专递服务。EMS是由万国邮联管理下的国际邮件快递服务，是中国邮政提供的一种快递服务。中国邮政EMS主要是采取空运方式，加快递送速度，根据地区远近一般1～8天到达。该业务在海关和航空等部门均享有优先处理权，以高速度、高质量为用户传递国际、国内紧急信函，文件资料，金融票据，商品货样等各类文件资料和物品。

中国邮政EMS拥有首屈一指的航空和陆路运输网络，具有高效发达的邮件处理中心，还具备领先的信息处理能力。中国邮政EMS一贯秉承“全心、全速、全球”的核心服务理念，为客户提供快捷、可靠的门到门速递服务，最大限度地满足客户和社会的多层次需求。

#### 一、EMS的优点

(1) 交通网强大，拥有首屈一指的航空和陆路运输网络。
(2) 网络覆盖广，全国2 000多个自营网点。
(3) 速度快，次晨达，次日达。
(4) 货物丢失损坏率低，安全性高。
(5) 全年营业时间长。
(6) 邮件处理能力强。
(7) 拥有先进的信息技术。

#### 二、EMS的缺点

(1) 价格缺乏弹性。
(2) 网站查询质量不高。
(3) 他人代为签收邮件的现象常有发生。

很多人把中国邮政EMS在20世纪90年代市场份额逐步缩小、业务增长速度放慢的原因归结于外资的进入。但实际上多年来垄断经营造成的体制上的弊端所导致的经营观念和经营方式的落后才是使中国邮政EMS竞争力衰弱的根本原因，主要体现在：(1) 政企不分，责权利失衡，体制不顺；(2) 管理制度和管理手段落后；(3) 缺少市场观念，服务意识淡薄。

在新的市场环境下，中国邮政EMS依靠政府保护来规范市场的行为将不复存在，它必须和其他的企业一样都要在WTO的框架下进行公平竞争。首先，中国邮政EMS必须加快自身改革，焕发出自身的活力，真正地面向市场，进行自主经营。其次，中国邮政EMS要彻底转变经营观念，打破传统的“坐商”思想，要有自己的经营战略，要重点发展大城市和业务密集地区的速递业务；同时，要加大投资，提高速递企业的技术装备水平，优化网络，加快传递速度，依靠技术进步，改善服务质量，提高对快件监控管理和查询的能力。最后，中国邮政

EMS还要加强对外合作，利用一切资源开拓自己的发展空间。中国邮政EMS应当走出国门，敢于与大的跨国公司合作，建立广泛的战略伙伴关系。

### 8.1.3　民营快递公司简介

我国民营快递业的产生是经济发展和企业运营需要的产物。民营快递企业从诞生的那天起就以独特的运作模式提供了传统邮政根本不能满足的服务。它以工商、金融、贸易、海运业为主要服务对象，以商务文件、小包裹为传递内容；采取了“门到门”的服务方式，承诺在规定的时间内完成快递任务。正是这种贴身的、高效率的服务使民营快递业得到了社会越来越多的认可，在一个较短的时间内获得了快速发展。以下介绍一些比较知名的民营快递企业。

一、顺丰速运

顺丰速运是国内领先的大型快递企业集团，年业务量约占国内快递市场的20%。2011年7月初，顺丰速运在湖北建设华中地区货运航空枢纽港，并在华北等地区推出高端快递服务。顺丰速运未来将以武汉为中心，立足华中，完成连接华南、华东，扩展华北的货运航线网络布局。

二、申通快递

随着国内快递需求的多样化，申通快递在进行产品创新，继续提供传统快递服务的同时，也在积极开拓新兴业务，包括电子商务物流配送服务、第三方物流和仓储服务、代收货款业务、贵重物品通道服务等。截至2011年8月7日，申通快递全网已有直接加盟网点814家。

三、圆通速递

2011年9月9日，圆通速递与中国南方航空公司在广州签订了总部合作协议。双方协议从2011年9月开始在国内10个城市站点开展国内空运业务合作，通过优势互补，向客户提供优质便捷的运输服务。目前，圆通速递90%的货物为国内快件，此次圆通速递与中国南方航空公司“牵手”，在提升双方竞争实力的同时也会对国内的快递市场产生影响。

四、宅急送

2011年8月底，宅急送确立了未来的业务模式——以B2C为核心，打造全方位产业链，致力于成为B2C领域的快递服务专家。2011年上半年，宅急送的B2C收入占比从年初的35%增长62%。B2B业务呈现向B2C转型趋势，相当一部分传统企业向门店化、电子商务发展，实现订单销售，这为宅急送的发展带来了新的商机。

五、天天快递

天天快递长期致力于开拓新兴电子商务市场。中国海南航空公司天天快递是阿里巴巴集团“中国中小企业商务服务伙伴计划”四大战略合作物流企业之一，通过中国海南航空公司天天快递与阿里巴巴平台的对接，广大的网商可以直接在阿里巴巴网站向其下订单。

## 六、韵达快运

韵达快运从构建快递服务“便捷高效、安全有序、技术先进、布局合理”的要求入手，拟在全国建设1万家标准门店，方便客户寄递快件。韵达快运还将在其全国递送网络中推广使用新一代手持终端设备，以提高全程全网监控力度，提高快件操作时效和服务能力。

## 七、中通速递

中通速递是一家集物流与快递于一体、综合实力位居国内物流快递企业前列的大型集团公司，服务网点3 000余个，分拨中心48个，运输、派送车辆8 000多辆。2011年8月，中通速递与福田汽车创新性地进行跨界联盟，实现了物流装备制造企业的强强联手。

## 八、中诚快递

中诚快递在上海、无锡、杭州、北京和广州等地已建立了直属总公司的大型分拨中心。中诚快递成立的国际发展中心，满足了国际快递市场的发展要求。

## 九、汇通快运

汇通快运在网点投入上，采用科学的网点布局与优化方法进行系统规划和配置，同时公司还投入巨资，对不适应新环境或者服务质量不能保证的既有网点进行重新配置和调整，初步形成一个以总部(上海)为中心，以直营和加盟多种经管形式并存的覆盖全国的快递网络，有效提升了服务质量和水平。

随着电子商务“井喷式”的发展，网购已成为众多消费者的最佳购物方式，而快递作为连接电子商务和网购一族的纽带，业务量也是与日俱增。然而，快递业存在的问题仍不可忽视，快递消费者的投诉量已经跃居服务行业之首。为了规范快递市场，2011年8月30日国家邮政局发布了《快递企业等级评定管理办法(试行)》，希望以此推进快递诚信体系建设，引导快递企业提高服务质量，并从公众服务评价、服务时效、人员素质和信息化管理水平等方面对参评企业进行综合评定，分为五星、四星、三星、二星四个等级。而最新出台的实施细则使其进入实际操作阶段。

结合《快递企业等级评定管理办法(试行)》和最新出台的实施细则，快递企业要成为五星级快递，条件可以用“苛刻”两字来概括。根据该办法的规定，五星快递需要符合以下条件：

(1) 年度快递服务总体满意度得分需在73分以上；

(2) 本品牌网络内、重点城市间的快件全程时限72小时，准时率需在95%以上；

(3) 百万件快件用户有效申诉需在10件以下；

(4) 快递业务员中，具备《快递业务员国家职业技能标准》初级以上资格的不低于60%；

(5) 品牌所辖自营网点在省会、直辖市的覆盖范围达到100%；

(6) 网点在省辖市的覆盖率在90%以上，其中自营网点覆盖率应不低于50%；

(7) 工作日8点至16点时间段内上门揽收时限不超过2小时；

(8) 工作日8点至16点时间段内到达投递站点的快件，完成指定地点的投递时限不超过3小时；

(9) 全年无休，节假日营业网点、运输网络和信息网络维持正常运行等。

星级评定标准对快递企业来说，其难度是不言而喻的，这也预示着快递业新一轮的洗牌即将开始。

### 8.1.4　国际快递巨头

2012年6月25日，国家邮政局公布了第一批260家通过2012年快递业务许可的企业名单，值得关注的是，两家国际快递——联邦快递(FedEx)中国有限公司(以下简称联邦快递)和优比速包裹运送(广东)有限公司(以下简称UPS)赫然在列。此次联邦快递和UPS的中国公司将分别以北京顺义区和广州白云区为基地，经营除信件外的国内快递业务。在联邦快递的官方网站上，国内业务价目表已赫然显示，国际及国内快递服务业务均已经覆盖了全国200多个大中小型城市，并在全国58个城市设有投递地点。

两家国际快递巨头的国内服务报价，其运费与本土快递企业的运费价格差距甚微，甚至还要更便宜一些。以一公斤之内的货物在天津同城快递为例，次日达的价格为9.60元，如寄往其他省市，价格为20.50～24.00元。这与顺丰、圆通、申通、中通、韵达同城快递10～15元的价格相差不大。联邦快递与UPS加速布局中国，其品牌优势和服务水平已经给中国快递业带来了不小的冲击，再加上价格的趋同，国际快递更占据优势。

## 8.2　物流配送新模式——电子商务物流配送

### 8.2.1　电子商务物流配送概述

电子商务物流配送，是指物流配送企业采用网络化的计算机技术和现代化的硬件设备、软件系统以及先进的管理手段，针对客户的需求，根据客户的订货要求，进行一系列分类、编码、整理、配货等理货工作，按照约定的时间和地点将确定数量和规格要求的商品传递到客户的活动以及过程。这种新型的物流配送模式带来了流通领域的巨大变革，越来越多的企业开始积极搭乘电子商务快车，采用电子商务物流配送模式。

### 8.2.2　电子商务物流配送模式的优势

一、能够实现货物的高效配送

在传统的物流配送企业内，为了实现对众多客户大量资源的合理配送，需要大面积的仓库来用于存货，并且由于空间的限制，存货的数量和种类受到了很大的限制。而在电子商务系统中，配送体系的信息化集成可以使虚拟企业将散置在各地分属不同所有者的仓库通过网络系统连接起来，使之成为“集成仓库”，在统一调配和协调管理之下，其服务半径和货物集散空间都放大了。在这样的情况下，货物配置的速度、规模和效率都大大提高，使得货物的高效配送得以实现。

二、能够实现配送的适时控制

传统的物流配送过程是由多个业务流程组成的，各个业务流程之间依靠人来衔接和协调，这就难免受到人为因素的影响，问题的发现和故障的处理都会存在时滞现象。而电子商务物流配送模式借助于网络系统可以实现配送过程的适时监控和适时决策，配送信息的处理、货物流转的状态、问题环节的查找、指令下达的速度等都是传统的物流配送无法比拟的，配送系统的自动化程序化处理、配送过程的动态化控制、指令的瞬间到达都使得配送的适时控制得以实现。

三、物流配送过程得到了简化

传统的物流配送的整个环节由于涉及主体的众多以及关系处理的人工化，所以极为烦琐。而在电子商务物流配送模式下，物流配送中心可以使这些过程借助网络实现简单化和智能化。如计算机系统管理可以使整个物流配送管理过程变得简单和易于操作；网络平台上的营业推广可以使用户购物和交易的过程变得效率更高、费用更低；物流信息的易得性和有效传播使得用户寻找商品和进行决策的速度加快、过程简化。很多过去需要较多人工处理、耗费较多时间的活动都因为网络系统的智能化而得以简化，这种简化使得物流配送工作的效率大大提高。

### 8.2.3 制约我国电子商务物流配送发展的因素

从总体上看，我国的电子商务还处于初期发展阶段，其功能主要局限于信息的交流，电子商务与物流之间的相互依赖、相互促进的关系还没有得到企业的普遍认可。因此，人们在重视电子商务的同时却对面向电子商务的物流配送系统重视不够，从而出现物流配送系统建设落后，与电子商务结合不够紧密的现象，这在很大程度上限制了电子商务高效、快速、便捷优势的发挥。具体而言，主要有以下四个方面的制约因素。

一、与电子商务相协调的物流配送基础落后

虽然基于电子商务的物流配送模式受到了企业越来越多的关注，但由于观念、制度和技术水平的制约，我国电子商务物流配送的发展仍然比较缓慢，与社会需求的差距仍然较大。目前，高速公路网络的建设与完善、物流配送中心的规划与管理、现代化物流配送工具与技术的使用、与电子商务物流配送相适应的管理模式和经营方式的优化等都无法适应我国电子商务物流配送的要求。基础设施和管理手段的落后，必要的公共信息交流平台的缺乏，这些都制约着我国电子商务物流配送的发展。

二、电子商务物流配送的相关政策法规不完善

目前，我国物流管理体制还处于区域、部门分割管理的状态下，区域之间缺乏协调统一的发展规划和协调有序的协同运作，归口管理不一致，这些都制约了电子商务物流配送的效率。由于缺乏一体化的物流系统，电子商务很难发挥其应有的突破空间、快捷交易的功能。此外，与电子商务物流配送模式相适应的财税制度、社会安全保障制度、市场准入与退出制度和纠纷解决程序等还不够完善，制度和法规的缺陷阻碍了电子商务物流配送的发展。

三、物流配送的电子化、集成化管理程度不高

电子商务物流配送之所以受到越来越多企业的青睐是因为电子商务迎合了现代客户多样化的需求。网络上的大量定制化越来越多的出现，电子商务企业只有通过电子化、集成化物流管理把供应链上各个环节整合起来才能对客户的个性化需求作出快速反应。但从我国的实际来看，企业的集成化供应链管理还处于较初级阶段，表现在运输网络的合理化有待提

升、物流信息的速效性不高等方面。这与我国物流业起步较晚，先进的物流技术设备（如全球定位系统、地理识别系统、电子数据交换技术、射频识别技术、自动跟踪技术等）还较少应用有关。没有先进的技术设备做基础，电子商务物流配送企业的集成化管理就难以实现；而集成化管理程度不高，电子商务物流配送企业的效率就会大打折扣。

四、熟悉电子商务的物流配送人才匮乏

由于电子商务物流配送在我国的发展时间较短，大多数从传统物流企业转型而来的企业在人才的储备和培育方面显然还不能适应电子商务时代的要求，有关电子商务方面的知识和操作经验不足，这直接影响了企业的生存和发展。与国外形成规模的物流教育系统相比较，我国在物流和配送方面的教育还相当落后，尤其在电子商务物流配送方面的教育。由于实践中运行成功案例的缺乏，熟悉电子商务的物流配送人才匮乏，这制约了电子商务物流配送模式的推广，也影响了电子商务物流配送的成功运营。

### 8.2.4　推动我国电子商务物流配送发展的对策

一、完善适应电子商务需要的物流配送基础设施

建设和完善与电子商务物流配送相适应的基础设施关系我国物流行业的发展水平和国际竞争力。随着电子商务在全球范围内的展开，物流业必然跨越国界发展，国际化物流是物流业发展的方向。因此，必须努力推动国内物流标准与国际物流标准的接轨，包括物流术语标准化、物流条形码标准化和物流设备标准化。这要求政府相关部门及行业组织要在计量标准、技术标准、数据传输标准、物流作业标准和服务标准等方面做好基础工作。同时，在高速公路网络的建设与完善、物流配送中心的规划与管理等方面，政府应当加强投入力度，并且加强指导和管理，通过提供良好的服务与引导使基础设施的建设与完善得到落实。此外，公共信息交流平台的建立也只有依靠政府和相关行业协会的支持和引导才能建立起来。

二、加强对电子商务物流配送体系建设的支持力度

首先，为了支持和推动电子商务物流配送行业的发展，政府应当在政策法规上加强支持力度。其次，为了改善条块分割的问题，必须在政府的主导下建立统一管理和协调有序的全国性的或者跨区域性的物流协调机构，由其承担组织协调职能，为统一归口管理物流行业创造条件。最后，必须规范电子商务物流配送发展的产业政策，以政府为主导并引导企业共同加大对电子商务物流配送行业的投资力度，统一进行发展规划，重点建设基于电子商务的物流配送基础设施，以此为基础建立起我国电子商务物流配送的实体网络，形成全社会的电子化物流配送系统。

三、加强软、硬件建设，提高电子化、集成化管理水平

电子商务物流配送的集成化管理水平依赖于物流配送各个环节软、硬件的先进性以及它们之间的兼容性和良好衔接。为此，必须做到物流配送手段的机械化和现代化、物流配送管理的规范化和制度化、物流配送过程的信息化和自动化，只有做到这些方面，电子商务物流配送的集成化管理水平才能真正提高。除了管理方面应当建立、健全科学的管理体制，形成统一的程序和标准外，先进技术的采用和管理策略的使用也非常重要。一般认为，物流信

息收集的数据化和条码化、物流信息处理的电子化和计算机化、物流信息传递的标准化和适时化、物流信息存储的数字化等是实现高水平集成化管理的关键环节。物流系统只有具有良好的信息处理和传输功能，快速、准确地对配送货物进行适时跟踪，并及时提供反馈信息，才能做到统一有序的高效管理。

四、大力培育高层次的电子商务物流配送人才

电子商务物流配送行业的发展关键还要依靠高素质、高层次人才的推动。为了适应电子商务时代物流配送行业的新要求，必须大力培养从事物流理论研究与实务的专门人才、懂得电子商务理论与实务的专门人才、懂得 IT 技术和电子商务的网络经济人才、懂得电子商务和现代物流的复合型人才。培养的途径和模式可以多种多样，职业教育、专业教育、岗位学习等方式都可以采用，但关键是与实际相结合，着重于实际运作能力的培养和操作经验的积累。虽然高层次电子商务物流配送人才的培育必然与我国电子商务物流配送发展的水平相关联，但明确的方向引导、市场需求的拉动、培训途径的科学完善都会起到有力的推动作用。

## 8.3 电子商务下的城市物流配送中心系统

### 8.3.1 基于电子商务下的城市物流配送的特点

城市物流(Urban Logistics)，是指为城市服务的物流，它服务于城市经济发展的需要，即物品在城市内部的实体流动、城市与外部区域的货物集散以及城市废弃物清理的过程，并存在不同的模式、体系和存在形态，和其他形式的物流有一定的区别。图 8-1 为一个电子商务城市物流配送系统。

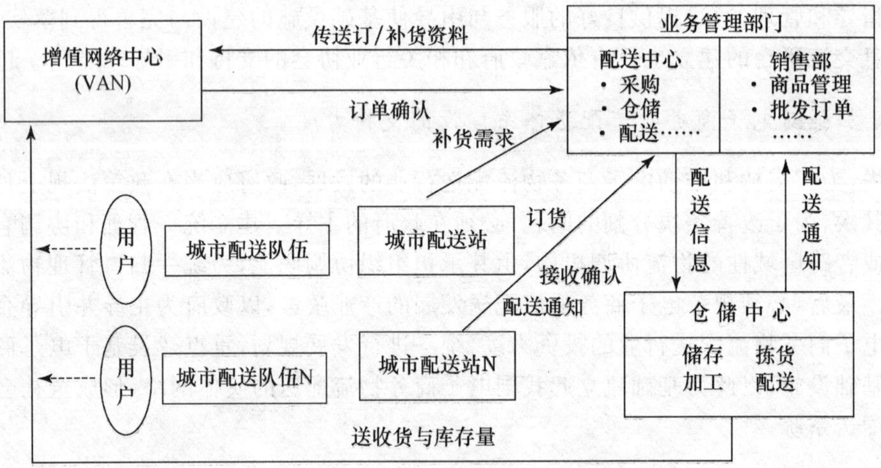


图 8-1 电子商务城市物流配送系统

电子商务环境下的城市物流配送既有电子商务本身的电子化、信息化等特点，又具有城市物流配送本身的一些特点。

一、物流配送信息化

物流配送信息化主要表现为配送信息的商品化、信息搜集的数据库化和代码化、信息处理的电子化和计算机化、信息传递的标准化和实时化、信息存储的数字化等。

二、物流配送自动化

如条形码自动识别系统、自动分拣系统、自动存取系统、货物自动跟踪系统等。

三、物流配送网络化

物流配送网络化主要指物流配送体系的计算机通信网络化和组织网络化，以及所谓的企业内部网络化(Intranet)。物流配送网络化是物流信息化的必然，是电子商务下物流配送活动的主要特征之一。

四、物流配送智能化

物流配送作业运用大量的运筹和决策方法解决一些实际问题，如库存水平的确定、运输搬运路径的选择、自动导向车的运行轨迹和作业控制、配送中心经营管理的决策支持等。

五、物流配送柔性化

物流配送柔性化即物流配送中心根据消费需求的“多品种、多批次、短周期”等特点，灵活组织和实施物流作业，实现配送活动的柔性化。

### 8.3.2 构建基于电子商务下的城市物流配送中心系统的目的和功能

构建科学、合理、运行良好的城市物流配送中心系统，首先要对新建城市物流配送中心的位置、规模、形式，从供货时间、有无缺货、错误率、畅销与滞销品信息以及新产品的信息和样品提供进行调查、研究和分析。由于这些要求不一样，因此建立的城市物流配送中心也不一样，其构成的城市物流配送中心系统所发挥的作用也会不尽相同。

电子商务环境下的城市物流配送中心系统应该实现的功能，除了传统意义上的城市物流配送中心具备的集货、储存、分拣、发货、送达等功能外，还应该包含电子商务所需要满足的一些功能特点。

首先，电子商务环境下的城市物流配送中心系统需要具有实现电子商务运行的物流配送信息系统。该系统包括配送过程各个领域的信息系统，是一个由计算机、应用软件及其他高科技设备通过全球通信网络连接起来纵横交错的立体的动态互动系统。要满足电子商务对物流配送的需求，必须实现从信息的收集、存储、传输、处理、检索和输出等环节的良好运行，达到配送作业系统和控制系统的功能实现。

其次，电子商务环境下的城市物流配送中心系统除了配备现代化的配送设施外，还应当配置高素质的专业人才，包括具有专业知识的决策人员、管理人员和技术人员等，而且还需要一整套科学、规范的现代化管理方法和手段。

### 8.3.3 构建基于电子商务下的城市物流配送中心系统的基本原则

根据不同行业的需要而构建的城市物流配送中心系统，虽然物流配送中心系统的作业内容、设备型号和营业范围是完全不同的，但是这些物流配送中心系统的构建原则是一致的。随着社会的发展，科学技术的不断进步，计算机和网络技术的普及，将出现一批自动化和智能化的综合型物流配送中心。为了降低成本，合理利用资金，使基于电子商务下的城市物流配送中心系统发挥最大化作用，并及时收回投资，我们必须对新建的城市物流配送中心进行科学的规划和布置。在对电子商务环境下的城市物流配送中心系统进行设计时，必须把握以下基本原则。

一、系统工程原则

城市物流配送中心的工作包括收货验货、搬运、储存、装卸、分拣、配货、送货、信息处理以及与供应商、连锁商场等店铺的连接，如何使它们之间均衡、协调运转，对基于电子商务下的城市物流配送中心系统功能的实现极其重要。因此，对城市物流配送中心系统的构建应当根据系统工程的原则，做好配送量的分析和预测，满足配送流程的合理化。

二、价值工程原则

在激烈的市场竞争中，城市物流配送活动的及时性和服务优质化等方面的要求越来越高。在满足商务服务高质量的同时，又必须考虑物流成本的最小化。尤其是物流配送中心的建造，不管是从企业个体还是从社会资源的合理利用角度来看，这都是一项耗资巨大的工程，必须对建设项目进行可行性研究，并对多个方案进行技术、经济比较，以求最大的企业效益和社会效益。

三、满足工艺、设备、管理科学化的原则

为了使城市物流配送中心系统能更好地服务于客户，加速商品流转，实现电子商务的配送功能，提高经济效益和现代化管理水平，城市物流配送中心应当广泛采用电子计算机、网络信息技术，合理地选择、使用各种先进的物流机械化、自动化设备。

四、满足配送活动柔性化的原则

在进行现代化城市物流配送中心系统的构建时，要求所构建的城市物流配送中心根据消费者需求“多品种、小批量、多批次、短周期”的特点，做到系统内的设备、工艺管理科学、合理，而且灵活、多样，满足配送活动的柔性化要求。

五、可持续发展的原则

在规划、构建城市物流配送中心系统时，无论是城市物流配送中心地址的选择、建筑物的设计、信息处理系统的设计，还是机械设备的选择，都要考虑较强的应变能力，以适应配送量扩大、经营范围的拓展。

### 8.3.4 基于电子商务下的城市物流配送中心系统的构建步骤和内容

一、城市物流配送中心建设项目的立项

城市物流配送中心的建设是一项投资相当大的系统工程。要做出建设一个城市物流配送中心的决策，项目的立项工作显得尤为重要，必须经过明确目标、决定系统范围、研究经济技术可行性、编制实施计划和研究整个物流系统等步骤。城市物流配送中心建设项目的立项是电子商务企业及其他连锁商业企业的经营战略决策的重要组成部分。

二、确定城市物流配送中心总体规模

基于电子商务环境下的城市物流配送中心系统的总体设计是在物流系统设计的基础上进行的。由于城市物流配送中心具有收货验货、库存保管、拣选分拣、流通加工、信息处理、送达用户以及采购组织货源等多种功能，城市物流配送中心的总体设计首先要确定总体规模。进行总体设计时，要根据业务量、业务性质、内容和作业要求等方面来确定物流配送中心的总体规模，同时，也应考虑以后业务的发展。

三、城市物流配送中心的选址

在确定了上述前提条件后，应该对城市物流配送中心的位置(即选址问题)进行详细的规划，而且要符合城市物流配送中心选址的原则。城市物流配送中心必须符合城市规划和商品储存安全的要求，适应商品的合理流向，交通便利，并具有良好的运输条件、区域环境和地形、地质条件，具备给水、排水、供电、道路、通信等基础设施。特别是大型的城市物流配送中心应当具备大型集装箱车辆进出的条件，包括附近的桥梁和道路。对于城市物流配送中心的选址，可以建立简单的数学模型，求解成本最低的运输规划问题。

四、城市物流配送中心内部布局的设计

城市物流配送中心的构建，除了要求具有与装卸、搬运、保管等与产品活动完全适应的作业性质和功能，还必须满足管理，提高经济效益，对作业量的变化和商品形状变化能灵活适应等要求。城市物流配送中心的内部布局要做到系统规划、统筹安排、科学计算、合理布置。

五、城市物流配送中心内部设施的构造

基于电子商务环境下的城市物流配送中心系统内部设施的构造要考虑建筑物结构、地面负荷强度、天花板高度、立柱间隔距离、建筑物的通道、卡车停车场等因素，满足各个子系统的要求。

六、城市物流配送中心信息系统的设计

根据城市物流配送中心的业务展开，可以将信息系统划分为采购入库管理系统、销售出库管理系统、财务会计系统、运营成绩管理系统等四大主管理系统，每个主管理系统之下又有许多的子系统，每个子系统又能实现许多的功能。正是由于这些功能齐全的管理软件和各种相应的物流设备相配合，才能使一个现代化的基于电子商务环境下的城市物流配送中心系统高效有序地运行。

## 8.4　电子商务优化物流运输业

运输是物流的主要功能要素之一，根据物流的概念，物流是“物”的物理性运动，这种运动不但改变了物的时间状态,也改变了物的空间状态,而运输承担了改变空间状态的主要任务。运输是改变空间状态的主要手段,再配以搬运、配送等活动,它就能圆满完成改变空间状态的全部任务。因此,人们也把运输过程称为"运输业"。

电子商务对企业的影响很明显,通过互联网,买卖双方可以在第一时间直接进行交流。特别是面向消费者的行业,由于服务和信息在其商业活动中起着十分重要的作用,这种影响对运输业是明显的。电子商务的一大优点是可以降低交易成本,但是随着交易成本的降低,商品运输成本在交易成本中所占比重越来越大,运输业在电子商务中的作用也越来越重要。许多的网络营销由于商品运输的关系得不到充分的应用。因此,在电子商务中,要求运输业为交易主体提供低成本的实体物品转移服务。信息化和智能化已成为21世纪现代化交通运输体系的发展方向,因此,加快信息化发展步伐将是新世纪交通运输业实现可持续发展、缩小与发达国家差距、与国际接轨、提高行业竞争力所必需的。

作为国民经济基础产业的交通运输业,大力发展和推进信息化是实现交通现代化的必然选择。交通运输业信息化就是运用信息技术对交通基础设施、运载装备和管理手段等进行升级改造,从而全面提升交通运输系统供给能力、运行效率、安全性能和服务水平,推动公路、铁路、水上、航空、城市交通实现产业升级和结构优化的进程。信息化发展水平已成为衡量交通现代化程度的重要标志之一。

我国已经进入全面建设小康社会的新的历史阶段,交通发展面临着巨大的机遇与挑战,交通运输业信息化经过长期的实践与探索已初步具备了全面发展的基础条件。"十二五"期间,为把交通运输业建设成为创新型行业,必须力争在交通运输业信息化领域取得新的突破。一是完善交通基础设施的信息化建设,以信息化保证基础设施建设的保质保量按期完工以及提供高质量的、稳定的服务;二是要更加注重交通信息资源的合理开发、利用和整合,以智能化提高服务质量,应对重大突发事件,提供全方位的交通信息服务,从而适应构建节约型社会和和谐交通的需要。

"十二五"期间,交通运输业信息化建设目标是为社会提供安全、便捷、高效的交通条件与运输服务,构筑布局协调、衔接顺畅、优势互补的现代综合运输体系,为此将从基础设施"建、管、养"信息化以及交通运输企业运营管理智能化两个方向推动现代交通运输业的发展,具体分为以下三个发展策略。

一、以信息化手段全方位提高基础设施建设与管理水平

交通基础设施主要包括城市轨道交通、铁路、公路等基础设施。交通基础设施的规模扩大和网络延伸的加快对基础设施的建设与管理提出新的挑战。在交通基础设施建设中,需要以信息化手段提升基础设施建设进度管理及质量管理,保证基础设施建设保质保量按期完成;在运营管理过程中,还要通过借助于信息化支撑,充分利用资产、资本、金融、投资等方面手段,提高经营管理能力,保证资产的增值保值。

二、以信息化手段完善交通安全保障体系

实现安全、便捷、经济、舒适的交通出行是交通运输业新的跨越式发展面临的又一重大挑战。交通运输引发的安全问题不仅给人民的生命和财产带来重大损失,而且给国民经济带来严重影响,给社会安定带来巨大的负面效应,运输安全问题面临前所未有的关注。因

此，我们应当借助信息化手段构筑安全基础设施，以信息化养护、维保、管理、保障公路、铁路、轨道交通等基础设施的安全性，同时构筑包含安全源头管理、预警、应急处理等全方位交通运输业信息化安全体系。

三、推动交通运输企业智能化建设，促进交通运输资源的有效利用

需要充分运用信息技术加强对交通传统产业的改造与升级，推动企业信息化的发展，从而全面提高企业效益，改进和优化企业业务流程，使企业经营管理更加系统化、高效化，全面提升交通运输企业的竞争力，提高全行业的运输组织和管理效率，极大地缓解运输的瓶颈制约作用。不断提升运输组织的管理水平和服务水平，应用交通优化与管理系统，减少无效出行、空驶运输、重复运输、迂回运输，降低物耗水平和能耗水平，避免交通拥堵与事故，推动资源节约型和环境友好型行业建设，实现洁净运输和绿色交通，保障交通运输与社会经济的和谐发展。

## 8.5 电子商务物流成本管理

### 8.5.1 电子商务物流成本概述和分类

电子商务物流成本，是指在进行电子商务物流活动过程中所发生的人力、财力和物力耗费的货币表现，是衡量电子商务物流经济效益高低的一个重要指标。物流成本管理，是指通过成本去管理物流，即管理对象是物流而不是成本。它是一种以成本为手段的物流管理方法。而电子商务物流成本管理就是以现代通信为基础，特别以互联网为基础，应用现代信息技术对物流成本所进行的计划、组织、指挥、协调、控制和决策。在以互联网和现代通信技术为基础的环境下，人们可以通过电子商务物流成本的管理来有效地对物流成本进行实时监控，同时可以通过对物流成本进行模拟来降低物流成本，提高物流效率和经济效益。

物流成本不是面向企业经营结果，而是面向客户服务过程，所以物流成本的大小就具有了以客户服务需求为基准的相对性特点，这是物流成本与企业其他成本在性质上最大的区别。物流成本包括显性成本和隐形成本。

一、显性成本

显性成本，是指容易为人们熟知接受并且可以用定量的分析方法近似估算的物流成本。显性成本包括运输成本、仓储成本、流通加工成本、包装成本、装卸与搬运成本、物流信息和管理费用。

1. 运输成本

运输成本主要包括人工费用(如运输人员工资、福利等)、营运费用(如营运车辆燃料费、折旧、公路运输管理费等)和其他费用(如差旅费等)。

2. 仓储成本

仓储成本主要包括建造、购买或者租赁等仓库设施设备的成本和各类仓储作业带来的成本。

3. 流通加工成本

流通加工成本主要包括流通加工设备费用、流通加工材料费用、流通加工劳务费用及其他。

4. 包装成本

包装成本主要包括包装材料费用、包装机械费用、包装技术费用和包装人工费用等。

5. 装卸与搬运成本

装卸与搬运成本主要包括人工费用、资产折旧费、维修费、能源消耗费以及其他相关费用。

6. 物流信息和管理费用

物流信息和管理费用主要包括企业为物流管理所发生的差旅费、会议费、交际费、管理信息系统费以及其他杂费。

二、隐形成本

隐形成本,是指不易用定量分析法进行估算的成本。隐形成本是降低物流成本的关键因素,包括管理成本和逆向物流成本。

1. 管理成本

在物流成本中,管理成本是最难以控制和计算的,在我国这种情况尤为突出。主要原因是我国对企业物流总成本管理的概念比较淡薄,往往只关心直接的仓储和运输成本,而对物流管理成本则不予考虑。物流管理成本与企业的信息化程度关系密切,而企业的信息化程度又影响着企业正常生产活动的各个环节。发展信息化系统,可以以相对较小的资金投入,实现物流管理的优化,获得第三利润源的回报。

2. 逆向物流成本

逆向物流,是指产品由市场反流向企业。在买方市场条件下,客户对产品质量和所需服务的要求越来越高。在这一过程中,逆向物流的产生不难理解。逆向物流的产生与物流的管理水平息息相关。提高物流的管理水平虽然不能彻底消除逆向物流,但可以把逆向物流控制在低水平,从而降低企业的逆向物流成本,进而降低企业物流的总成本。

### 8.5.2 电子商务物流成本管理的目的

企业在进行物流成本管理时,首先要明确管理目的,从而才能有的放矢。在一般情况下,企业进行电子商务物流成本管理的出发点是:

(1) 通过掌握物流成本现状,发现企业物流中存在的主要问题;

(2) 对各个物流相关部门进行比较和评价;

(3) 依据物流成本计算结果,制定物流规划,确立物流管理战略;

(4) 通过物流成本管理,发现降低物流成本的环节,强化总体物流管理。

### 8.5.3 电子商务物流成本管理的基本原则

物流成本管理是企业财务管理的一项重要内容,应当遵循以下原则。

一、认真执行财务制度

由于物流成本是特殊的成本体系,因此物流管理开支必须按照财务制度的规定,不得随意扩大开支范围和提高开支标准。财务部门要严格审查一切费用开支，正确划分物流费用支出的界限，保证费用开支的真实性和合理性。

二、厉行节约

在保证物流正常进行和提高物流服务水平的前提下，尽量节约一切不必要的开支，努力降低费用水平。

三、实现计划管理

正确编制物流费用计划，对企业的费用开支实行计划管理，而且应当坚持按照计划开支，保证完成计划规定的降低物流费用的任务。

### 8.5.4　电子商务物流成本管理的方法

一、物流成本横向管理法

物流成本横向管理即对物流成本进行预测和编制计划。物流成本预测是物流成本计划的基础工作，是在对本年度物流成本进行分析、充分挖掘降低物流成本的潜力的基础上，寻求降低物流成本的有关技术经济措施，以保证物流成本计划的先进性和可靠性。物流成本计划按时间标准进行划分，有短期计划(半年或一年)、中期计划和长期计划。

二、物流成本纵向管理法

物流成本纵向管理即对物流过程的优化管理。物流过程是一个创造时间性和空间性价值的经济活动过程。为使其能提供最佳的价值效能，就必须保证物流各个环节的合理化和物流过程的迅速、通畅。物流系统是一个庞大而复杂的系统，要对它进行优化，需要借助于先进的管理方法和管理手段。

(1) 用线性规划、非线性规划制订最优运输计划，实现物品运输优化。物流过程中遇到最多的是运输问题。如某产品现由某几个企业生产，又需供应某几个客户，怎样才能使企业生产的产品运到客户所在地时总运费最小？假定这种产品在企业中的生产成本为已知，从某企业到消费地的单位运费和运输距离，以及各企业的生产能力和消费量都已确定，则可用线性规划来解决；如果企业的生产数量发生变化，生产费用函数是非线性的，就应使用非线性规划来解决。

(2) 运用系统分析技术，选择货物最佳的配比和配送线路，实现货物配送优化。配送线路是指各送货车辆向各个客户送货时所要经过的路线，它的合理与否对配送速度、车辆的利用效率和配送费用都有直接影响。目前较成熟的优化配送线路的方法是节约法，也称节约里程法。

(3) 运用存储论确定经济合理的库存量，实现物资存储优化。存储是物流系统的中心环节。物资从生产到客户之间需要经过几个阶段，几乎在每一个阶段都需要存储。在每个阶段库存量保持多少为合理？为了保证供给，需隔多长时间补充库存？一次进货多少才能达到费用最省的目的？这些都是确定库存量的问题，都可以在存储论中找到解决的方法。其中应用较广泛的方法是经济订购批量模型，即EOQ模型。

(4) 运用模拟技术对整个物流系统进行研究,实现物流系统的最优化。如克莱顿·希尔模型,它是一种采用逐次逼近法的模拟模型。这个方法提出了物流系统的三项目标:最高的服务水平;最小的物流费用;最快的信息反馈。在模拟过程中采用逐次逼近的方法来求解下列决策变量:流通中心的数量;对客户的服务水平;流通中心收发货时间的长短;库存分布;系统整体的优化。

三、计算机管理系统管理法

计算机管理系统将物流成本的横向与纵向连接起来,形成一个不断优化的物流系统的循环。通过一次次循环、计算、评价,使整个物流系统不断地优化,最终找出其总成本最低的最佳方案。

### 8.5.5 电子商务物流成本控制途径

当前,电子商务物流由于各种因素的影响,其成本存在着上升的趋势。在这种情况下,企业降低物流成本已经成为当务之急,电子商务的发展则为物流成本的降低提供了有利的基础和条件。电子商务物流成本降低的对策和措施主要有以下六个方面。

一、从物流运作全过程的视点来降低物流成本

在追求本企业的物流效率化的同时,还应该考虑从产品制成到最终用户整个物流供应链过程的物流成本效率化,亦即物流设施的投资或者扩建与否要视整个流通渠道的发展和要求而定。此外,还应该协调好本企业与其他企业(如上游配套件供应商以及第三方物流企业之间)的关系,以提高整个物流运作过程的效率。因此,在物流运作的全过程中,企业应当合理分配各项投资和支出,以便物流运作的全过程可以高效率运作。

二、借助于现代信息系统的构筑来降低物流成本

企业要想实现自身与其他交易企业之间的效率化的交易关系,必须借助于现代信息系统的构筑,尤其是利用互联网等高新技术来完成物流全过程的协调、控制和管理,实现从网络前端到最终端客户的所有中间过程服务。通过现代物流信息技术将企业订购的意向、数量和价格等信息在网络上进行传输,从而使生产和流通全过程的企业或者部门分享由此带来的利益,充分对应可能发生的各种需求,进而调整不同企业间的经营行为和计划。另外,通过信息系统,企业与终端销售客户之间的联系更为紧密,有利于企业随时掌握库存等,从而安排生产和运输,这可以从整体上控制物流成本。

三、通过效率化的配送来降低物流成本

配送产生的成本费用要尽可能降低,特别是多频度、小单位配送要求的发展,更要求企业采取效率化的配送。因此,企业必须重视配车计划管理,以提高装载率和车辆运行管理。所谓配车计划,是指与客户的订货相吻合,将生产或购入的商品按照客户指定的时间进行配送计划。

四、通过不断与客户沟通协调来降低物流成本

实行供应链管理不仅要求企业的物流体制具有效率化,也需要企业协调与其他企业以

及客户、运输业者之间的关系，实现整个供应链活动的效率化。正因为如此，追求成本的效率化，不仅仅要对企业中的物流部门或者生产部门加强控制，同时采购部门等各职能部门也要加强成本控制。提高对顾客的物流服务可以确保企业的利益，同时也可以降低物流成本。

五、通过削减退货来降低物流成本

退货成本也是企业物流成本中一项重要的组成部分，它往往占有相当大的比例。随着退货会产生一系列的物流费、退货商品损伤或者因滞销而产生的费用以及处理退货商品所需的人员费等各种事务性费用。由此，削减退货成本是物流成本控制活动中需要特别关注的问题。控制退货成本，建立物流信息系统是非常重要的。通过物流信息系统企业可以及时地掌握客户的经营情况，进而不断调整企业的产品生产量和产品种类，从而遏制客户原因的退货现象。

六、通过采用第三方物流来降低物流成本

将物流、配送业务外包给第三方应该说是电子商务经营者组织物流的一种较为理想的模式。按照供应链的理论，将不是自己核心业务的业务外包给从事该业务的专业物流企业去做，这样从原材料供应到生产，再到产品的销售等各个环节的各种职能，都是由在某一领域具有专长或者核心竞争力的专业企业相互协调完成，这样形成的供应链具有很大的竞争力。这种模式在减少库存、降低物流成本和创造物流附加值方面可谓是达到了物流管理的最高境界。尤其是在电子商务物流品种多、数量小和分布广的情况下，第三方物流的利用可以充分发挥物流服务企业的规模效应，降低企业自身的物流成本。

## 8.6　物流企业网络营销

### 8.6.1　网络营销概述

网络营销(Electronic Marketing)是企业整体营销战略的一个组成部分，是借助于互联网、电脑通信技术和数字交互式媒体来实现营销目标的一种营销方式，包括网络调研、网络促进和网络销售等一系列营销活动。网络营销是现代物流企业以整合营销理论(4P理论)为基础，利用互联网技术手段和物流信息平台的功能，最大限度地满足客户需求，以达到开拓市场、增加盈利为目标的经营过程。它是直接市场营销的最新形式，是由互联网替代了报刊、邮件、电话和电视等中介媒体，其实质是利用网络对产品的售前、售中、售后各环节进行跟踪服务，它自始至终贯穿在物流企业经营的全过程，包括市场调查、客户分析、产品开发、销售策略和反馈信息等环节。

一般而言，一个完整的网络营销过程应包括以下基本步骤：

(1) 确定合理的目标，明确界定网络营销的任务；

(2) 根据任务，确定网络营销活动的内容和预算；

(3) 申请域名，创建全面反映网络营销活动内容的网站；

(4) 发掘网络信息资源，广泛收集网上信息；

(5) 树立网上企业形象；

(6) 开展网络市场调研；

(7) 在网上推销产品与服务；

(8) 与客户沟通，通过网络收集订单；

(9) 将上述信息反馈给企业的决策部门和其他部门；

(10) 通过网络与分销商联系；

(11) 促进在线销售，开展网络促销；

(12) 实行网络营销管理，并使之与企业的管理融为一体。

### 8.6.2 网络营销的特点

市场营销中最重要也最本质的是组织和个人之间进行信息传播和交换，如果没有信息交换，交易也就是无本之源。正因为如此，互联网具有营销所要求的某些特性，使得网络营销呈现出以下一些特点。

一、跨时空

营销的最终目的是占有市场份额。互联网具有的超越时间约束和空间限制进行信息交换的特点，使得脱离时空限制达成交易成为可能，企业能有更多的时间和空间进行营销，可以每天 24 小时、每周 7 天随时随地提供全球的营销服务。

二、多媒体

互联网被企业设计成可以传输多种媒体的信息，如文字、声音、图像等信息，使得为达成交易而进行的信息交换可以多种形式进行，这样可以充分发挥营销人员的创造性和能动性。

三、交互式

通过互联网，企业可以展示商品目录，联结资料库，提供有关商品信息的查询；可以和顾客进行互动双向沟通，收集市场情报；可以进行产品测试与消费者满意调查等。互联网是产品、设计、商品信息提供以及服务的最佳工具。

四、拟人化

互联网上的促销是一对一的、理性的、消费者主导的、非强迫性的、循序渐进式的，而且是一种低成本与人性化的促销，从而避免营销人员强行推销的干扰，并通过信息提供与交互式交谈，与消费者建立长期的、良好的关系。

五、成长性

互联网的使用数量快速成长并遍及全球，其使用者多半年轻，具有较高的教育水平。由于这部分群体的购买力强而且具有很强的市场影响力，因此是一个极具开发潜力的市场。

六、整合性

互联网上的营销可以从商品信息至收款、售后服务一气呵成，因此也是一种全程的营销渠道。另外，企业可以借助互联网对不同的营销活动进行统一规划和协调实施，以统一的传播方式向消费者传达信息，避免因不同的传播渠道中的不一致性而产生消极的影响。

七、超前性

互联网是一种功能强大的营销工具，它同时兼渠道、促销、电子交易、互动顾客服务以及市场信息分析与提供等多种功能。它所具备的一对一营销能力恰好符合定制营销与直复营销的未来趋势。

八、高效性

互联网可以存储大量的信息供消费者查询，其可传送的信息数量与精确度远远超过其他的媒体，并能顺应市场需要，及时更新产品或者调整价格，因此能及时有效地了解并满足顾客的需求。

九、经济性

企业通过互联网进行信息交换，代替以前的实物交换，一方面可以减少印刷与邮递的成本，实现无店销售，免交租金，节约水电与人工成本；另一方面可以减少由于迂回多次交换带来的损耗。

十、技术性

网络营销建立在以高技术作为支撑的互联网的基础上。企业实施网络营销必须有一定的技术投入和技术支持。只有改变传统的组织形态，提升信息管理部分的功能，引进懂得营销与电脑技术的复合型人才，企业才能具备市场竞争优势。

### 8.6.3　物流企业网络营销的优势

在宣传推广中，物流企业基于网络媒体的网络营销的优势日益明显，具体表现在以下五个方面。

一、互动性强

物流企业可以通过互联网与实际业务相结合的方式来开展工作，拓宽信息发布渠道，同时及时反馈业务中存在的问题，收集建议进行改进。

二、口碑传播成为主流

企业可以通过网络口碑式营销方式对自己的品牌进行广泛宣传，从而达到对企业品牌知名度进行宣传、推广的效果。

三、传播效果可量化

网络信息传播具有可统计性，企业通过统计数据可以直观了解到来访客户数据统计。如企业在加入物流全搜索会员体系后，开通企业站点，发布企业信息和产品信息。通过物流全搜索后台提供的技术支持，企业可以实现传播效果统计评估，从而明了宣传推广的效果。

四、传播信息可积淀

网络信息是不受时间和空间限制的，企业的信息传播也是日积月累的。通过长期的企业信息发布便可以积淀出企业信息历史品牌价值。

五、传播形式多样化

网络传播形式是多种多样的，中小型物流企业完全可以根据企业的实际需求来制作或者定位传播形式。如企业想树立全国品牌甚至全球品牌，即可在全球最大中文物流搜索平台投放首页高质量图片或者视频广告；如果是第三方物流收集或者寻找业务信息，则可以通过各货运信息或者设备、设施频道发布交易信息。总之，网络营销手段是多样化的，效果也是各不相同的。

中国物流企业网络营销处于高速发展中，大型企业已发展得相对完善，而中小企业网络营销可以说才开始起步，哪个企业提高意识提前重视网络这片热土，谁的市场竞争力就将加倍提升。通过物流全搜索企业会员统计表明，企业整体网络营销意识正在逐步加强，并有意识寻找网络免费资源，开展企业宣传推广工作。在万联网上我们可以看到很多的企业在做广告营销行为。

图 8-2 为万联网首页。

**图 8-2 万联网首页**

## 本章练习题

1. 国内有哪些快递企业？
2. 什么是电子商务物流配送？电子商务物流配送的优势有哪些？
3. 简述制约我国电子商务物流配送发展的因素以及解决策略。
4. 电子商务如何优化物流运输业？
5. 简述电子商务物流成本的概念、现状以及控制途径。

# 第9章　网上购物、网上创业和网上开店

案例导读

## 40、50后网上创业[1]

2004年，网上创业成为电子商务发展的新亮点。一年前，某市组织了“40、50网上创业活动”，鼓励、帮助45岁左右的下岗职工进行再就业。下岗职工张阿姨和李阿姨积极投入了这一活动，并且都申请到政府提供的2万元创业基金资助。

张阿姨开设了一家经营时尚商品的网上商店，以受教育程度较高的年轻人为销售对象，网上商店为他们提供包括时尚化妆品、装饰品以及宝宝用品。张阿姨认为在网上做生意，诚信最重要。她严格把握进货质量，客观地宣传经营的商品，一般采用货到付款的方式，及时将货物送达订货人。一年过去了，张阿姨的网站生存下来，并且有了盈利。张阿姨说：“下岗曾使我一度陷入痛苦的深渊，互联网使我重新看到了生活的希望。”

李阿姨也开设了一个网上商店。为了丰富商品内容，李阿姨选择了多类商品，按照用户年龄设计了多个不同的商品介绍页面，并请专业人员应用多媒体技术把网页设计得有声有色。李阿姨对定价并不十分重视，也没有刻意拉开商品的价格差距。她说：“价格差距的作用不大。只要喜欢，顾客就一定会买。”半年下来，该网站点击率在下岗职工同时创办的网站中已名列前茅，但销售额一直上不去。李阿姨最终得出的结论是：“开设网上商店的人都说在网上买商品很方便，但事实不是这样，因为目前网上商店所能提供的条件还不能完全满足客户的要求。比如，在网络上买一件衣服就相当麻烦，因为不能直接接触到商品，所以需要投入很多精力来操作。再加上支付问题、安全问题、配送问题，顾客自然只浏览而不购买了。”现在，李阿姨已经完全退出了网络经营这个领域。

理论与实务

## 9.1　网上购物

### 9.1.1　购物网站的分类

网上购物，就是通过互联网检索商品信息，并通过电子订购单发出购物请求，然后填上

[1] 资料来源：道客巴巴。

私人支票账号或者信用卡的号码，厂商通过邮购的方式发货，或是通过快递公司送货上门。国内的网上购物，其一般的付款方式是款到发货(或者直接银行转账、在线汇款)、担保交易(如淘宝的支付宝、百度的百付宝、腾讯的财付通等的担保交易)和货到付款等。

图 9-1 为 2011 第一季度中国网络购物交易规模市场份额分析图。

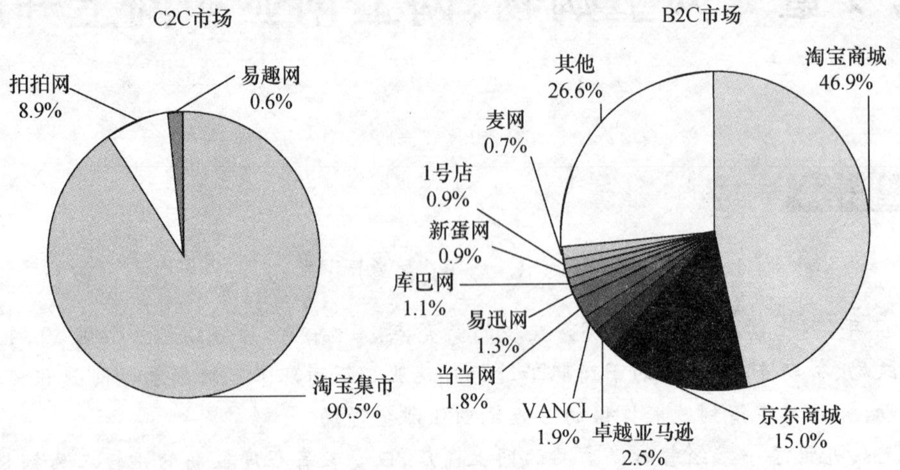


**图 9-1　2011 第一季度中国网络购物交易规模市场份额分析图**

从图 9-1 中可以看出，购物网站可以分成以下三类。

一、购物网站

网上购物的途径有 B2B 网站、B2C 网站、N2C(Networking to Consumer，网络社区)网站以及独立的网络商城和团购网站等。目前，国内购物比较多的 B2B 网站有阿里巴巴、中国巨蛋网、卓购商城、ID 格调家居家饰网等；B2C 网站有京东商城、当当网、苏宁易购等；N2C 网站有 Mai126 安全网购导航、Hao123 购物导航等；M2C(Manufacturers to Consumer，生产厂家对消费者)团购网站有 58 同城、拉手网、美团网、24 券等；垂直类商城有凡客诚品、玛莎玛索；S2C(Shop to Customer in city，同城购物)网站有 95 百货商城、同城购物。购物网站无论是通过哪种方式实现网络购物的，用户都需要在它们的网站上先注册一个账号，然后选购自己需要的商品，整个过程按照提示的操作流程操作即可。

二、网购搜索

网购搜索也称比较购物，是为消费者提供从多种在线零售网站中进行商品价格、网站信誉、购物方便性等方面的比较资料。随着比较购物网站的发展，其作用不仅表现在为在线消费者提供方便，也表现为在线销售、推广产品提供了机会，实际上也就类似于一个搜索引擎的作用。并且出于网上购物的需要，从比较购物网站获得的搜索结果比通用搜索引擎获得的信息更加集中，信息也更全面。据统计，美国 70% 以上的网上购物是通过网购搜索完成的；英国的比价搜索产业也发展得很成熟，除了日常用品外，保险证券等金融产品占了相当多的市场比重。就国内而言，阿里巴巴集团一淘网的出现使比价购物的理念广为流传。

### 三、网购导航

网购导航就是采用导航的方式将正规诚信的商城收集在一个平台上面，解决了用户需要记忆繁多的网购商城的烦恼，而且让网购用户从网购的第一步进入网站。在网购导航方面，Mai126 安全网购导航是做得最为优秀的，该网站提供了 24 小时在线的免费人工客服，为网购用户在购物过程中遇到的问题一对一地进行人工客服解答。

## 9.1.2　网上购物的优势

首先，对于消费者来说，第一，可以在家“逛商店”，订货不受时间、地点的限制；第二，获得较大量的商品信息，可以买到当地没有的商品；第三，网上支付较传统的现金支付更加安全，可以避免现金丢失或者遭到抢劫；第四，从订货、买货到货物上门无须消费者亲临现场，既省时又省力；第五，由于网上商品省去租店面、招雇员及储存保管等一系列费用。总的来说其价格较一般商场的同类商品更物美价廉。

其次，对于商家来说，由于网上销售的库存压力较小、经营成本低、经营规模不受场地限制等，在将来会有更多的企业选择网上销售，通过互联网对市场信息的及时反馈适时调整经营战略，以此提高企业的经济效益和参与国际竞争的能力。

最后，对于整个市场经济来说，这种新型的购物模式可以在更大的范围内、更广的层面上以更高的效率实现资源配置。

综上可以看出，网上购物突破了传统商务的障碍，无论对消费者、企业还是市场都有着巨大的吸引力和影响力，在新经济时期无疑是达到“多赢”效果的理想模式。

## 9.1.3　网购的技巧

(1) 看。消费者要仔细查看商品的图片，以分辨这些图片是商业照片还是网店店主自己拍摄的实物照片。另外，消费者还要注意图片上的水印和店铺名，以防落入网店店主设计的消费陷阱中。

(2) 问。消费者可以通过阿里旺旺向店主咨询产品的相关情况，这样一方面消费者可以了解网店店主对产品的了解程度，另一方面消费者也可以了解网店店主的服务态度，从而找到质优价廉且售后服务好的网上商店。

(3) 查。消费者可以查网店店主的信用记录和其他的消费者对此款产品或者相关产品的评价。如果有中评或者差评，消费者还要仔细看网店店主对该评价的解释。另外，消费者既可以使用阿里旺旺来咨询已购买过该产品的消费者，还可以向网店店主要求视频看货。

(4) 消费者可以通过返还网进行购物，这样既能有质量保障又能得到更多的实惠。很多人不知道什么是返还网？返还网作为第三方与某品牌网站合作，只要有消费者从返还网进入该品牌网站购物，那么，该品牌网站就要给返还网一定的佣金，而返还网就把所得佣金的大部分返还给消费者，这就是所谓的返现。现在网络上的返还网很多，深受消费者欢迎的有给惠网、惠集网、返还网、砍价网、特价返利网、QQ 返利、倾心淘宝导购返利网享优惠等。

(5) 消费者可以通过搜索引擎查找商品，购物搜索网站收录的卖家产品一般都是企业或者工厂开的网上店铺，具有产品质量保证。通过购物搜索引擎消费者既可以比较卖家的支付方式、送货方式、商业信誉、服务态度等评论，也可以查找到卖家所在地从而到线下自行提货。这是一种新的购物选择方式，目前还不为多数人所知晓，但是对于消费者而言也是一种方便的购物方式。

(6) 消费者可以通过实体店进行体验，如果感觉商品不错，再到网上下单购买。通过这样一种线下体验、网上支付的模式，消费者可以花最少的钱就能买到自己满意的商品。

(7) 使用安全的支付方法。消费者使用信用卡和借记卡在线购物不但方便，而且很安全，因为通过它们进行的交易都受有关法律的保护，消费者可以对提款提出质疑，并在质疑得到解决之前可以拒绝付账。

(8) 提出控诉。如果消费者在网上购物的过程中遇到了问题，应该立即通知相关的商务公司，在他们的站点上找到免费服务的电话号码、邮件地址或者指向客户服务的链接。如果该公司无法解决有关的问题，那么消费者就应该向有关主管部门投诉，以维护自己的合法权益。

### 9.1.4 淘宝网购物流程

第一步，购物前的准备——注册淘宝账号和支付宝账号。

打开淘宝网首页单击“免费注册”按钮，按步骤填写成功后你就拥有一个用户名和密码。然后到银行营业厅办一张银行卡并开通网上银行服务。注册支付宝账号(建议支付宝用户名填写注册淘宝账号用的邮箱地址，因为注册后要登录这个邮箱地址进行激活)，激活成功后，登录支付宝，打开里面的账户信息，按照该银行卡，设定支付宝相关信息(同时登录你的淘宝账号，设置好你的支付宝账号)。

第二步，淘宝网购物的卖家选择。

在淘宝网首页按类目选择或者直接搜索自己喜欢的商品，淘宝网会列出相关商品列表，选择你看中的商品，点击进入卖家的店铺，查看卖家的信用度和好评率。辨别淘宝卖家信用的简单方法就是查看卖家最后几页的信用评价，一看是否有几个相同的 ID 在一段时间内一直购买 5 件左右的商品并给予好评，二看卖家早期是不是在卖虚拟币(如 Q 币、充值卡之类)。当然信用度只能作为我们淘宝网购物时的一个参考，并不是说淘宝信用度低的就是不好的卖家，这里面还有开店时间长短等因素。综合考虑卖家的信用、商品质量、价格、运费等因素，选择你挑中的商品，下面就可以开始真正的淘宝网购物流程了。

第三步，联系淘宝网卖家以获取更多的信息。

在淘宝网购物时建议你不要直接拍下商品，最好按照页面上提供的联系方式(如阿里旺旺、QQ、MSN、电话等)，与淘宝卖家取得联系，确认是否有货和商品的品质等细节，此外还可以跟卖家商谈优惠。

第四步，拍下商品，优惠商品或多件商品要联系淘宝网卖家修改价格。

单击商品展示页面的“立刻购买”按钮，如果你在打开淘宝网首页时未登录账号，这时会先跳转到登录页面，登录后就可以拍下了商品了。如果有优惠或你拍下了多件商品，可以在拍下商品后联系淘宝卖家，让他修改商品价格或者运费。

第五步，登录支付宝确认付款到支付宝。

你可以在淘宝网首页单击“支付宝”按钮到达支付宝首页，登录支付宝，确认并付款，付款到支付宝之后就可以等待卖家发货了，发货后你可以跟卖家索要快递货单号以便查询。验货是一个重要环节，你最好当着快递公司工作人员的面拆封并检查，如有任何损坏则要求快递公司承担责任。如果商品质量有问题，你可以要求淘宝卖家退货或更换。

第六步，通知支付宝付款给淘宝网卖家并进行评价。

确认无误后你可以打开淘宝网首页登录淘宝和支付宝账号，在支付宝点击确认付款的操作，这时候钱才真正到淘宝卖家的账上。最后在"我的淘宝"上对卖家的信用进行评价，之后淘宝网卖家也会对你进行评价，互评后整个网上购物流程就顺利完成了。

除了以上标准的淘宝网购物步骤外，还要注意以下三点。

第一，从返利网进入，这样可以获得一部分返利。

返利网可以提取金额，有的网站要求达到一定的数额才可以提取，如果你不经常购物的话，即使返利也不能及时得到。给惠网的返利金额是0.01元，也就是说0.02元就可以提取其中的0.01元了，网站要求买家的账户中至少保留0.01元。如果提取到支付宝，很多的返利网一般是免手续费的，但是提取到银行卡则要收取一定的手续费，支付宝提取到绑定的银行卡则是免手续费的。所以，买家可以把钱从返利网提取到支付宝，再从支付宝转到银行卡。

第二，付完款后记得领取淘金币。

淘金币是淘宝网的通用积分，能够在淘金币这个平台兑换、竞拍到品牌折扣商品，也可以兑换、抽奖到完全免费的商品，是淘折扣的最佳途径。淘金币的获取有以下五个途径：(1) 付款后领取，每日最多50个；(2) 每天来淘金币首页领取淘金币，每日最多40个；(3) 帮好友领取，每日最多15个；(4) 每天逛店铺动态广场，每天第一次成功收藏新店铺，就能获得10淘金币，每天最多10个；(5) 每天做淘宝的小任务可以获得数量不等的金币。通过不同途径获得的淘金币数可以累加。

第三，商品的退换货。

(1) 卖家包邮商品，如果商品质量有问题，其应当承担退、换货双向运费；非商品质量问题，而是七天无理由退、换货商品，买家和卖家各自承担自己的运费。

(2) 卖家非包邮商品，如果是因为商品质量问题由卖家承担双向运费；非商品质量问题一般由买家承担双向运费。为了减少退、换货损失，买家在购买商品时可以选择投保一个运费险，一旦发生退货时保险公司可以给予一定金额的赔付。

## 9.2　网上创业

### 9.2.1　网上创业概述

网上创业，顾名思义，就是在网上创业。网上创业一般和在现实生活中一样有独立的企业(即网站站点)，有经营项目(即论坛、互动、网店之类)，有员工(即站内会员)，有特定的工作(论坛发帖、网店进货、销售等)。连接起来就是员工(会员)为企业(网站)所经营的项目(论坛、网店)而工作(发帖、进货、售货)。网上创业的项目有很多，涉及人们的吃、穿、住、行、玩等各个方面。网上创业平台有创业网、中国店网、兼职巴巴、万能威客网、无忧天才网、兼职招聘网、兼职吧、兼职信息、小时工、大学生兼职网、易等兼职网、兼职工作网、58同城兼职频道、猪八戒网、时间财富网以及淘宝网等一些可以免费开店的网上店铺。

### 9.2.2 网上创业的种类

一、网店

网店是比较常见的一种网上创业形式，就是企业者建立自己的网上商店出售自己的商品，或者是代理大型网上商店（如淘宝网、当当网、易购网等）的商品做销售，并赚取提成。

二、论坛

论坛主要是为各位网民提供一个平台，提出自己的问题或者帮别人解决问题，同时网民可以在论坛里为自己的网站或者产品做宣传，不过现在由于论坛很多，竞争相对激烈。论坛所属会员所发的部分帖子为垃圾帖，这也为网络信息造成了一定的负担。论坛的营利方式一般为广告费。

三、多层次营销

多层次营销是一种超过三层佣金支付方式的销售结构，网络多层次营销从理论上讲是最能调动人积极性的销售方式。多层次营销充分地体现和运用了“市场倍增”这一原理，已成为当今全球极其重要的行销手段之一。经过美国哈佛大学商学院、斯坦福大学和纽约华尔街报的研究，预计在未来几年，全世界50％～65％的货品将会以“多层次”的电脑营销形式来交易。这种创业形式主要靠赚取佣金来获得营利。

四、威客模式

威客模式是将人的知识、智慧、经验和技能通过互联网转换成实际收益，从而达到各取所需的互联网新模式。威客模式主要应用于包括解决科学、技术、工作、生活和学习等领域的问题，体现了互联网按劳取酬和以人为中心的新理念。上网做威客有两种赚钱方式，一种是承接任务赚钱，一种是做营销伙伴赚钱。承接任务赚钱需要创业者靠真本事，需要拥有设计、程序和策划等方面的专长。

五、寄卖

寄卖，是指一些小本创业者或者一些店铺老板把自己的商品提交到寄卖网站，通过寄卖网站放到专门的销售网站进行销售。商品销售出去后，寄卖网站再与寄卖者就商品进行结款的交易的方式。目前，国内最有代表性的寄卖平台是UX168。

### 9.2.3 网上创业十原则

纵观网上网下，比较而言还是网上创业相对容易。尤其是在现在物价和房价都很高的背景下，网下创业的成本已经很高，非一般人所能承受。所以，网上创业实际已经成为个人创业的最佳选择。一台电脑，“揭竿而起”，互联网已经成为最适合个人创业的场所。另外，在网络飞速发展的今天和未来，互联网已经呈现了无数的机遇，是网络创业的大好时光。

个人网上创业，由于势单力薄，力量和能力有限，因此有其自身的特点。针对这些特点，个人网上创业应该遵循以下基本原则。

(1) 以自己的兴趣为主,做自己最感兴趣的事情。

(2) 从自己最擅长的地方切入,扬己之长,避己之短。

(3) 坚定自己的信念,增强自己的信心,切忌妄自菲薄,总觉得自己的东西不如别人的东西。

(4) 不要怕自己的项目与别人的项目撞车。其实,任何人的项目都有不足之处,创业就要从别人的不足之处下手,以此做到"标新立异"。

(5) 不要怕失败。失败并不耻辱,任何人都有过失败,成功是建立在失败之上的。

(6) 创业之初不要投入太大。网上创业不在于"硬件",主要在于"软件",在于个人的智慧和勤奋。用钱之道是创业基本功。

(7) 要长期在互联网潜水,熟悉互联网。至少要做到对互联网的一个方面或者多个方面有深入的了解,最好能建立在该方面的话语权。

(8) 网上创业最需要的是创意。

(9) 不要追逐所谓的"热门"或者"冷门"。个人网上创业就要尽显个人的特色和风采。

(10) 多学习网上创业成功者的经验,同时要善于总结自己的经验和教训。

## 9.3　网上开店

### 9.3.1　网上商店概述

网上商店是建立在网络世界中的虚拟商店,与传统的超市及百货公司不同的是:到网上商店消费的顾客不必出门,而是在家中通过计算机联机进行选购。商店的老板也不用将笨重的商品搬到店铺中,等着顾客上门,而是将商品的照片及影像以多媒体的方式透过万维网(World Wide Web)呈现在消费者的计算机画面前。通过网上商店虚拟实境的逛街购物方式,消费者在家中即可通过网络选购日常用品,然后等着快递公司将货物送到自己的家中。互联网商店在为广大的消费者提供了便捷性的同时,也提供了大量的商品信息,这样更有利于消费者对商品进行比较,从而获利最大的实惠。

总的说来,一个完整的网上商店由商品展示部分、网上购物部分、商家管理部分、支付部分和送货部分组成。

首先,网上商店应该能够提供一个供用户购物的场所,而这通常是以一个独立站点的形式出现。其次,商家必须具备相应的工具(基于 Internet)来独立维护自己的商品(包括增加、删除、修改商品)或者其他一些活动(如打折优惠、广告发布等)。由于一个网上商城可能不止一家商店,所以网上商城还必须有管理各个商店、维护商厦的工具(如增加、删除商店等)。网上购物最大的特点就是快捷方便,所以一定要做到能够网上支付,网上商城也必须提供与银行相连的网关接口,让用户能够方便安全地进行支付。安全性一直是网上购物面临的主要问题之一,目前流行的保密措施主要有 SSL 加密和 SET 协议等。

只要用户在网上选购到中意的物品,并且确认了支付后,就只剩送货的问题了。网上商城或者商家应该建立完整的送货体系,以确保用户订购的商品能按时送到。

### 9.3.2 网上开店工作内容

一、给网上商店起名

网上商店名字就像是注册商标，在网络上被称为域名，整个网络世界它是唯一的。一个与企业名称相关的网络名称可以使顾客更容易记住这个企业。

二、网上商店装修

网站的设计对顾客来讲非常重要，吸引人的网页就像经过一流装修的商场，不但可以吸引顾客，而且可以增加顾客的信心。

三、网上商店货物摆放

在网上商店中，货物的摆放反映在如何建立商品的目录结构，提供何种网站导航和搜索功能，使顾客可以快速、便利地寻找到自己需要的商品及其相关信息。

四、网上商店购物车

方便灵巧的购物车可以使顾客感觉到自己受到良好的服务，从而增加顾客的信心。网上商店购物车是连接商品和付款台的关键环节。

五、网上商店货币结算

支付系统是网络交易的重要环节。目前，信用卡已逐渐成为最普遍的电子交易方式。顾客提供必要的个人信用卡资料，网上商店就可以通过银行计算机网络与顾客进行结算。这也是建立网上商店的必要条件。货币结算的安全可靠不但关系顾客的切身利益，而且直接关系网上商店商业经营的安全。

六、网上商店商品盘点更新

对网络商店的日常维护（如去除销售完的商品，摆上新货等）是必须经常进行的业务。

七、网上商店库存商品管理

后勤保证是任何商务运作的基础。无论网上商店还是实体商店，货物和货币都是一样真实的，对库存货物的存储和管理也是一样真实的。

### 9.3.3 选择商品的原则

网上零售的主要缺点是经验信息的匮乏。这就决定了在互联网上并不是任何的商品都适合在线销售，网上销售有其商品的适用范围。在生活中，人们的经验信息主要来自两个方面：一是人类的感觉，包括手感、嗅觉、视觉和听觉等，如人们在买香水的时候总是要闻一下香水的气味；二是导购人员的介绍。

创业者确定要开一家网上商店后，"卖什么"就成为最主要的问题。在确定卖什么的时候，创业者要综合自身的财力、商品属性以及物流运输的便捷性，对售卖商品加以定位。

目前，个人店铺的网上交易量比较大的包括服装服饰、化妆品、珠宝饰品、手机、家居饰品等。在这方面，网上商店与传统的店铺并无太大的区别，寻找好的市场和有竞争力的产品是其成功的重要因素。在考虑卖什么的时候，创业者一定要根据自己的兴趣和能力而定，尽量避免涉足自己不熟悉、不擅长的领域。同时，要确定目标顾客，从他们的需求出发选择商品。目前，主流网民有两大特征：一是年轻化，以游戏为主要上网目的，其中学生群体占有相当大的比重；另一种是上班族，代表了主流网民的另一大基本特征——白领或者准白领。创业者了解了主流网民的基本特征，就可以根据自己的资源、条件甚至是爱好来确定是撒下大网、打主流，还是剑走偏锋、独辟蹊径。特色店铺到哪里都是受欢迎的，切合时尚又独特的商品或者服务，如自制饰品、玩具DIY、服饰定做等将是网上店铺的最佳选择。

此外，商品自身的属性也对销售有制约作用。一般而言，商品的价值高，收入也高，但投入相对较大。对于既无销售经验，又缺原始资金的创业者来讲这确实是不小的负担。网上交易地域范围广，有些体积较大、较重而又价格偏低的商品是不适合网上销售的，因为在邮寄时商品的物流费用太高，如果将这笔费用分摊到买家头上，势必会降低买家的购买欲望。网上开店卖什么最热门，哪些商品是人们在网上最喜欢购买的呢？据最新统计显示，水晶、纯银项链、彩屏手机、床上用品、牛仔裤等成为人们搜索最多的关键词，这些关键词从一个方面显示出人们的购物时尚，也为欲做网上生意的人们提供了开店导向。

在同一产品目录里，符合下列特征的商品将会有更多的销售机会：

(1) 有一定的品牌知名度；

(2) 容易进行物流配送(尤其是数字化配送)的商品，如书籍、音乐和影碟；

(3) 由信誉高的商家提供安全保障的商品；

(4) 价格有竞争优势的商品；

(5) 能重复购买的商品(如日用品)；

(6) 有标准规格的商品；

(7) 能用多媒体有效展示的商品；

(8) 消费者熟知的包装商品，这些商品在传统的商店也不能被打开包装出售。

商家必须提供满意的商品、服务、促销和便利。对商家来说，要利用电子商务形式进行商品销售，应该考虑以下几个问题。

首先，商家的产品或者服务的目标应当与互联网用户的目标一致。因为互联网所销售的产品或者服务的消费者首先是作为互联网的用户，他们的年纪轻，收入水平在中等以上，教育水平也高于平均水平；他们喜欢创新，对新产品和新技术产品情有独钟。创业者如果能在互联网上销售具备这类特征的产品或者服务就比较容易获得成功。

除此之外，创业者还应当考虑以下五个问题。

(1) 产品或者服务是否与计算机有关。如果有关，那么网上销售就很可能成功，如网上计算机软件的销售情况就很好。

(2) 产品或者服务在做出购买决策之前是否需要尝试或者观察。如果需要，那么这种产品或者服务在网上销售成功的可能性不大。如蔬菜，在互联网上顾客不可能摸一摸。可以肯定地说，在做出购买决策前无须观察或者尝试的产品或者服务更适合在线销售，如飞机票和电影票等。

(3) 产品或者服务的性质。知识产权通常比有形产品更适合在网络上进行销售，同样，无形服务(能通过互联网提供服务)比有形服务(企业必须派人员现场提供服务)更易于在网上销售。

(4) 产品或者服务是否属于高技术。高技术的产品或者服务更易于在网络上销售。如互联网一直是寻呼机与移动电话等产品的理想的销售渠道。

(5) 产品或者服务是否具有国际性。互联网是国际性的媒体,因而具有国际性质的产品或者服务更容易成功。

### 9.3.4 开设个人网上商店

目前,网上开店主要有以下两种方式。

#### 一、在电子商务专业网站上开设网上商店

在大商场中租用一个店铺或者柜台,借助它的影响与人气来做生意,这无疑是一个捷径,个人网上开店也可以采用类似的方式。我们可以在淘宝网、易趣网、拍拍网等 C2C 电子商务专业网站上开设个人网上商店,目前,这些专业网站已经积聚了非常高的人气,开设的网上商店完全不必担心人流量的问题,而且仅需向这些网站支付很少的费用(如网上商店租金、商品登录费、网上广告费、商品交易费等)即可,在淘宝网、拍拍网开店甚至是零成本的。

采用这种方式开设网上商店的费用较低,对于经营者的要求也较低,当前绝大部分的个人网上商店都是采取这种方式。

#### 二、独立型网上商店

独立型网上商店是创业者自建网站开设独立型网上商店,创业者自己或者委托他人设计网上商店的相关网页和程序,自主进行网站的管理和网上商店的推广。

这种网上商店的建设方式有两种:一种是完全根据商品销售的需要进行个性化设计、注册域名、租用空间、网页设计、程序开发等一系列工作,网站个性化强,但花费的费用较高;另一种是向一些网络公司购买自助式网站模块,操作简单,费用较低,但是缺乏个性化。

自建网站开设网上商店的优点是自由度高,不会像前一种那样受到固定格式的限制,也不必交纳诸如商品交易费之类的费用。但它的资金投入较高,对创业者的要求也较高,而且还需要创业者投入相当一部分的金钱、时间和精力进行网站的宣传和推广。因此,这种方式只适合资金比较雄厚的创业者。

另外,我们也可以将这两种方式结合起来,既在大型网站上开设网上商店,又建立独立的商品销售网站。这种方式将前两者的优点集中了起来,减少了网站推广的难度,但资金投入会更高。

### 9.3.5 网上商店的经营模式

#### 一、实体商店与网上商店结合经营

即创业者同时开设实体商店和网上商店。创业者采用这种方式经营商店更容易获得消费者的信任,在同城销售上更具优势,商品的价位也可以更高一些,但开店费用也是最高的。

二、全职经营网上商店

即创业者将自己全部的精力都投入到网站的经营上，将网上开店作为自己的全部工作，将网上商店的收入作为个人收入的主要来源。

三、兼职经营网上商店

即创业者有自己的职业或者主业，仅是将经营网上商店作为自己的兼职工作和创收的一种手段。这种经营模式的网上商店的风险最小，创业者可进退自如。兼职经营网上商店充分体现了互联网的优势，因此，这种经营模式被许多在校大学生、职场人员所采用，是目前C2C网上商店的主流模式。

当然，创业者具体采用哪一种经营模式还得看网上商店的经营状况，创业初期不妨采用兼职经营的模式，如果网上商店的利润足够丰厚，再转入全职经营甚至进一步开设实体店铺。

### 9.3.6　网上开店必备条件

网上开店的目的是为了获得利润，要通过在网上开店赚到钱还必须具备一定的条件，这些条件有主观条件，也有客观条件。在开店之前，创业者首先应该分析自己是否具备网上开店的条件。

一、拥有适合网上销售的商品

创业者要想在网上开店，首先要拥有适合网上销售的商品。网上销售的商品可以是实体商品，也可以是虚拟商品。对于实体商品来说，它必须具备以下五个特点。

(1) 网上销售的商品必须是体积小、重量轻的物品，由于网上销售都是通过邮递或者快递送货，商品的休积和重量不能太大，否则运输成本会很高。

另外，商品必须有比较高的附加值，对于个人网店来说，其所销售商品的附加值不能太低，应该要与创业者所付出时间和精力成正比。

(2) 网上销售的商品的价格要低，通常应该比网下销售的商品的价格低，这样才会对顾客有吸引力。如果做不到低价格，那么创业者必须做到比网下销售有更好的服务，如在最短的时间送货上门。

(3) 紧俏商品或者稀缺商品也可以在网上销售，这类商品一般从实体商店购买不到，顾客只能从网上购买，如从国外带回来的一些产品或者是在二三级城市中销量较少，当地没有经销商经销的商品。

(4) 在多数情况下，网上销售产品的经营者是无法直接进行售后服务的，因此，创业者网上销售的应该是无须售后服务或者拥有良好的售后服务网络的产品，这样才能打消消费者购物时的后顾之忧。

(5) 网上销售的商品应该是仅通过浏览网页便可以激起消费者购买欲望的一类商品。如果这件商品必须要消费者亲自见到甚至试用才可以达到购买所需要的信任度，那么这种商品必须是已经广泛在市场上销售了的，顾客可以在网下对其进行认知。

符合以上的条件并已经在网上广泛销售的商品主要有数码产品、手机及其配件、电脑硬件、书籍、首饰、保健品、成人用品、服饰、化妆品、鲜花、工艺品、体育与旅游用品等。对于这些商品，创业者必须拥有稳定、可靠且具备一定价格优势的进货渠道，这是网上开店的首要条件。

二、网上开店必备的硬件条件

要开一个赚钱的网上商店，还需要创业者熟练掌握电脑和网络的操作并具备一定的商业头脑。电脑和互联网是网上开店必不可少的硬件条件，除此之外，创业者还应该根据需要配备数码相机、扫描仪、电话和传真机等设备。

1. 电脑和网络

电脑的配置无须高档，能上网、能进行简单的图片处理或者网页设计即可。目前能流畅运行 Windows XP 的电脑都能满足网上开店的要求。网络当然应该选择能长时间上网的宽带网络，如 ADSL、小区宽带、Cable Modem 等方式，最好采用不限时间、不限流量的包月制收费的网络。

2. 数码相机

数码相机主要用来给产品拍照，以便在网络商店中进行展示。由于产品大多采用微距模式进行拍摄，因此要求数码相机的微距性能要好，其最小微距应该在 3cm 以下。至于相机的像素则没有太高的要求，300 万像素以上即可满足拍照要求，相机的其他功能也不用过于看重。

3. 扫描仪

扫描仪主要用来扫描产品的宣传图片和资料，像服装这类个人不方便拍摄的产品则主要是通过扫描宣传图片来展示产品。另外，采用 CCD 成像器件的扫描仪还具备实物扫描功能，可以扫描一些体积小、形状扁平的产品，如手机、MP3、MP4、首饰、数码产品配件等。用扫描仪扫描的图片其效果要优于用数码相机拍摄的照片的效果，如果是经营这类商品，创业者可以不购置数码相机，而是选用价格低廉的扫描仪。

### 9.3.7 适宜网上开店的人群

网上开店会占用创业者很大一部分时间和精力，所以，网上创业者必须要有足够的空闲时间。适宜网上开店的人群主要有以下四类。

一、自由职业者

自由职业者可以自由支配自己的时间，他们有足够的时间上网打理一家网上商店。而且，网上开店手续简单、投资较少、操作容易，对于自由职业者来说是一个不错的创业门路。

二、在校学生

在校学生主要是指大学生，大学生因为学业负担较轻，有足够的有时间和精力打理网上商店。

三、实体商店经营者

拥有实体店面的经营者也可以在网上开店，这样可以增加销售渠道，扩大销售额，从而获得更大的利润。

四、拥有特殊进货渠道的经营者

如果创业者拥有特殊的进货渠道，可以买到价格特低或者国内不常见的商品，那么也特别适合在网上开店，而且这类经营者通常会取得不错的收入。特殊的进货渠道包括海关或者工商的罚没品、从境外带回来的商品、直接从厂商拿货的一些打折或者抵扣商品等，这些商品通常价格比较低或者在国内不常见，出售这类商品的利润通常都很可观。

### 9.3.8　知名网上交易平台一览

目前，国内居于前三位的网上开店平台为淘宝网、易趣网和拍拍网，仅此三家就占据了95%以上的市场份额。

一、淘宝网

淘宝网（网址为 http://www.taobao.com/）成立于2003年5月10日，是由阿里巴巴公司投资4.5亿元创办的。阿里巴巴在2005年收购了原居第三位的一拍网之后，一举成为国内个人交易网上平台的翘楚。目前，淘宝网推出的是完全免费的策略，只要到淘宝网上开店，3年内免掉一切费用，此举吸引了大量的用户。淘宝网拥有“支付宝”在线支付平台可以为用户提供安全的网上支付服务。

二、易趣网

易趣网（网址为 http://www.ebay.cn/）成立于2000年2月12日，长期以来在C2C电子商务领域居于市场第一的地位。2002年3月，eBay向易趣网投资3 000万美元，易趣网随之更名为eBay易趣，成为eBay旗下的网站。eBay易趣沿用美国eBay的政策，开店和交易都要收取费用，但随着市场竞争的激烈，易趣网也推出了免费开店服务。

三、拍拍网

拍拍网（网址为 http://www.paipai.com/）是腾讯旗下的C2C电子商务交易平台。该网站于2006年3月13日正式运营，目前的注册卖家总数超过100万，拥有在线商品数超过200万，用户总数超过900万，是国内发展最快的电子商务网站。拍拍网拥有在线支付平台“财付通”，可以为用户提供安全、便捷的在线支付服务。拍拍网最大的优势可以依托1.7亿QQ活跃用户来集聚人气，而且目前执行的是全免费的政策，因此对用户的吸引力很大。

除了以上三家之外，8848、6688、当当购物广场等网站也提供了网上开店服务，但它们的人气无法与以上三家相比。对于有志于网上开店的创业者来说，在人气最高的网站上开店无疑是明智的选择。

### 9.3.9　网上经营制胜关键

一、网上开店的起名技巧

网上商店的装修首先是要给其起一个吸引人的店名，起名时要注意以下四个原则。

1. 简洁通俗、朗朗上口

店名一定要简洁明了,通俗易懂且读起来要响亮流畅、朗朗上口。如果店名用字生僻,读起来感觉拗口,就不容易为浏览者熟记。

2. 别具一格,独具特色

网上商店有很多,创业者用与众不同的字眼使自己的小店在名字上显现出一种特别,体现出一种独立的品位和风格,以此吸引浏览者的注意。

3. 与自己经营的商品相关

店名用字要符合创业者经营的商品,要选择一个让浏览者一眼就可以看出其经营范围的名字。如果名字与商品无关,很可能导致浏览者的反感,自然也谈不上成交了。

4. 用字吉祥,给人美感

创业者在为网上商店取名时可以采用一些符合中国人审美观的字样,这样的店名让人看起来就有一种美感。千万不要剑走偏锋,为了吸引人而注意使用一些晦涩低俗、惹人反感的名字,这样的结果会适得其反。

## 二、网上商店的装修

除了给网上商店起一个好听的名字,创业者还要对网上商店进行必要的"装修"。装修工作包括设计制作一个精美的店标,创作一句过目难忘的广告词,写一段精彩的店铺介绍,给商品的展示图片加上漂亮的 Logo 和相框。这些当然是最基本的装修,具体的做法淘宝网也提供了大量的教材,创业者可以去参考。除了这些基本的装修工作之外,创业者还可以用下面的方法对网上商店进行进一步的美化。

1. 加载店铺背景音乐

创业者可以用百度搜索音乐,然后将得到的音乐的地址替换掉代码中"音乐网址"即可。音乐格式最好使用 WMA 格式,大小不要超过 1MB。创业者设置背景音乐时要打开"管理我的店铺"页面中,把换过后的代码粘贴到店铺公告栏里即可。

2. 设计店铺计数器

创业者要想知道自己店铺的浏览量,就要先申请一个 IP 计数器,然后将得到的代码粘贴到店铺公告栏里就行了。如果公告栏里已经有背景音乐的代码了,可以将它粘贴到前一段代码的后面(另起一行)。

3. 制作图片按钮式分类目录

以淘宝网为例,其宝贝分类目录除了可以使用文字之外,还可以使用图片。创业者可以先用 Photoshop 把图片制作和处理好,并用 JPG 格式保存,然后把图片上传到稳定的且允许外部链接的网络服务器中;上传成功后把图片的网址复制下来,进入"管理我的店铺"→"宝贝分类"页面,在"分类名称"栏中粘贴图片地址的代码即可。

总之,创业者所做的一切都为了将自己的网上商店打扮得漂漂亮亮,以此吸引更多的人来浏览自己的网上商店并购买商品。

## 三、网上开店的进货渠道

创业者在确定了自己的经营范围之后,就要去寻找物美价廉的货源。当然,网上开店因为手续简单,创业者也可以随时根据自己发现的货源情况来确定自己的经营方向。网上开店大致可以从以下五种渠道找到货源。

1. 批发市场进货

这是最常见的进货渠道。如果创业者的网上商店是经营服装的,那么可以去周围一些大型的服装批发市场进货,在批发市场进货需要有强大的议价能力,力争将价格压到最低,同时要与批发商建立好关系,在关于调、换货的问题上要与批发商达成协议,以免日后起纠纷。

2. 厂家直接进货

从厂家直接进货也是一个常见的进货渠道。去厂家进货,创业者可以拿到更低的进货价,但是一次进货的金额通常会要求比较高,从而增加了经营风险。经营网上商店,创业者最好认识在厂家工作的朋友或者自己直接就是在厂家工作的,这样进货就没有任何问题了。

3. 外贸产品或者 OEM 产品

目前,许多的工厂在外贸订单之外或者为一些知名品牌的贴牌生产之外会有一些剩余产品处理,其价格十分低廉,通常为正常价格的 2～4 折,这也是一个不错的进货渠道。

4. 库存积压或者清仓处理产品

因为急于处理,这类商品的价格通常是极低的。如果创业者有足够的砍价能力,可以用一个极低的价格将货拿下,然后转到网上进行销售,利用网上销售的优势、地域或者时空差价获得足够的利润。所以,创业者需要经常去市场上转转,并密切关注市场变化。

5. 特别的进货渠道

比如,创业者在中国香港、澳门或者国外有亲戚或者朋友,可以请他们帮忙进到一些国内市场上看不到的商品或者一些价格较低的商品。如果创业者是在深圳、珠海这样的地方,甚至可以办一张返往港澳通行证,自己去香港和澳门进货。

在以上五种进货渠道中,对于小本经营的创业者而言,后三种更适合一些,但是要找到这样的进货渠道难度大一些,需要创业者多用时间、细心留意。网上开店,进货是一个很重要的环节,不管是通过何种渠道寻找货源,低廉的价格是关键因素,找到了物美价廉的货源,网上商店就有了成功的基石。

## 四、网上开店的定价策略

创业者为经营的商品制定一个适当的网上销售价位是十分必要的。网上开店的商品定价可以遵循以下原则。

(1) 销售价格要保证自己的基本利润点,不要轻易降价,也不要定价太高,定好的价格不要轻易改变。

(2) 包括运费后的价格应该低于市面的价格。

(3) 网下买不到的时尚类商品的价格可以适当高一些,价格低了反而影响顾客对商品的印象。

(4) 店内经营的商品要拉开档次,有高价位的,也有低价位的,有时为了促销需要甚至可以将一两款商品按成本价出售,这样做主要是吸引眼球、增加人气。

(5) 如果创业者不确定某件商品的网上定价情况,可以利用比较购物网站,在上面输入自己要经营的商品名称，在查询结果中就可以知道同类商品在网上的报价，然后确定自己的报价。

(6) 如果创业者自己愿意接受的价格远远低于市场售价，直接用一口价就可以了；如果实在不确定市场定价或者想要吸引更多的买家，可以采用竞价的方式。

(7) 定价一定要清楚明白，是否包括运费等情况创业者一定要交代清楚，否则有可能引起误会，从而影响自己的声誉，模糊的定价甚至可能会使有意向的客户放弃购买。

## 五、网上开店的经营秘籍

网上开店也要深谙经营之道，创业者要掌握一些经营方面的秘籍。

(1) 网上出售商品，绝大部分的时候买家是无法看到实物的，所以创业者需要拍出清晰漂亮的商品照片，还要有详细的商品描述，这样才能对买家有更大的吸引力。如果网上商店里的商品照片不够清晰，描述也很简单，是很难得到买家青睐的。

(2) 网上商店里的商品种类要尽可能齐全，更新要迅速。把新货放到网页最明显的位置，但是不要为了增加数量而不顾及质量，不要因为生意不好而放弃上货。如果网上商店里的商品总是几张老面孔，不能给人以新鲜感，买家会觉得厌烦的。

(3) 售后服务要周到。卖出商品后，卖家要在第一时间和买家取得联系，发货后尽快给买家发一封发货通知信，最好能附上包裹单的照片，让买家能看清楚上面的字迹和具体编号等信息，让买家更放心，也让买家感到亲切，这对吸引“回头率”很重要。

(4) 重视网上商店的“信用度”评价。达成交易后，买卖双方都有义务为对方做信用评价，高信用度对于网上商店的经营至关重要，所有的买家都会以信用度来选择是否购买卖家的商品。

(5) 诚信第一。在网络上经营，最主要的就是诚信。在网上，每个卖家都有一个关于诚信的记录，买家都可以看到卖家以前的销售状况以及别的买家对卖家的评价。网上记录了任何一个卖家的诚信记录，不诚信的卖家很难在网络上经营下去，即使诚信卖家的商品价格高一些都有人要。

(6) 开店之初先要增加人气，卖家可以考虑设定一元拍或者以低价出售的方式达成交易。只要卖家有比较多的成交纪录，有不错的好评，就会有更多的买家来卖家的网上商店买东西。一元拍能在短时间内聚集人气，但是卖家要做好该商品一元卖出的准备。在开展一元拍的同时，卖家最好能配合做一些广告，让大家都知道自己这里的“优惠”政策。一元拍的目的是通过这件商品来吸引买家顺便浏览自己的其他商品。

(7) 采用一些有效的促销策略。如给予回头客一定的折扣，或者是购物满多少元可以有礼物赠送、可以有折扣、可以免邮费等。配合活动，卖家要换上新的签名档对活动进行介绍，还要去其他的地方发布这个促销消息，充分利用好每一种资源来宣传自己的网上商店。

(8) 安心对待拍下不买的买家。在网上开店总会遇到拍下不买的买家，这是很正常的。作为卖家要保持一份平和的心态，这样才能面对以后更激烈的网上商店的竞争。

(9) 平心对待差评。有时因为卖家自己或者其他原因，可能会在自己的信用记录里出现差评的现象。卖家要平静面对，采取相应的补救措施或者在网上说明真实的情况，同时争取用更多的优评来获取买家的正面印象。

(10) 要看某种货物是否好卖，卖家可以先在网站上搜索一下卖同类商品的店铺有多少，销售情况如何，产品价格如何定位，店铺如何设计，产品如何介绍等。

(11) 网上开店要循序渐进，一般开店的前 3 个月是适应网上开店和聚集人气的时候，这个时候卖家要多学习好的同行的经验，及时根据市场调整自己的经营，同时可以积累一些客户。之后，网上商店的经营就会向良性方向发展。

(12) 网上开店，卖家要“眼观六路，耳听八方”，准确掌握市场行情，有时间的话多去市场上看看，不要将眼光只局限于网上。

## 六、物流平台选择要领

物流是实现网上交易的重要一环，它是将商品从销售者手中转到消费者手中必不可少的步骤。目前，网上商店采用的送货方式主要有以下六种。

1. 普通包裹

普通包裹用的是绿色邮单，寄达时间约需 7～15 天。

2. 快递包裹

快递包裹与普通包裹类似，只是寄达时间加快了许多。

3. EMS 快递

EMS 快递安全可靠，可以送货上门，寄达时间更快，只是费用较高。

4. 挂号信

挂号信适合 20 克以内的比较轻巧的物品，寄达时间约需 3～5 天。在寄送时要注意物品要多包几层，以免挤压受损。

5. 其他的快递

目前，国内的快递业发展很快，送货也可以采用一些 EMS 之外的快递公司，前提是这些公司是正规的快递公司。与 EMS 相比，采用快递公司送货可以节省 50%左右的费用。如果卖家与这些快递公司签约，还可以得到比较好的折扣，从而节省物流费用。

6. 专人送货

如果以同城业务为主，卖家可以考虑雇用专人直接送货上门。与这种方式相结合可以采用货到付款的方式。

## 七、网上支付安全须知

目前，网上开店主要有网上支付、邮局汇款、银行汇款和货到付款等几种支付方式。为了方便买家付款，卖家应该给出多种选择，不要只接受一种支付方式，因为这样很可能会因为买家感觉不方便而失去成交机会。

目前，各大商业银行均开设了网上银行，支持通过网络转账。要进行网络转账需要去相关银行的柜台进行网上银行签约。不过，对于网上商店的卖家来说，不签约反而有更高的安全性，因为不签约就不能通过网络进行支付，也就杜绝了黑客从网上将其卡上的钱窃走的可能性。如果必须要签约，卖家需要让自己的电脑拥有更高级别的安全防范措施，杀毒软件、防火墙、反木马软件一个也不能少，登录网上银行时可以使用数字证书，有条件的还可以使用 USB 移动数字证书。

另外，及时地将资金从收款账户中转出也是保证资金安全的一个有效措施。

## 本章练习题

1. 购物网站是如何分类的?
2. 网上购物有哪些优势? 网上购物的技巧有哪些?
3. 网上购物有哪些注意事项?
4. 什么是网上创业? 如何进行网上创业? 网上创业有哪些原则?

# 第四部分　电子商务物流案例

本部分案例的选择突出了以下特点：

1. 可操作性强，每一个案例与正文相应的章节对应，方便进行课堂案例教学；
2. 知识性较强，或者是正文知识的总结，或者是正文内容的补充；
3. 突出实用性和可读性；
4. 具有典型性，每一个案例涉及的企业都是相关行业的佼佼者。

**案例1**

## 从正广和85818网上购物中心看电子商务[①]

一、公司简介

上海正广和网上购物有限公司(以下简称正广和)是由上海梅林正广和股份有限公司控股,海南海虹股份有限公司等参股,于1998年6月成立的有限责任公司,目前注册资本为人民币4 000万元。它所拥有的正广和销售网络是一个既适应国情(拥有85818人工电话、语音自动订购热线),又和国际接轨、开通了互联网的企业网站。正广和通过在北京和广州等大城市建网逐步向全国辐射,开展“电子商务”活动(如案例图1所示)。

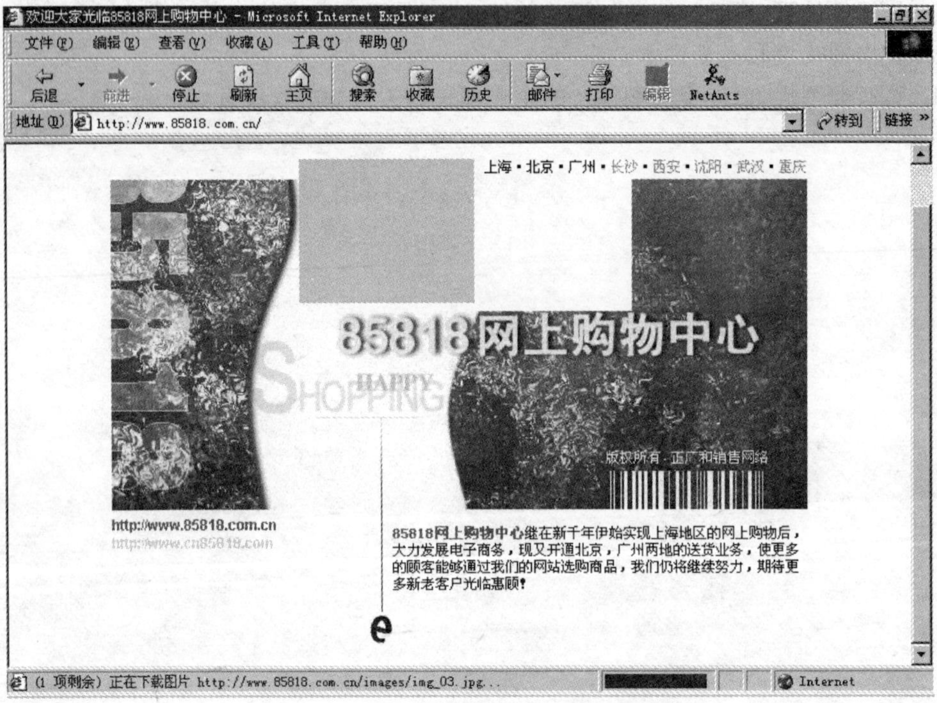


**案例图1　正广和85818网上购物中心主页**

正广和是上海一家老字号的饮料企业,也是上海最早推出桶装水的企业之一,这一点使正广和成为上海桶装水的名牌而拥有大量的具有极高忠诚度的消费者。最初,正广和萌发了“电话商务”的念头(所谓“电话商务”,也就是电话购物,是指企业将自己的商品单分发到消费者手中,消费者只需打一个电话,企业便可送货上门)。后来,为了使自己的电话商务更为畅通,正广和便进一步扩大规模,又增设了不少的配送点,使自己的配送系统更完善,覆盖面更广,反应更快。由于配送系统的不断成熟,1999年正广和推出了自己的电子商务网站,

① 资料来源:豆丁网。

其网址为http://www.85818.com.cn/,并于1999年正式通过并取得上海高新技术企业的认定。由于进入了电子商务,正广和一度成为网络概念股,其股价也得以上升,使这个本已死气沉沉的国有大型企业出现了生机。

二、发展优势

1. 商品多样化为顾客提供了较大的选择空间

据调查,在美国和加拿大尽管有53%的互联网用户通过网络达成购买意向,但仅有15%的人最终通过网络实现了购买。事实上,网上购物的消费者感兴趣的并不一定是由此而产生的低廉的价格,而是能在获得更多商品信息的情况下作出正确的购物决定。在这一点上,正广和85818网上购物中心做得很好。

随着梅林、正广和、光明、百事可乐、维他奶、联通、乐惠米业、恒寿堂和统一等大企业的加盟,正广和85818网上购物中心网上商品琳琅满目,形成了以食品、饮料、米、油、盐、酒和烟为主,兼有图书、VCD、鲜花、IP卡、保健用品、洗涤用品、生活用品的多元化体系(如案例图2所示)。

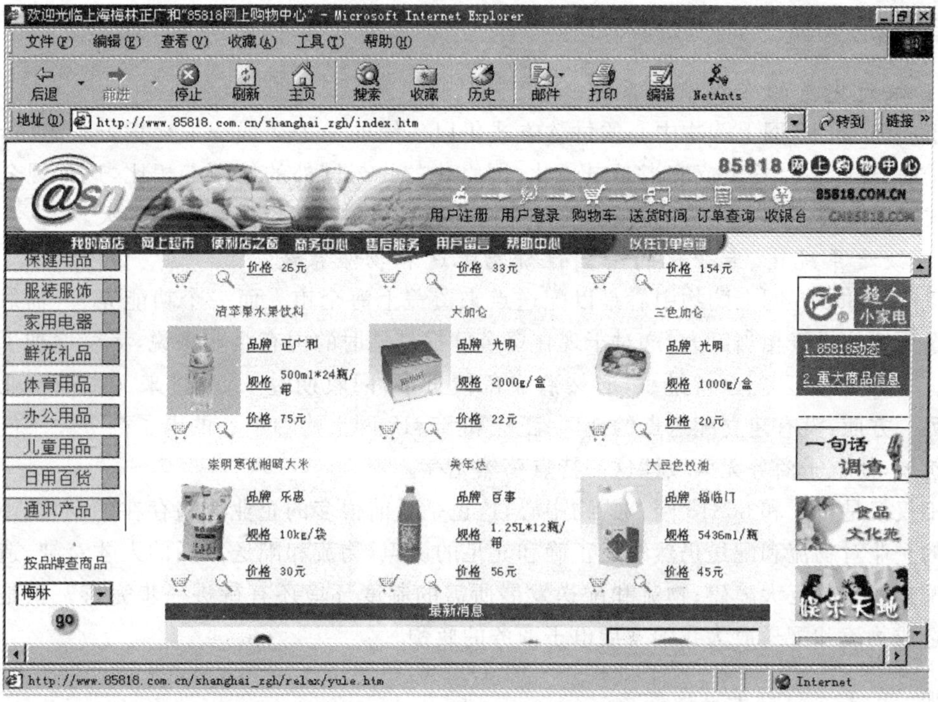


**案例图2 正广和85818网上购物中心的商品**

正广和85818网上购物中心提供了强大的查询搜索功能,即使网上的商品达到几万种,消费者亦能通过四种查索方法轻松自如地在网上订购到所需商品。该网站还为消费者提供了强大的售后保障功能,任何有关消费者或者供应商的意见均可以通过网络上传到公司并得到反馈。

2. 特色服务让顾客情有独钟

只有提供比传统经销手段更有特色、更有附加价值的服务,网上企业才能生存下来。正广和85818网上购物中心显然已意识到这一点,并作了一定的努力。

正广和85818网上购物中心为消费者提供了休闲天地。如"食品文化苑"能让消费者感受到中华民族五千年灿烂的饮食文化;而"娱乐天地"又让消费者在享受网上畅所欲言的同时又让天南地北的消费者通过网上一线牵成为知心朋友;而当消费者浏览略呈倦意时还能进免费的影视厅里舒心悦目欣赏。当然,联众游戏又会带给消费者刀光剑影的厮杀和极富刺激的动感场面。

正广和85818网上购物中心还为消费者提供性能卓越的个性化服务,如在"我的商店"中任何会员消费者可以在此享受特殊通道般的快捷购物方式。面对供应商,网站还提供了强大的ICP服务功能,供应商在网站上留下的任何信息(如进网合作要求、集团交易咨询、租赁网上货架等)均可在短短的几分钟之内得到公司专门人员的信息反馈。该网站还可以为社会、为企业提供多方信息服务,实现真正意义上的B2B。

正广和85818网上购物中心的首页上还特地在醒目的位置上为供应商开辟了广告版面,随着国内电子商务的快速发展以及正广和销售网消费者的日益增多,首页的广告内容将为供应商带来巨大的经济效益。

### 三、现存问题

#### 1. 缺乏完善的在线结算系统

正广和85818网上购物中心的付款方式仍以传统的一手交钱一手交货方式为主,而根据电子商务的定义,资金流应当是电子化、网络化的。与国外的信用卡相比,这种现金与支票方式无疑阻碍了网上零售的发展,而且即使选择在线付款也需要等上三四天。

#### 2. 缺乏系统化、专业化的全国性货物配送和物流系统

正广和85818网上购物中心是以配送点来覆盖上海全市。而一个功能完善、辐射面广的配送系统的投资相当巨大,这对于现在资金已捉襟见肘的国有企业来说,无疑增加了营运风险。一方面,一旦配送量过小,必然造成负债过多,回收期过长,反过来又影响企业的发展。另一方面,没有建立配送点的地区,正广和85818网上购物中心的电子商务便不能向该地区扩展,使电子商务无区域性这一特点荡然无存。

不仅仅是正广和85818网上购物中心,这也是目前很多的企业普遍存在的问题。现在,很多的企业对物流和配送仍然缺乏正确和充足的认识;物流和配送方面的人才奇缺,造成物流和配送发展的巨大障碍;物流和配送发展所需的制度环境还有待进一步完善。正是这些因素造成物流和配送成为我国发展电子商务的瓶颈。

### 四、对于问题应采取的措施

正广和85818网上购物中心首先解决的是电子商务资金流的问题。在上海绝大多数居民已有了自己的信用卡,因此使用网上Visa卡结账应较易推行。但其中最大的困难就是网络安全问题。正广和85818网上购物中心可以引进外国B2C网站的经验及设备或者软件,并在一系列广告媒体中打消消费者的顾虑,推行其成为青年白领的时尚。

正广和85818网上购物中心其次要解决的是其物流和配送问题。网站自己的配送中心固然可以受到完全控制和管理,但其中所耗费的财力、人力是十分庞大的,并有一定的区域性。

20世纪80年代，西方发达国家(如美国、德国、法国等)就提出了物流一体化的现代理论，其应用指导了物流的发展并取得了明显的效果。所谓物流一体化，就是以物流系统为核心的由生产企业、物流企业、销售企业，直至消费者供应链的整体化和系统化。

但物流一体化是物流产业化的发展形势，它必须以第三方物流的充分发育和完善为基础。按其理论，近期国内的电子商务企业要在全国建立完整的物流和配送系统的方案显然是不可行的。

正广和85818网上购物中心完全可以考虑一种全新的物流模式——物流代理，即由第三方提供物流服务。物流代理即物流渠道中的专业化物流中间人，以签订合同的方式，在一定的期间内，为其他企业提供所有的或某些方面的物流业务服务。现今全国范围内，物流企业如雨后春笋般的出现，其中不乏有资金、有设备、有经验的公司。正广和85818网上购物中心可以向全国招标，选取有实力的本土公司(如邮政快递EMS或者某些有经验的外资公司)作为物流代理，这样就不需要增加固定资产和营运风险，并使自己的流动资金更加宽裕，更有利于自己的电子商务的发展。

阅读以上案例回答以下问题：

1. 案例中的电子商务属于哪一种模式?
2. 案例中遇到的具体的电子商务问题有哪些？有哪些解决方案?
3. 案例描述的电子商务的优势是什么？如何保持电子商务的优势?

## 案例2

### 戴尔公司的电子商务物流管理[1]

戴尔公司是商用桌面PC市场的第二大供应商，其销售额每年以40%的增长率递增，是该行业平均增长率的两倍。年营业收入达100亿美元的业绩使戴尔公司继康柏、IBM、苹果和NEC之后位居第5位。戴尔公司每天通过网络售出的电脑系统价值逾1 200万美元，面对如此骄人的业绩，总裁迈克尔·戴尔简言地说，这归因于电子商务化物流的巧妙运用。

戴尔公司电子商务化物流取得的效果是戴尔公司的日销量超过1 200万美元，但其销售全是通过国际互联网和企业内部网进行的。在日常的经营中，戴尔公司仅保持两个星期的库存(行业的标准是刚超过60天)，存货一年周转30次以上。基于这些数字，戴尔公司的毛利率和资本回报率分别是21%和106%。戴尔公司实施电子商务化物流后取得的物流效果是：(1) 成品库存为零；(2) 零部件仅有2.5亿美元的库存量(其盈利为168亿美元)；(3) 年库存周转次数为50次；(4) 库存期平均为7天；(5) 增长速度四倍于市场成长速度；(6) 增长速度两倍于竞争对手。

在现实企业的经营中，电子商务的实现的确可以使销售过程的中间环节成为多余，并可以构造一条最简短的流通渠道，这条渠道可以由专业的流通企业经营，也可以由专业的制造

① 资料来源：全刊杂志赏析网。

企业经营，还可以由信息网络服务商来经营。制造商从事电子商务的情况比较普遍。

一、戴尔公司电子商务化物流的八个步骤

戴尔公司的直销网站提供了一个跟踪和查询消费者订货状况的接口，供消费者查询已订购的商品从发出订单到送到消费者手中全过程的情况。戴尔公司对待任何消费者(个人、公司或者单位)都采用定制的方式进行销售，其物流服务也配合这一销售政策而实施。戴尔公司的电子商务销售有以下八个步骤。

1. 订单处理

在这一步，戴尔公司要接受消费者的订单，消费者可以拨打800免费电话叫通戴尔公司的网上商店进行网上订货，也可以通过浏览戴尔公司的网上商店进行初步检查，首先检查项目是否填写齐全，然后检查订单的付款条件，并按付款条件将订单分类。采用信用卡支付方式的订单将被优先满足，其他的付款方式则要更长时间得到付款确认，只有确认支付完款项的订单才会立即自动发出零部件的订货要求并转入生产数据库中，订单也才会立即转到生产部门进行下一步作业。用户订货后，可以对产品的生产过程、发货日期甚至货运公司的发货状况等进行跟踪。根据用户发出订单的数量，其需要填写单一订单或者多重订单状况查询表格。表格中各有两项数据需要填写，一项是戴尔公司的订单号，二是校验数据。用户提交订单后，戴尔公司将通过互联网将查询结果传送给用户。

2. 预生产

从接收订单到正式开始生产之前有一段等待零部件到货的时间，这段时间叫做预生产。预生产的时间因消费者所订的系统不同而不同，主要取决于供应商的仓库中是否有现成的零部件。一般地，戴尔公司要确定一个订货的前置时间，即需要等待零部件并且将订货送到消费者手中的时间，该前置时间在戴尔公司向消费者确认订货有效时会告知消费者。订货确认一般通过两种方式，即电话或者电子邮件。

3. 配件准备

当订单转到生产部门时，所需的零部件清单也就自动产生，戴尔公司的相关人员将零部件备齐后传送到装配线上。

4. 配置

戴尔公司的组装人员将装配线上传来的零部件组装成计算机，然后进入测试过程。

5. 测试

戴尔公司的检测部门对组装好的计算机用特制的测试软件进行测试，通过测试的机器被送到包装间。

6. 装箱

测试完后的计算机被放到包装箱中，同时要将鼠标、键盘、电源线、说明书及其他文档一同装入相应的卡车运送给顾客。

7. 配送准备

一般在生产过程结束的次日完成送货准备，但大订单和需要特殊装运作业的订单可能花的时间要长些。

8. 发运

将顾客所订的货物发出，并按照订单上的地址送到指定的地点。戴尔公司设计了几种不同的送货方式，由顾客订货时选择。一般情况下，订货将在2～5个工作日送到订单上的指定地点，在送货上门的同时提供免费安装和测试服务。

戴尔公司的物流从确认订货开始。确认订货是以收到货款为标志的，在收到用户的货款之前，物流过程并没有开始，收到货款之后需要2天的时间进行生产准备、生产、测试、包装、发运准备等。戴尔公司在我国的福建厦门设厂，其产品的销售物流委托国内的一家货运公司承担。由于用户分布面广，戴尔公司向货运公司发出的发货通知可能十分零星和分散，但戴尔公司承诺在款到后2～5天送货上门，同时，在中国对某些偏远地区的用户每台计算机还加收200～300元的运费。

## 二、电子商务化物流对戴尔公司的好处及隐患

电子商务化物流使戴尔公司可以先拿到用户的预付款，待货运到后货运公司再结算运费（运费还要用户自己支付），这样戴尔公司既占压着用户的流动资金，又占压着货运公司的流动资金，按单生产又没有库存风险。戴尔公司的竞争对手一般保持着几个月的库存，而戴尔公司的库存只有几天，这些因素使戴尔公司的年均利润率超过50%。当然，无论什么销售方式，首先必须对用户有好处。戴尔公司的电子商务型直销方式对用户的价值包括：一是用户的需求不管多么个性化都可以得到满足；二是戴尔公司精简的生产、销售、物流过程可以省去一些中间成本，因此戴尔公司的价格较低；三是用户可以享受到完善的售后服务，包括物流、配送服务以及其他的售后服务。

决定戴尔公司直销系统成功与否的一个关键是要建立一个覆盖面较大、反应迅速、低成本的物流网络和系统。如果戴尔公司按照承诺将所有的订货都直接从工厂送货上门就会带来以下两个问题。

### 1. 物流成本过高

如果用户分布的区域很广，订货量又少，减少的库存费用是无法弥补因送货不经济导致的运输及其他相关成本上升而增加的费用的。所以在某些重要的销售市场设立区域配送中心是必要的，这样可能会使库存成本上升，但交货期却由此而缩短。

### 2. 交货期过长

传统的销售渠道是消费者面对现货，在戴尔公司的销售方式下，用户面对的是期货。此时，消费者看重的是企业的品牌，因而愿意等待，但这并不是消费者期望的事情，所以像戴尔公司这样依靠准确的需求预测，通过电话订货或者网上订货，然后再组织生产和配送的模式，实际上蕴藏着较大的市场风险、生产风险以及物流风险，不是很容易办到的。

## 三、电子商务化物流服务

如果将电子商务的物流需求仅仅理解为门到门运输、免费送货或者保证所订的货物都送货的话那就错了。因为电子商务需要的不是普通的运输和仓储服务，它需要的是物流服务。而物流与仓储运输存在比较大的差别，正是因为传统的储运服务无法全方位地为电子商务服务，这才使得电子商务经营者感到物流服务不到位、太落后等。那么，电子商务经营者需要的是什么服务呢？答案是除了传统的物流服务外，电子商务还需要增值性的物流服务。增值性的物流服务包括以下内容。

1. 增加便利性的服务,即使人变懒的服务

一切能够简化手续、简化操作的服务都是增值性服务。简化是相对于消费者而言的,并不是说服务的内容简化了,而是指为了获某种服务,以前需要消费者自己做的一些事情,现在由商品或者服务提供商以各种方式代替消费者做了,从而使消费者获得这种服务变得简单。消费者获得服务或者商品就像用傻瓜照相机一样简单,不仅简单而且更加好用,这当然增加了商品或者服务的价值。电子商务经营者在提供电子商务的物流服务时,推行一条龙门到门服务,提供完备的操作或者作业提示、省力化设计或者安装、代办业务、一张面孔接待客户、24 小时营业、自动订货、传递信息和转账(利用 EOS、EDI、EFT)、物流全过程追踪等都是对电子商务销售有用的增值性服务。

2. 加快反应速度的服务,即能够使流通过程变快的服务

快速反应已经成为物流发展的动力之一。传统的观点和做法将加快反应速度变成单纯对快速运输的一种要求,而现代物流的观点认为可以通过两条途径使过程变快。一是提高运输基础设施和设备的效率,如修建高速公路、铁路提速、制定新的交通管理办法、将汽车本身的行驶速度提高等。这是一种速度的保障,但在需求方对速度的要求越来越高的情况下它也变成了一种约束,因此必须想其他的办法来提高速度。所以第二种办法,也是具有重大推广价值的增值性物流服务方案应该是优化电子商务的流通渠道,以此来促进物流环节、简化物流过程,提高物流系统的快速反应性能。

3. 降低成本的服务,即发掘第三利润源泉的服务

电子商务发展的前期,物流成本高居不下,有些企业可能会因为根本承受不了这种高成本而退出电子商务领域,或者是选择性地将电子商务的物流服务外包出去,这是很自然的事情。发展电子商务,一开始就应该寻找能够降低物流成本的物流方案。企业可以考虑的方案包括:采用第三方物流;电子商务经营者之间或者电子商务经营者与普通商务经营者联合,采取物流共同化计划;同时,对于具有一定的销售量的电子商务企业,可以通过采用比较适用但投资比较少的物流技术和设施设备,或者推行物流管理技术(如运筹学中的管理技术、单品管理技术、条形码技术和信息技术等),提高物流的效率和效益,降低物流成本。

4. 延伸服务

延伸服务即将供应链集成在一起的服务。这种服务向上可以延伸到市场调查与预测、采购及订单处理;向下可以延伸到配送、物流咨询、物流方案的选择与规划、库存控制决策建议、货款回收与结算、教育与培训、物流系统设计与规范方案的制作等。

戴尔公司给我们提供了电子商务化物流系统的先河,如何实现电子商务化物流系统是目前企业所面临的问题,而能否提供电子商务化物流系统增值服务现在已成为衡量一个企业物流是否真正具有竞争力的标准。

阅读以上案例回答以下问题:

1. 什么是电子商务物流管理?
2. 结合案例回答,电子商务下的物流管理有哪些优势?
3. 电子商务物流的优势和劣势是什么?
4. 与传统物流相比,电子商务下的物流提供了哪些增值服务?

案例3

## 国内外电子商务物流解决方案及物流模式[1]

### 一、国外电子商务物流解决方案

#### 1. 美国的物流中央化

物流中央化的美国物流模式强调"整体化的物流管理系统",是一种以整体利益为重,冲破按部门分管的体制,从整体进行统一规划管理的管理方式。在市场营销方面,物流管理包括分配计划、运输、仓储、市场研究和为用户服务五个过程;在流通和服务方面,物流管理过程包括需求预测、订货过程、原材料购买和加工过程,即从原材料购买直至送达顾客的全部物资流通过程。

#### 2. 日本的高效配送中心

在日本,物流过程是生产—流通—消费—还原(废物的再利用及生产资料的补足和再生产)。物流是非独立领域,由多种因素制约。物流(少库存多批发)与销售(多库存少批发)相互对立,必须利用统筹来获得整体成本最小的效果。物流的前提是企业的销售政策、商业管理和交易条件。销售订货时,交货条件、订货条件和库存量条件对物流的结果影响巨大。流通中的物流问题已转向研究供应、生产和销售中的物流问题方向。

#### 3. 适应电子商务的全新物流模式——物流代理

物流代理(Third Party Logistics,TPL,即第三方提供物流服务)的定义为:"物流渠道中的专业化物流中间人,以签订合同的方式,在一定期间内,为其他企业提供的所有或者某些方面的物流业务服务。"

从广义的角度以及物流运行的角度看,物流代理包括一切物流活动,以及发货人可以从专业物流代理商处得到的其他一些价值增值服务。提供这一服务是以发货人和物流代理商之间的正式合同为条件的。这一合同明确规定了服务费用、期限以及相互责任等事项。

狭义的物流代理专指本身没有固定资产但仍承接物流业务,借助外界力量,负责代替发货人完成整个物流过程的一种物流管理方式。

物流代理公司承接了仓储、运输代理后,为了减少费用的支出,同时又要使生产企业觉得有利可图,就必须在整体上尽可能地加以统筹规划,使物流合理化。

### 二、国外先进的电子商务物流模式案例

美国的物流配送业的发展起步早,经验成熟,尤其是信息化管理程度高,这对我国物流业的发展有很大的借鉴意义。

#### 1. 美国配送中心的类型

从20世纪60年代起,商品配送合理化在发达国家普遍得到重视。为了向流通领域要效益,美国企业采取了以下措施:一是将老式的仓库改为配送中心;二是引进电脑管理网络,对装卸、搬运、保管实行标准化操作,提高作业效率;三是连锁店共同组建配送中心,促进

---

[1] 资料来源:中国教育网。

连锁店效益的增长。美国连锁店的配送中心有多种，主要有批发型、零售型和仓储型三种类型。

(1) 批发型。

美国加州食品配送中心是全美第二大批发配送中心，建于1982年，建筑面积10万平方米，工作人员2 000人左右，共有全封闭型温控运输车600多辆，1995年销售额就已经达到20亿美元。其经营的商品均为食品，有4.3万多个品种，其中有98%的商品由该公司组织进货，另有2%的商品是该公司开发加工的商品，主要是牛奶、面包、冰激凌等新鲜食品。该公司实行会员制，各会员超市因店铺的规模大小不同、所需商品配送量的不同向该公司交纳不同的会员费。会员店在日常交易中与其他的店一样，不享受任何特殊的待遇，但可以参加该公司定期的利润处理。该公司本身不是盈利单位，可以不交营业税。所以，当该公司获得利润时，采取分红的形式，将部分利润分给会员店。会员店分得红利的多少将视其在该公司的送货量和交易额的多少而定，多者多分红。

该公司主要靠计算机管理。业务部通过计算机获取会员店的订货信息，及时向生产厂家和储运部发出要货指示单；生产厂家和储运部再根据要货指示单的先后缓急安排配送的先后顺序，将分配好的货物放在待配送口等待发运。公司24小时运转，配送半径一般为50公里。

该公司与制造商、超市协商制定商品的价格，主要依据是：① 商品数量与质量；② 付款时间，如在10天内付款可以享受2%的价格优惠；③ 公司对各大超市配送商品的加价率，根据商品的品种、档次不同以及进货量的多少而定，一般为2.9%～8.5%。

(2) 零售型。

美国沃尔玛商品公司的配送中心是典型的零售型配送中心。该配送中心是沃尔玛公司独资建立的，专为本公司的连锁店按时提供商品，确保各店稳定经营。该配送中心的建筑面积为12万平方米，总投资7 000万美元，有职工1 200多人；配送设备包括200辆车头、400节车厢、13条配送传送带，配送场内设有170个接货口。中心24小时运转，每天为分布在纽约州和宾夕法尼亚州等6个州的沃尔玛公司的100家连锁店配送商品。

该配送中心设在100家连锁店的中央位置，商圈为320公里，服务对象店的平均规模为1.2万平方米。中心经营商品达4万种，主要是食品和日用品，通常库存为4 000万美元，旺季为7 000万美元，年周转库存24次。在库存商品中，畅销商品和滞销商品各占50%，库存商品期限超过180天为滞销商品。各连锁店的库存量为销售量的10%左右。

在沃尔玛各连锁店销售的商品，根据各地区收入和消费水平的不同，其价格也有所不同。总公司对价格差价规定了上、下限，原则上不能高于所在地区同行业同类商品的价格。

(3) 仓储型。

美国福来明公司的食品配送中心是典型的仓储式配送中心。它的主要任务是接受美国独立杂货商联盟加州总部的委托业务，为该联盟在该地区的350家加盟店负责商品配送。该配送中心建筑面积为7万平方米，经营8.9万个品种，其中有1 200个品种是美国独立杂货商联盟开发的，必须集中配送。在服务对象店经营的商品中，有70%左右的商品由该配送中心集中配送，一般鲜活商品和怕碰撞的商品(如牛奶、面包、炸土豆片、瓶装饮料和啤酒等)从当地厂家直接进货到店，蔬菜等商品从当地的批发市场直接进货。

2. 美国配送中心的运作流程

美国配送中心的库内布局和管理井井有条,使繁忙的业务互不影响,其主要经验如下。

(1) 库内货架间设有27条通道,19个进货口。

(2) 以托盘为主,4组集装箱为一货架。

(3) 商品的堆放分为储存的商品和配送的商品,一般根据商品的生产日期、进货日期和保质期,采取先进库的商品先出库的原则,在存货架的上层是后进的储存商品,在货架下层的储存商品是待出库的配送商品。

(4) 品种配货是数量多的整箱货,所以用叉车配货;店配货是细分货,小到几双一包的袜子,所以利用传送带配货。

(5) 轻量、体积大的商品(如卫生纸等)用叉车配货,重量大、体积小的商品用传送带配货。

(6) 特殊商品存放区,如少量高价值的药品、滋补品等,为了防止丢失,用铁丝网圈起,标明无关人员不得入内。

阅读以上案例回答以下问题:

1. 国外的物流解决方案有哪些? 请查阅资料再举两个例子。
2. 国外的物流模式有哪几种?
3. 通过学习本案例,结合理论知识,说说对我国企业有哪些借鉴作用?

**案例4**

## 日本7-11的物流系统①

继生产管理和营销管理外,物流管理因其能大幅度降低成本和各种与商品流动相关的费用,从而成为连锁企业创造利润的第三大源泉。全球最大的连锁便利店7-11就是通过其集中化的物流管理系统成功地削减了相当于商品原价10%的物流费用。目前,它共设立2.3万个零售点,业务遍及四大洲20个国家及地区,每日为接近3 000万的顾客服务,70多年来一直稳居全球最大连锁便利店的宝座。

7-11与广州地铁二号线全面合作,在地铁二号线首期开通的9个站内同时开张9家店铺。至此,7-11在我国南方地区总店数达到127家,其中广州91间、深圳36间。在扩张的同时,7-11先进的物流管理系统也一并蔓延至内地,从而为其带来了另一个利润增长点。

### 一、物流路径集约化

对零售业而言,中国目前的物流服务水准或多或少在短期内是由处于上游的商品生产商和经销商来决定的,要改变他们的经营意识和方法无疑要比企业自身的变革困难、复杂并漫长。这种情景与当初7-11在构筑物流体系所处的环境类似。为此,7-11改变了以往由多

① 资料来源:百度文库。

家特约批发商分别向店铺配送的物流经营方式，转为由各地区的窗口批发商来统一收集该地区各生产厂家生产的同类产品，并向所辖区内的店铺实行集中配送。

二、设立区域配送中心

对于盒饭和牛奶等每日配送的商品，各产品窗口企业向各店铺的配送费用依然很高。对于这一点，7-11 开始将物流路径集约化转变为物流共同配送系统，即按照不同的地区和商品群划分，组成共同配送中心，由该中心统一集货，再向各店铺配送。地域划分一般是在中心城市商圈附近 35 公里，其他地方市场为方圆 60 公里，各地区设立一个共同配送中心，以实现高频度、多品种、小单位配送。实施共同物流后，其店铺每日接待的运输车辆数量从 70 多辆下降为 12 辆。另外，这种做法令共同配送中心充分反映了商品销售、在途和库存的信息，7-11 逐渐掌握了整个产业链的主导权。在连锁业价格竞争日渐激烈的情况下，7-11 通过降低成本费用，为整体利润的提升争取了相当大的空间。

三、度身定造物流体系

当然，值得指出的是，经营规模的扩大以及集中化物流体制的确立虽然由 7-11 主导，但物流体系的建设却是由合作生产商和经销商根据 7-11 的网点扩张，根据其独特的业务流程与技术而量身打造的。这些技术有订货、发货在线网络，数码分拣技术，进货车辆标准化系统以及专用物流条形码技术等。

在日本，7-11 的点心配送都是由批发商 A 公司承担。起初，它们利用自己一处闲置的仓库为 7-11 从事物流活动，并安排了专门的经营管理人员。但随着 7-11 的急剧扩张，A 公司为了确保它的商品供应权，加大了物流中心的建设和发展，在关东地区建立了四大配送中心。每个配送中心为其临近的 500 家左右店铺配送所有的点心，品种大概在 650～700 个之间。

每天早上 8 点至 10 点半从生产企业进货，进货的商品在中午之前入库。为了保证稳定供货，每个配送中心拥有 4 天的安全库存，在库水准根据销售和生产情况及时补充。中午 11 点半左右配送中心开始安排第二天的发货，配送路线、配送店铺、配送品种、发货通知书等及时地打印出来，交给各相关部门。同时，通过计算机向备货部门发出数码备货要求。

四、设置配送流程以分钟计算

从一个配送小组的物流活动时间看，一个店铺的备货时间大约要 65 秒，货物搬运时间大约花费 5～6 分钟。从点头分拣到结束需要 15 分钟，所有 170～180 个店铺要 4 个多小时，即整个物流活动时间大约为 4 个小时(不算货车在配送中心停留等待出发的时间)。货车一般在配送中心停留一晚，第二天早上 4 点半到 5 点半，根据从远到近的原则配送到各店。最早一个到店的货车时间应该是上午 6 点钟，运行无误的话，店铺之间的运行为 15 分钟距离，加上 15 分钟的休息时间，每个店铺商品配送需要的时间为 30 分钟。也就是最迟在早上 9 点半或者 10 点半左右，完成所有店铺的商品配送任务。从每辆车的配送效率看，除了气候等特殊原因，平均每辆车配送商品金额为 75 万日元，装载率能稳定达到 80%。配送中心每月平均商品供应为 50 亿日元，相当于为每个店铺供应 100 万日元的商品。货车运行费用每天为 2.4 万日元，相当于供应额的 3.2%，处于成本目标管理值的 3%～3.5%，为 7-

11 压缩了大量的物流成本。

现在，7-11 已经实现一日三次配送制度。其中包括一次特别配送，即当预计到第二天会发生天气变化时对追加商品进行配送。这些使 7-11 及时向其所有的网点店铺提供高鲜度、高附加值的产品，从而为消费者提供了更便利、新鲜的食品，实现了与其他便利店的经营差异化。

阅读以上案例回答以下问题：

1. 请结合案例评价 7-11 的物流配送系统运作的效果，并说明理由。
2. 请结合案例谈谈企业物流系统提高配送效率可以采取哪些具体措施？

## 案例5

# 电子商务物流技术的应用[①]

一、射频识别技术在物流管理中的应用

射频识别(RFID)技术在物流配送中的应用可分为商品的入库、出库、存储、运输跟踪和配送等。RFID 技术可以加快供应链的运转，提高物流管理的效率。

1. 商品出库和入库

物资配送中心所派车队进入仓储中心时通过门禁，阅读器读取到 RFID 标签信息并在仓储中心系统中显示此时车队所载物资为空。车队装载物资完毕离开发物仓库时再次通过门禁，物流系统将出库物资信息写入到系统数据库中并上报给物资配送中心，这样就等于 RFID 标签承载了其所运物资的相关信息，自动完成物资出库，此时运送物资的车辆和物资进入在途状态。运输车队到达收物仓库时再次通过门禁，阅读器读取到射频标签中的信息后传输给仓储中心系统，系统即显示待入库物资的相关信息并写入数据库，自动完成物资入库，并上报给物资配送中心，通知物流配送中心配送任务已经完成。

2. 存储和库存盘点

在仓库里，RFID 技术最广泛的应用是存取货物和库存盘点，它能用来实现自动化的商品的登记、存货和取货等操作。在仓储管理中，通过将供应计划系统和 RFID 技术相结合，能够高效地完成各种操作，增强作业的准确性和快捷性，提高服务质量，降低成本，减少物流中由于偷窃、损害、出货错误等造成的损耗，实现快速供货并最大限度地减少储存成本。

3. 运输跟踪

在运输管理中，通过在货物和车辆上贴 RFID 标签，完成设备的跟踪控制。接收装置收到 RFID 标签信息后，连同接收地的位置信息上传至通信卫星，再由卫星传送给运输调度中心，送入数据库中。利用 RFID 技术可准确、迅速地完成配送任务并实现对在途物资的跟踪。在物资运输期间，物资配送中心根据发/收物仓储中心上报的数据可知在途物资的名

① 资料来源：百度文库。

称、品种和数量等信息，达到在途物资的可见性。

4. 物流配送

在配送环节，采用RFID技术能大大加快配送的速度和提高拣选和分发过程的效率和准确率，并能减少人工、降低配送成本。到达中央配送中心的所有商品都贴有RFID标签，在进入中央配送中心时，托盘通过一个门阅读器，读取托盘所有货箱上的标签内容。系统将这些信息和发货记录进行核对，以检测出可能的错误，然后将RFID标签更新为最新的商品存放地点和状态。这样就确保了精确的库存控制，甚至可确切了解目前有多少箱货处于转运途中、转运的始发地和目的地以及预期的到达时间等信息。RFID技术可以实现合理的产品库存控制和智能物流技术。借助电子标签，可以实现商品对原料、半成品、成品、运输、仓储、配送、上架和最终销售，甚至退货处理等环节进行实时监控，使整个供应链管理显得透明而高效。

## 二、货物跟踪系统

货物跟踪系统，是指物流运输企业利用物流条形码和EDI技术及时获取有关货物运输状态的信息（如货物品种、数量、货物在途情况、交货期间、发货地和到达地、货物的货主、送货责任车辆和人员等），提高物流运输服务的方法。具体说就是物流运输企业的工作人员在向货主取货时、在物流中心重新集装运输时、在向顾客配送交货时，利用扫描仪自动读取货物包装或者货物发票上的物流条形码等货物信息，通过公共通信线路、专用通信线路或者卫星通信线路把货物的信息传送到总部的中心计算机进行汇总整理，这样所有被运送的货物的信息都集中在中心计算机里。货物跟踪系统提高了物流企业的服务水平，其具体作用表现在以下四个方面。

第一，当顾客需要对货物的状态进行查询时，只要输入货物的发票号码，马上就可以知道有关货物状态的信息。查询作业简便迅速，信息及时准确。

第二，通过货物信息可以确认货物是否能在规定的时间内送到顾客的手中，能即时发现没有在规定的时间内把货物交付给顾客的情况，便于马上查明原因并及时改正，从而提高运送货物的准确性和及时性，提高顾客服务水平。

第三，作为获得竞争优势的手段，提高物流运输效率，提供差别化物流服务。

第四，通过货物跟踪系统所得到的有关货物运送状态的信息丰富了供应链的信息分享源，有关货物运送状态信息的分享有利于顾客预先做好接货以及后续工作的准备。建立货物跟踪系统需要较大的投资，如购买设备、标准化工作、系统运行费用等。因此，只有有实力的大型物流运输企业才能够应用货物跟踪系统。但是随着信息产品和通信费用的低价格化以及互联网的普及，许多中小物流运输企业也开始应用货物跟踪系统。在信息技术广泛普及的美国，物流运输企业建立本企业的网页，顾客通过互联网与物流运输企业也开始建立本企业的网页，通过互联网从事物流运输业务。

## 三、GPS及其在现代交通运输中的应用

1. GPS在道路工程中的应用

GPS在道路工程中的应用，目前主要是用于建立各种道路工程控制网及测定航测外控点等。随着高等级公路的迅速发展，对勘测技术提出了更高的要求，由于线路长、已知点少，

因此，用常规测量手段不仅布网困难，而且难以满足高精度的要求。目前，国内已逐步采用GPS技术建立线路首级高精度控制网，如沪宁、沪杭高速公路的上海段就是利用GPS建立了首级控制网，然后用常规方法布设导线加密。实践证明，在几十公里范围内的点位误差只有2厘米左右，达到了常规方法难以实现的精度，同时也大大提前了工期。

2. GPS在汽车导航和交通管理中的应用

三维导航是GPS的首要功能，飞机、船舶、地面车辆以及步行者都可以利用GPS导航接收器进行导航。汽车导航系统是在GPS基础上发展起来的一门新型技术。汽车导航系统由GPS导航、自律导航、微处理器、车速传感器、陀螺传感器、CD-ROM驱动器和LCD显示器组成。

GPS导航系统与电子地图、无线电通信网络以及计算机车辆管理信息系统相结合，可以实现车辆跟踪和交通管理等许多功能。

(1) 车辆跟踪。

利用GPS和电子地图可以实时显示出车辆的实际位置，并任意放大、缩小、还原、换图；可以随目标移动，使目标始终保持在屏幕上；还可以实现多窗口、多车辆、多屏幕同时跟踪。利用该功能可以对重要车辆和货物进行跟踪运输。

(2) 提供出行路线规划和导航。

提供出行路线规划是汽车导航系统的一项重要辅助功能，它包括自动线路规划和人工线路设计。自动线路规划是由驾驶者确定起点和目的地，由计算机软件按要求自动设计最佳行驶路线，包括最快的路线、最简单的路线、通过高速公路路段次数最少的路线等的计算。人工线路设计是由驾驶者根据自己的目的地设计起点、终点和途经点等，自动建立线路库。线路规划完毕后，显示器能够在电子地图上显示设计线路，并同时显示汽车运行路径和运行方法。

(3) 信息查询。

为用户提供主要物标(如旅游景点、宾馆、医院等)数据库，用户能够在电子地图上根据需要进行查询。查询资料可以文字、语言及图像的形式显示，并在电子地图上显示其位置。同时，监测中心可以利用监测控制台对区域内的任意目标所在位置进行查询，车辆信息将以数字形式在控制中心的电子地图上显示出来。

(4) 话务指挥。

指挥中心可以监测区域内车辆的运行状况，对被监控车辆进行合理调度。指挥中心也可以随时与被跟踪目标通话，实行管理。

(5) 紧急援助。

通过GPS定位和监控管理系统可以对遇有险情或者发生事故的车辆进行紧急援助。监控台的电子地图显示求助信息和报警目标，规划最优援助方案，并以报警声光提醒值班人员进行应急处理。

3. GPS的其他应用

GPS除了用于导航、定位、测量外，由于GPS的空间卫星上载有的精确时钟可以发布时间和频率信息，因此，以空间卫星上的精确时钟为基础，在地面监测站的监控下，传送精确时间和频率是GPS的另一重要应用，应用该功能可以进行精确时间或者频率控制，可以为许多的工程实验服务。此外，据国外的资料显示，还可以利用GPS获得气象数据，为某些试验和工程应用。

阅读以上案例回答以下问题：
1. RFID 技术在物流各个环节有什么具体应用?
2. 为了应用 RFID 技术,还需要借助哪些物流硬件设施以及软件系统?
3. 什么是货物跟踪系统? 货物跟踪系统是如何工作的? 其具有哪些优势?
4. 什么是 GPS? GPS 有哪些用途?
5. GPS 的优势领域是什么? GPS 与 GIS 结合又有哪些新的应用领域?

## 案例6

### 联想电子商务供应链管理实践[①]

联想从 2008 年正式发展电子商务以来,在 2009 取得了年处理订单超过 8 万件,平均日订单处理量为 200 件左右,销售总额超过 4 亿元人民币的良好业绩,最小订货量为 1 台,同时供应链成本持续降低,在运营后期配送成本低于每订单价格的 1%,通常每单的供应链成本为 30~40 元,根据地区有所区别,但是仍然低于业界 2%左右的平均水平。

当电子商务零售年订单额在达到万量级之后,供应链通常将面临严峻的考验。行业研究表明,随着订单的增加,仓储、打包和配送成本并不是像通常想象的按照线性上升,而是呈阶梯状上升,即物流成本将在订单量在达到某个拐点后,将会快速上升至一个平台之后随之平稳,在订单达到另外一个新高之后又快速上升。如何降低物流成本在订单临界点的快速提升对于电子商务网站运营的影响,这是电子商务运营过程中面临的巨大挑战。

多数电子商务企业在市场份额快速提升的阶段都面临物流配送方面的困惑,特别是大多数电子商务从业者缺乏传统行业的物流建设和维护经验,这种经验和知识的欠缺导致物流本身的特点对企业经营的影响更加明显。

联想电子商务运营部门通过创新地将供应链管理通过外包的形式,通过与第三方物流商紧密合作,将自己不擅长的物流工作交付给专业机构,而自身则专注于电子商务中的营销和客户运营的形式,有效地补充了自身物流能力的不足,为联想电子商务的突出表现提供了基础。

尽管采用第三方物流可以通过专业分工来提升物流配送效率,进而有效地降低电子商务企业在物流管理方面的风险,控制物流成本,但是其中带来的对物流商的管理和质量控制的难题一直困扰着各大电子商务运营商。京东、卓越和当当等大型电子商务运营商均表示要投入大量经费进入物流建设;同时,德意志银行等资本市场也对存在物流设施的电子商务运营商表示了更多的偏爱。但是,联想的成功向市场提供了另外一种开展电子商务的物流选择。

联想在物流方面的特点主要有以下三点。

① 资料来源：工厂商业新闻网。

一、充分利用联想原有的物流体系

由于联想以及其主要合作分销伙伴神州数码现有的供应链体系已经非常成熟，因此充分利用现有的资源开展电子商务是其最优的选择。同时，由于神州数码自身的定位是整合IT服务提供商，而不是单纯的分销商，因此联想电子商务的业务模式与神州数码的业务并不冲突。

对于大多数传统企业来讲，现有的物流渠道体系已经成熟，如何高效地利用现有体系为自己的电子商务服务，可以帮助其快速降低，甚至迈过电子商务的物流门槛。

二、物流方备货模式

通过物流服务提供商根据每月预测向联想的工厂提交订单，由物流服务商备货，降低联想的资金压力，并且最大限度地利用物流商对于供应链的经验和知识，保证供应链体系的柔性化。同时，联想还致力于将整个供应链流程电子化，使客户端的信息快速反馈到供应链后端。

物流方备货是一种对电子商务运营商来说非常有优势的模式，但是这种模式要求电子商务运营商在供应链中具有相当强势的地位，并不是每个运营商都有这种能力。但是，联想在供应链管理的过程中，充分利用前端数据，并且通过电子商务的手段将前端数据快速传递给生产商，保证了供应链的高效率，也值得其他的传统企业学习。

三、仓储和配送的细节优化

联想在保证客户体验和提升物流效率的平衡两大方面进行了大量的工作，包括对在售主要型号产品的备货要求，配送速度方面的要求等。最终联想电子商务在达到了平均订单送达时间36个小时以内，每单物流成本小于1%的佳绩。

联想电子商务的供应链管理与联想电子商务自身资源和能力有一定的相关性，但是联想在其供应链管理中的创新和努力使其成为采用第三方物流的电子商务运营商中的佼佼者。

阅读以上案例回答以下问题：

1. 联想公司是如何成功地实施电子商务供应链管理的?
2. 联想公司实施电子商务供应链管理有哪些优势?

## 案例7

### 戴尔公司度身定制的网络直销[①]

一、公司概况

戴尔计算机公司(以下简称戴尔公司)是世界上最成功的网络直销的计算机公司(如案

① 资料来源：豆丁网。

例图 3 所示)。该公司于 1984 年由企业家迈克尔·戴尔创立,他是目前计算机业内任期最长的首席执行官。他的理念非常简单,就是按照客户要求制造计算机,并向客户直接发货,使戴尔公司能够更有效和更明确地了解客户需求,继而迅速地作出回应。

**案例图 3　戴尔公司的网站主页**

正是这种大胆的直接与客户接触的网络营销观念使得戴尔公司成为 20 世纪 90 年代最成功的企业之一。这种革命性的举措和独到的先见之明已经使戴尔公司成为全球领先的计算机系统直销商,跻身业内主要制造商之列。戴尔公司的网址每周被顾客访问的次数超过 80 万次,公司因此每天获得平均收入超过 4 000 万美元,而 1997 年这一数字只有 100 万美元。今天,在美国,戴尔公司是商业用户、政府部门、教育机构和消费者市场名列第一的主要个人计算机供应商。在亚太地区,该公司的业务覆盖了中国、澳大利亚、印度、印度尼西亚、韩国、马来西亚、新西兰、新加坡、菲律宾、泰国以及亚太地区的其他国家和地区。在全球,这个公司在 34 个国家拥有 3.65 万名员工。

戴尔公司通过首创的革命性的直线订购模式,与大型跨国企业、政府部门、教育机构、中小企业以及个人消费者建立直接联系。公司的管理者认为,戴尔公司的网站带来了巨大的商机,并且将会继续在整个业务中占据越来越大的比重,在今后的几年中,预计公司 50%的业务将在网上完成。为了应付这样一个巨大的商业网站面临的技术上和商业上的挑战,戴尔公司一直在进行广泛的市场调研,以便使互联网这一销售渠道更加完善。

2000 年 4 月 3 日戴尔公司的董事长兼首席执行官迈克尔·戴尔先生来到清华大学举行题为"Dell 与网络时代"的演讲。① 在演讲中,迈克尔·戴尔简要阐述了戴尔公司在电子商务领域的成功经验、网络时代的特征和中国所具有的巨大潜力和优势。他认为,戴尔公

① 资料来源:http://www.ap.dell.com/ap/cn/zh/gen/corporate/press/pressoffice_cn_2000-04-10-pek-000.htm。

司目前的全球市场增长率是 44%，而中国的业务 1999 年的增长速度却达到了 250%，速度非常惊人。谈到戴尔公司制胜的法宝，迈克尔·戴尔认为，直接和用户打交道，提供更好的服务和产品，提高效率，最终建立更低的成本架构是至关重要的。互联网是戴尔公司实现以上目标的理想方式。利用这种新型的方式，戴尔公司很好地消除了不必要的中间环节和传统经济体制中的内耗，并能够始终保持与客户的密切联系。迈克尔·戴尔先生说："我个人对网络和信息技术充满了热情，这是我取得成功的基础。我们不仅要掌握基本的技能，同时还要敢于思考如何改进现有的网络，如何促进信息时代的发展，如何发展电子商务并从这种经济模式上获益。信息技术的应用可以极大地提高我们的工作效率，使大家能够畅通地交流，并迅速发挥出各自的能力。"

二、网站建设

戴尔公司的网络业务小组的一个主要目标就是创建一个在访问量增加时可以很容易伸缩容量的站点。戴尔公司采用了分布式方案，使用 Cisco 的分布式控制器在各个服务器之间平衡负载。这些服务器的内容彼此镜像，在网站访问量急剧上升时，戴尔公司可以在一个小时内增加需要的硬件容量以满足技术服务高速运转的要求。这个方案同时保证客户可以以最少的等候时间尽快得到他们正在查找的数据，例如价格和样品信息。

戴尔公司的互联网业务经理洛拉·察尔博克说："戴尔公司网站的访问量很容易受外界的影响。比如，当《今日美国》发表一篇关于戴尔公司的文章时，站点的访问量会增长几乎 3 倍。我们需要很快地适应额外容量的能力。我们的分布式的环境意味着我们可以在一个小时以内完成这一切。我们所要做的仅仅是在一个新的服务器上创建最新信息的镜像，把这个服务器加入网络，然后告诉分布式系统新增的服务器。"

戴尔公司大部分的前端服务器存放的是 HTML 格式的静态页面。前端服务器将顾客的需求流入不同的应用服务器以处理不同的任务。这其中包括戴尔公司的 Premier 页面(SM)服务。这种页面是专门为公司客户的销售而设计的。上面包括订购信息、订购历史、已经被公司客户认可的系统配置甚至账户信息。戴尔公司的 Premier 页面向几千家公司提供服务，为这些公司中的每一个提供单独的网址。Premier 页面帮助戴尔公司为公司客户提供更好的服务，这减少了公司电话中心的负担，并帮助公司将其市场扩展到全世界。大约 30%的 Premier 页面是为海外客户服务的。

为了处理数据库业务，戴尔公司采用 Microsoft SQL Server 作为数据库引擎。SQL Server 具有处理不断产生的大量数据的能力，并且它的应用开发环境使用起来非常简单，这使得戴尔公司可以通过降低雇佣数据库管理人员的数量而节约了费用。

对于网站内容管理和部署，戴尔公司认为，这是一个网站生存的关键。除了产品的介绍外，必须重视有关新闻和公司状态的报道。在戴尔公司的网站上，用户可以很方便地找到近三年来该公司的各项活动和有关公司发展的重大财务事项(如案例图 4 和案例图 5 所示)。

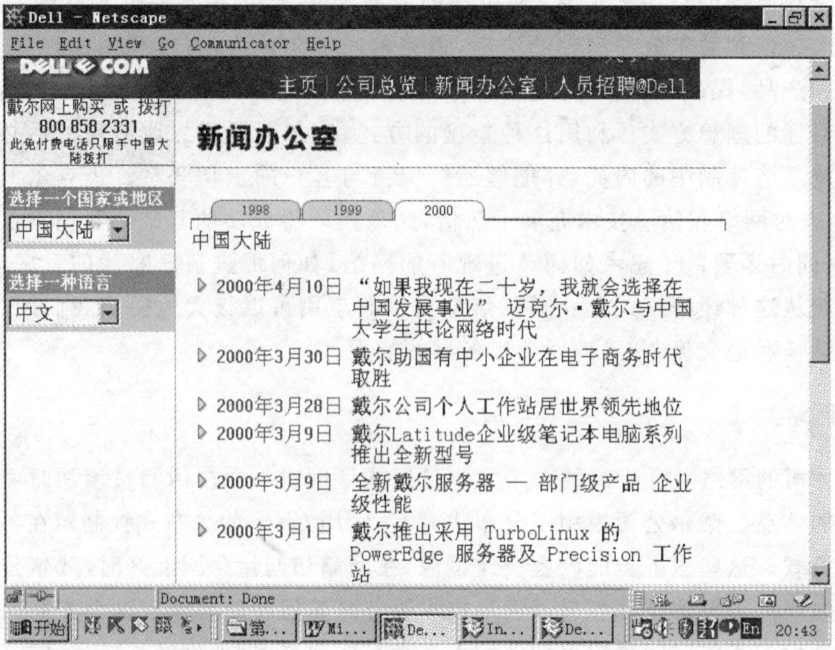


案例图 4 戴尔公司网站的新闻办公室

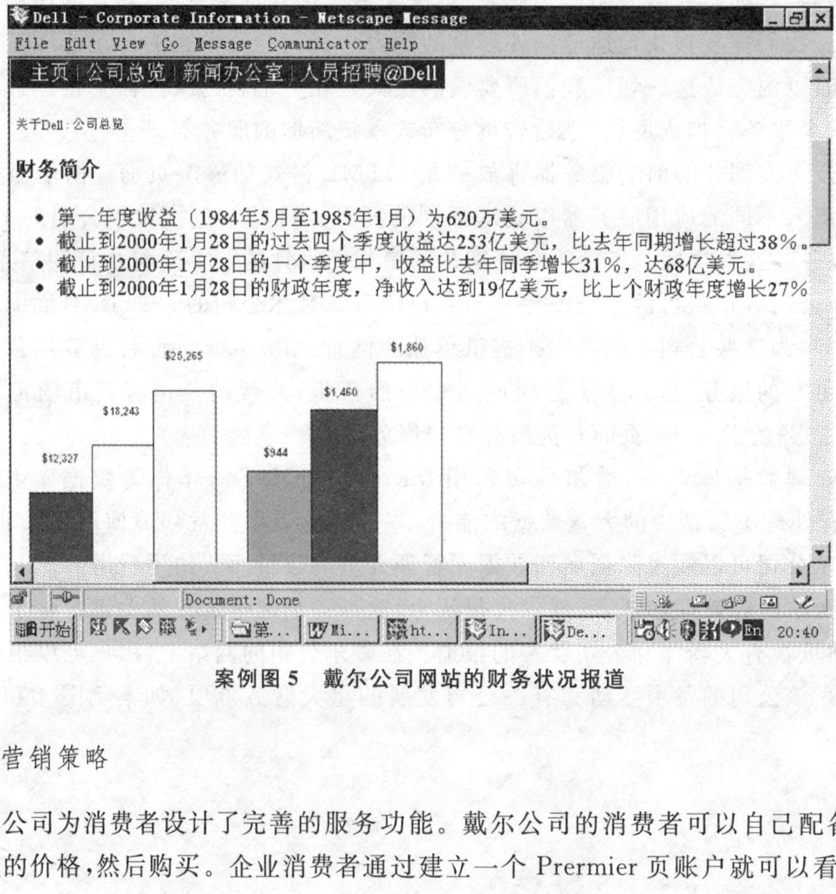


案例图 5 戴尔公司网站的财务状况报道

三、营销策略

戴尔公司为消费者设计了完善的服务功能。戴尔公司的消费者可以自己配备计算机，选择合理的价格，然后购买。企业消费者通过建立一个 Premier 页账户就可以看到基于特定合同的目录和价格。这些事务通过集成在商业服务器的订单处理管道从商业服务器发送到戴尔公司的订单数据库，消费者可以回到站点并查询直接由戴尔公司的生产部门更新的订单状态。一旦客户提交了订单，他们可以登录到网站并且查到他们的一个或者多个订单状态。这些状态信息从戴尔公司的订单维护系统和分销商那里提取到，然后通过互联网信息服务器反馈给客户。那些不喜欢经常检查他们订单状态的客户可以使用订单查看窗口(Order Watch)，输入一个订单号和一个电子邮件地址，一旦订购的货物发出，系统就会自动地给客户发送一个电子邮件通知。

戴尔公司使用分析功能来处理日志文件和关于站点使用情况的报告文件。戴尔公司现在正在研究如何最好地使用分析后得到的数据，以将其和访问者的个人爱好结合起来，这样不但能知道客户最喜欢访问哪些页面，而且能知道为什么。有了这些信息，销售人员就能更好地读顾客情况并作出报告，这对于公司向顾客提供他们需要的产品和服务以及创建更有效的网站大有裨益。

## 四、营销服务

戴尔公司成功的最大关键在于它对顾客需求的快速反应和与 PC 机的新需求响应的调整发展策略。从每天与约 20 万个客户的直接洽询中，戴尔公司掌握了客户需要的第一手资料。戴尔公司提供广泛的增值服务，包括安装支持和系统管理，并在技术转换方面为客户提供指导服务(如案例图 6 所示)。戴尔公司灵活地运用它的 PowerEdge 硬件和微软产品来处理顾客的信息请求、购买请求和发货请求，以及站点内容的开发和发布。在前端，分布着许多戴尔公司的部门级的 PowerEdge 服务器，它们负责管理整个网站。

**案例图 6　戴尔公司网站的技术服务网页**

与此同时戴尔公司与顾客在技术开发上建立了一对一的直接关系，为顾客带来更多好处。直线订购模式使戴尔公司能够提供最佳价值的技术方案：系统配置强大而丰富；性能表现绝对是物超所值。同时，也使戴尔公司能以更富竞争力的价格推出最新的相关技术。戴尔公司设计、开发、生产、营销、维修和支持一系列从笔记本电脑到工作站的个人计算机系统。每一个系统都是根据客户的个别要求量身定制的。

戴尔公司认为，把技术服务和售后服务搬到网上，不但缩短了与客户的距离，而且能收集客户信息、降低销售成本。为此，戴尔公司主要做了三方面的工作：第一，通过网站提供产品的信息和知识，方便客户获取所需的资料，特别是技术资料；第二，设立在线客户反馈，方便客户及时寻求帮助；第三，编制客户邮件列表，方便客户了解产品的最新动态和注意问题。

今天，戴尔公司利用互联网进一步推广其直线订购模式，再次处于业内领先地位。以DellPowerEdge服务器运作的www.dell.com网址包括80个国家的站点，目前每季度有超过3 500万人浏览。客户可以评估多种配置，即时获取报价，得到技术支持，订购一个或者多个系统。

阅读以上案例回答以下问题：

1. 戴尔公司采用的是哪种网络营销模式?
2. 通过案例，总结戴尔公司认为的网络营销的精华是什么?
3. 为了网上销售更具成果，戴尔公司都推出了哪些举措?
4. 戴尔公司的网络销售行为给网上创业者带来哪些启示?

## 案例8

### 隔夜快递业之父——邮差费雷德[1]

他将全部财产850万美元投入到联邦快递公司，然而这还远远不够。为了筹到巨额资金，他竭尽全力游说华尔街大银行家、大投资商，筹集到9 600万美元，创下了美国企业界有史以来单项投资的最高纪录，他就是被誉为“隔夜快递业之父亲”的美国著名企业家——弗雷德·史密斯。1962年，弗雷德·史密斯考入耶鲁大学，在大学里，他凭着一名优秀企业家的内在因素和特有的直觉预见到创立一种隔夜传递服务公司是十分必要的。随后他抱着这一想法写成了论文，此后，弗雷德·史密斯创办隔夜快递公司的初衷始终没有动摇过。

1966年，弗雷德·史密斯从耶鲁大学毕业，获得了经济学学士。毕业后他应征入伍，成为美国海军陆战队的一员，并到越南战场服兵役。1969年7月，弗雷德·史密斯两年服役期满离开部队。他刚回到美国，就购买了一家叫阿肯色航空公司的飞机维修公司，使之变为收购和销售旧飞机的交流中心，两年就盈利25万美元。但史密斯远未满足这样的成功。他先委托咨询公司对运输市场形势和前景进行了研究与调查，根据咨询公司提供的美国现有邮

① 资料来源：言小范文网。

政状况，史密斯进一步证明了这一领域具有巨大的潜力。

根据咨询公司的调查结果，弗雷德·史密斯立即开始创办真正能够适应高科技时代发展潮流的“隔夜快递”公司。

1971 年 6 月 28 日，联邦快递公司正式成立，其总部设在小石城旧址，写着“欢迎顾客光临”的大标语悬挂在公司办公室。公司刚成立，弗雷德·史密斯便积极努力地争取第一个大客户，寻找与美国联邦储备系统签订服务合约。为了这第一笔业务，他使尽了全身解数，耗费了无数个夜晚通宵达旦地研究，不知在纽约与华盛顿之间跑了多少个来回，拿出几百个小时与那些“官方的人”解释、沟通、协调。可是，弗雷德·史密斯做梦也没有想到，几周以后他得到的却是联邦储备系统拒绝接受“隔夜快递”服务的消息。就这样用飞机为联邦储备系统快递票据的计划彻底失败了。

初战失利后的联邦快递公司所面临的不仅仅是联邦储备系统的回绝。弗雷德·史密斯的朋友、竞争对手和传播媒介都认为他把继承的财产用于联邦快递公司的冒险简直是疯了。但弗雷德·史密斯并没有被铺天盖地的反对声吓退，他以一个敢于创新、敢于冒险的杰出企业家的胆识和方式继续去实现他的目标。

1972 年到 1973 年年初，弗雷德·史密斯投资 7.5 万美元组成了由专家、飞行员、技师和广告代理商等组成的高级顾问小组，再次深入地进行市场调查。他根据再次调查的市场情况重新制订了营业计划，但是这个新的营业计划比原来的计划复杂得多，所需资金投入量也很大，首先要有一定数量的运输工具——飞机和汽车，还要在全国建立服务网、开通多条航空线。此时的弗雷德·史密斯表现出了一个企业家不可多得的胆识，毅然决定把自己全部的家产 850 万美元孤注一掷地投入到联邦快递公司，然后，他竭尽全力地对华尔街那些大银行家、大投资商进行游说。弗雷德·史密斯对快递公司市场精辟、独到的分析以及他的努力、他的自信、他的非凡的领导能力，特别是他破釜沉舟地把全部家产投在联邦快递公司的勇气和冒险精神给这些私人投资家留下了极为深刻的印象，包括万仓保险公司和花旗风险资本公司在内的几家大公司先后向联邦快递公司投资，很快，他筹到了 9 600 万美元，创下了美国企业界有史以来单项投入资本最高的纪录。

1973 年 4 月，联邦快递公司正式开始运营。1975 年 7 月公司开始盈利，当年的营业收入达到了 7 500 万美元。1976 年，联邦快递公司获纯利 350 万美元；1977 年年度经营收入突破 1 亿美元，获纯利 820 万美元。1978 年 4 月，联邦快递公司在纽约证券交易所正式挂牌，公开出售第一批股票。此后，公司的年度营业收入以每年大约 40％的速度增长，这时的联邦快递公司已拥有 6 700 名雇员，每夜向全国 89 个城市运送 6.5 万个包裹。

1984 年，联邦快递公司完成第一次收购行动，成功地收购了位于明尼阿波利斯的吉尔科快递公司。1985 年联邦快递公司的总营业收入达到 20 亿美元。1986 年。联邦快递公司在加利福尼亚州的奥克兰市和新泽西州的纽瓦克分别开设了分拣中心。到了 20 世纪 80 年代末期，联邦快递公司的年度营业收入超过了 35 亿美元，纯利润 1.76 亿美元。联邦快递公司向全世界 90 个国家和地区提供服务。他拥有员工 5.4 万人，各项业绩指标都跃居全世界航空货运公司的首位，成为全球隔夜快递业的龙头企业，弗雷德·史密斯也当之无愧地被誉为“隔夜快递业之父”。

联邦快递公司是 20 世纪下半叶伟大的创业传奇的故事之一，是风险投资案例的一个奇迹，也是企业开拓进取、敢于创新精神的代表。弗雷德·史密斯的巨大成功，主要有以下四个重要原因。

第一，"越战"培育了他不屈不挠的顽强精神。弗雷德·史密斯在"越战"中磨炼了自己的意志，培育了自己应付企业经营可能失败而不屈不挠的顽强精神。越南战场上的经历是弗雷德·史密斯在又潮又热、温度高达120华氏度的越南丛林中前所未有地面对死亡和危险，这教会了他应付企业经营可能失败的顽强精神，也教会了他如何管理和激励自己的员工。美国风险投资资本家戴维·西尔弗在《企业巨富》中指出："在越南的经历使弗雷德·史密斯仅凭直觉就能知道危险之所在，或许还能使他铤而走险。"正是这种磨炼锻炼了他顽强不屈的意志，多次战胜了企业经营中难以想象的困难。1978年8月，《骑士报》发表文章指出："在艰难中仍然屹立不动摇，凭借不屈不挠的意志与战斗力去抵抗阻挡在前进道路上的任何横逆，他卓越的表现不仅是企业家的楷模，更是我们每一个人都应当效法的。"给弗雷德·史密斯投资的风险投资家们就是看中了他的这种不屈不挠的精神。

第二，独特的个人魅力。弗雷德·史密斯赢得这么多的风险投资不仅仅是他的市场分析具有多么大的诱惑力，也不是风险投资家想从中获得奇迹般的收获，而与他的个人魅力不无关系，许多参与投资的风险投资家说，他们投资是看中了弗雷德·史密斯这个人，他一定能成为一个难得的创造神话的伟大企业家。

第三，视信誉为企业的生命。信誉是企业的生命，为了履行对客户的承诺"绝对肯定地隔夜送达"，联邦快递公司在服务方面做到了服务周到、信用可靠、精益求精、无孔不入。从公司刚刚成立的时候起，他们就已经意识到服务质量的好坏是公司在激烈的市场竞争中成败的关键，他们尽量简便客户托运货物的手续，并以准确、快速、可靠的服务赢得客户的信任。正像一位客户指出的："人们不常看到非常良好的服务，一旦看到了便趋之若鹜。"联邦快递公司的种种努力有力地提高了自己的形象，人们更加喜欢这个公司，所以联邦快递公司的股票越来越好，这更导致了各种资金(包括风险投资基金)的源源注入。

第四，目光敏锐，善于把握历史机遇。进入20世纪60年代以后，美国经济越来越依赖服务业和高技术产业。这一新的产业布局造成了人员和产品的分散，因而急需一种能够保证快捷、可靠地传送货物的企业出现。这是时代的挑战，更是难得的机遇。弗雷德·史密斯敏锐地发现这一机遇，并勇敢地接受挑战，紧紧地把握住了这一历史契机，在美国历史上首创了"隔夜快递"这一新兴的服务行业。

阅读以上案例回答以下问题：

1. 联邦快递公司是如何发展起来的？在发展的过程中它遇到了哪些问题？这些问题是如何解决的？
2. 简述弗雷德·史密斯的创业之路以及给我们带来的启示。
3. 简述快递业的发展趋势。

## 案例9

# 拉手网网络团购[1]

团购是一种电子商务模式，即团体采购，也称集体采购或者团体购买，早期又称集体采购或者合作消费，即一个团队联合起来向商家采购某一商品或者服务。互联网以及现代信息技术的发展和普及使得分散在不同角落、互不认识的消费者能够很容易地集体采购某一品牌的某种产品，网络团购也由此应运而生。所谓网络团购，就是认识的或者不认识的具有相同购买意向的零散消费者联合起来，向厂商进行大批量购买的行为，从而加大与商家的谈判能力，以求得最优价格的一种购物方式。根据薄利多销、量大价优的原理，商家可以给出低于零售价格的团购折扣和单独购买得不到的优质服务。

在进行市场交易时，消费者与卖方间的不对称信息导致作为消费者的买方处于市场的弱势地位，为了改变自身在交易中的不利条件，部分消费者一直以来努力寻求最大化的顾客总价值以保障自身的消费利益，在这种境况下，团购消费形式越来越受到消费者们的青睐。目前，国内的网络团购机构有很多，对于消费者而言，团购价格低于一般的市场价格使消费者得到实惠；而对于商家来说，薄利多销加快了货物和现金的周转，也可以降低商家的销售成本，因此形成了双赢的局面。但是从目前中国网上团购运动发展的实践来看，由于其经历时间并不太长，本身还有许多的矛盾和问题有待解决，尤其是在其营销运作模式上还有必要进一步的完善和优化。目前这些网络团购机构的处境不容乐观。大宗商品的网络团购组织很多，规模参差不齐，很多小型团购网站只有一个躯壳，实际经营的商品很少，每天的交易量也很少；而一些规模较大的团购网站虽然注册会员有几万人，但每日的交易量仍十分有限，难以达到团购要求的规模效应。汽车、房屋和装修材料团购稍好一些，但单个组织的规模和影响力不大，发展缓慢。

### 一、拉手网基本情况

拉手网，全球首家 Groupon(团购)与 Foursquare(签到)相结合的团购网站。拉手网每天会推出一款超低价精品团购，使参加团购的用户以极具诱惑力的折扣价格享受优质服务。同时，拉手网推出的这些超低价精品团购有着强烈地域性。拉手网凭借其强大的市场拓广团队，在北京、深圳、上海、广州和南京等国内 100 个一线城市，不断网络与发掘优质的、符合当地品味的餐饮娱乐商家，携手为当地用户推出低价格、高品质的服务。

拉手网是一个综合性多元化的网络互动跨媒体平台，它涵盖互联网终端和手机终端用户，是一个多媒体、智能化、多网络平台社区。拉手网致力于为互联网用户和手机网络用户的联系交流以及各种实用需求提供最佳的解决方案，团队的使命是打造中国最大的社交网络交流平台。

近日，互联网媒体数据监测机构慕唐 ZBOSS 的一份报告在业内流传，引起了不小的轰动。从慕唐提供的团购行业数据分析报告评测对美团网、爱帮网、拉手网、糯米网和满座网等多家团购网站在北京、上海、浙江和广州等六个地区数据流量进行抽样监测调查来看，总

① 资料来源：百度文库。

体上拉手网排在领先的位置。

拉手网是什么？拉手网每天推出一件限人数“秒杀”精品消费，使用户享受至尊无敌折扣。只要在拉手网注册，用户每天都会收到一封来自拉手网的邮件，邮件提供用户所属地区餐厅、酒吧、KTV、SPA、美发店和瑜伽馆的优惠信息，例如用50元优惠券吃一顿价值100元的晚餐或者以1/3的价钱看电影大片。

每天拉手网的首页都会让用户感到惊喜。至尊无敌折扣、超低的价格是用户在任何时候都无法想象的。俗话说：“过了这个村儿，没有这个店儿。”所有拉手网推出的精品消费都是限时限量的。拉手网所有的活动都是团购模式，必须达到最低团购人数活动才生效。如果时间截止时，没有达到最低团购人数，活动只能取消，拉手网会立即返还已参加活动人员的购买费用。拉手网的活动方式及宗旨是：拉手网每天团购一次，为用户推荐超低折扣的优质服务；拉手网每天为用户推荐一种优质的本地生活服务；拉手网的推荐一定物超所值；拉手网致力于帮用户发现最好玩、最新鲜的生活方式。

二、拉手网的经营创新

1. 拉手网的“G＋F”创新

从网站上线时起，拉手网就确立了“Groupon＋Foursquare”的混搭模式。中国的Foursquare们从诞生伊始就不可避免地被打上了山寨标签，不过拉手网却被一家美国网站“山寨”了。这家名为GroupTabs的网站添加了“签到”(Check-in)功能以吸引更多的用户，并且将自己描述成团购网Groupon和地理位置服务商Foursquare的混血儿。而早在几个月之前，拉手网的创始人吴波就已经将“Groupon＋Foursquare”模式(以下简称“G＋F”)付诸了实践。

所谓的“G＋F”，G是在前面的，F的目的是帮助G。拉手网在开始团购业务时就已经开发了多款基于iPhone和GPhone的移动互联网应用，如“拉手离线地图”、“开心生活”和“拉手四方”。纯粹的“Check-in”模式可能很难生存。用户的兴奋期最多也就能持续3～5个月的时间，拉手网推出第二版也是通过Groupon签约商家的优惠券去刺激大家使用LBS服务。要给签到用户像团购注册用户一样的实惠，没有实际回馈的签到很难留住用户。这种判断来自于对拉手网主要用户群体的了解，这些用户大部分是较高收入的高端白领。

根据团购单数提成和“Check-in”功能带来的商家资源正在合力为拉手网贡献收入，后者是指利用“Check-in”功能收取商家的推广服务费，这使得拉手网于2010年5月实现盈利，到2010年8月，其月销售额已突破千万元。

2010年6月，拉手网宣布获得了金沙江创投的风险投资，至此拉手网已获得A轮三笔融资，共计500万美元。目前，拉手网已经覆盖了全国100个城市，其中大部分是地面直营店，有自己的办公室和员工。拉手网员工数中80％以上是市场人员。面对这样的增速和超过100万的注册用户，所有用户的不满或者投诉均被要求在24小时内解决。服务业的投诉率其实是很高的，但是拉手网一直保持了100％的解决客诉率。

2. 拉手网推一日多团超Groupon再创团购新模式

拉手网于2010年9月15日凌晨全面升级，采取一日多团的新模式，在同一天的主页面中向用户推出多款团购活动。

拉手网这一动作不仅再次突破了国内团购行业一直以来一成不变的商业模式，更是跳出了对团购网站鼻祖 Groupon 的一味模仿，自成一体。这是拉手网自成立以来第二次向传统的团购模式发起挑战。

早在几个月前，拉手网就结合国内市场形式，创造了属于中国“本土化”的“G ＋ F”模式。现今，拉手网又在主页面中推出了一日多团的新型模式。可谓是国内团购网站中创新型选手，同时这种敢于在实践中不断创新的精神也无疑给国内互联网产业做出了榜样。目前，拉手网无论是从企业规模、商业模式还是服务质量方面来说，都已经跃居成为团购行业中的龙头老大，成为中国最大并且首个向用户承诺零风险团购的网站。

对于拉手网首创的这种一日多团的全新商业模式能否被用户接受并且得到业内人士的认可，还需要经过市场检验，也让我们拭目以待。

3. 营销模式

拉手网的营销一直很有创意性，第一个引人关注的活动是－1 元抢 iPad，那时 iPad 在国内正受到苹果迷们的热捧，拉手网非常成功地借助这个势头，引来了无数瞩目的眼球。第二个是拉手宝贝活动，在北京、上海和广州等多地出现比基尼拉手宝贝，引导路人注册拉手网，这个活动同样引起了很大的关注。如果说这些还围绕着团购，那引入 SNS 游戏显然有点不伦不类。

但拉手网用事实证明，这一招非常有效，不但吸引了用户关注，而且将用户黏在这个平台上。拉手网的游戏能够获得积分，而积分能够替换成现金券，能够直接在这个平台使用。这在目前来说都算是一种创新。用户不但能够玩乐，而且可以获得切实利益，比 SNS 游戏更有吸引力。

## 三、拉手网商业模式

1. 战略目标

拉手网凭借 905.6 万人的月度覆盖人数位居国内团购网站访问量第一位。为了扩大优势，拉手网选择向国内扩张。拉手网引爆了团购打折网站的热潮，也将竞争升级——近期拉手网将上线深圳版，从而将北京和深圳两大城市受众的热情调动，并且正在谋划进军中国台湾市场。面对拉手网的这种网络圈地，也从战略上说明团购打折网站的价值和竞争激烈。

拉手网 CEO 吴波认为整个团购行业的前景很好，带动了消费，两三年内中国的团购市场规模会超过美国。很多企业发展到一定阶段后都会步入上市期，关于上市问题，吴波坚定地表示：“我们肯定是要独立上市的。”对于上市的时间，预计会在两三年之内。而至于上市的市场要看到时哪个市场对拉手网更有利，如果届时拉手网要做国际市场的扩张，可能会选择在海外上市；如果届时中国市场也够国际化，可以在中国上市，在国内或者海外上市都有可能。

2. 营利模式

拉手网由于直接面对商品、消费者、企业，其营利模式也是相对最清晰的。拉手网通过以下七种方式获利。

(1) 商品直销。

即以“团购”的名义直接在网站上刊登商品信息进行直接销售，这里的货源也可以是网站自己进货或者跟商家合作代销，直接获得商品销售利润。商品直销是网站在运作中实现基本盈利的传统方式。

(2) 活动回扣。

网站作为商家与买家的中间桥梁，组织有共同需求的买家向商家集体采购，事后商家向网站支付利润回报。团购商品小到生活用品，大到电器、建材、装修、汽车和房产等，如果团购网站成功组织了一个大型采购团(如买车团、买房团)，仅一次活动的商家利润回报小到上万，大到十几万甚至更多。现在一些大型团购网站号称有千人团购会甚至有万人团购会，这种大规模的采购其产生的利润回报之大可想而知。

(3) 商家展会。

拉手网可以不定期举办商家展览交流会，商家可以借此机会进行新产品的推广和试用；可以面对面地与客户进行交流、接受咨询与订单并借此了解客户的需求与建议。拉手网以向商家收取展位费获得收益。

(4) 广告服务。

拉手网除了具有区域性特征外，其受众一般都是具备消费能力、购买能力、购买欲的人群，对于商家来说定位精准、目标明确、成本低廉，故必将成为商家广告宣传的最佳平台。

(5) 售会员卡。

“IP会员”是用来凸显用户“尊贵身份”的常见方式，在年轻人(特别是学生人群)中非常受欢迎。拉手网通过发放会员卡的形式来让用户提升“身份”，网站可以为持卡会员提供更低廉的商品价格和更贴心的服务，可以让持卡会员直接在合作的商家实体店铺进行“团购”。

(6) 分站加盟。

当网站具备了一定的影响力，无形中已经在为自己做项目招商。此时网站可以提供授权给加盟者成立分站，为加盟者提供网络平台、运作经验、共享网站品牌等。网络在获得加盟费的同时也扩大了自身规模的影响力。

(7) 线下活动。

网站开展不定期的线下活动，这不仅是一种营利的好方式，而且拉近了网站与会员的距离，增加了客户的满意度和忠诚度，从而提升品牌的价值。

3. 核心能力

“秒杀”网站兴起的时候，拉手网再次颠覆了人们对于“秒杀”网站的既定印象，同样改变了一些人的作息时间和购物习惯。2010年是团购网站开始兴起的一年，在国外提到Groupon这个网站，可谓妇孺皆知，因为其能够提供大量的团购项目，如SPA、跳伞培训课程和高尔夫、滑雪、划艇等户外活动，大部分都是以4～6折的价格提供给消费者，有的甚至是一折，低价且还有时间限制，由此吸引了相当多的网友。Groupon的概念是：在线购物简单又好玩。拉手网同样以团购打折作为最大的卖点——对于团购人数的严格限制才使得用户有较大的热情去动员各自的人际关系网络，很多人甚至将这些信息搬上QQ和微博来邀请好友来一起购买。

这同样也成为其他类似网站可以复制的发展模式。目前，团购网站在中国尚属空白，其中的空间很大，市场属于蓝海，不需要恶性竞争。因此，如何把这个市场做大做好才是类似“拉手网”这类敏锐洞悉网络市场的先行者需要考虑的。

## 四、资本模式和规模

2011年4月，拉手网从多家风险投资机构手中募集到1.1亿美元资金，该轮融资对拉手网的估值达到了近 11 亿美元。2010 年 12 月，拉手网曾融资 5 000 万美元，该轮融资对拉手网的估值为 5 亿美元。

拉手网最早成立于 2009 年 9 月，至今累计已经完成三轮融资，金额共计 1.66 多亿美元。

2010 年 7 月，获得首轮融资 500 万美元，其中金沙江创投投资 400 万美元，德国风险基金 Rebate Networks GmbH 投资 67 万美元，泰山天使基金等也有参与。

2010 年 12 月底，获得 B 轮 5 000 万美元融资，主要投资方为金沙江创投和德国风险基金 Rebate Networks GmbH，以及 Tenaya 及 Norwest Venture Partners 等。

2011 年 3 月，获得 C 轮 1.11 亿美元融资，由麦顿投资、历峰集团旗下的 Reinet Columbus Limited 和 IPROP Holdings Limited、Tenaya、金沙江创投等共同投资。

截至 2011 年 10 月 23 日，拉手网雇员总数达 4 300 人，包括 3 100 名销售人员，402 名客服及售后支持，107 名运营人员，332 名物流人员，141 名研发人员，以及 124 名管理及行政人员。

对于信誉风险（诚信缺失、发布虚假广告、急速扩张）、市场风险（准入门槛低、竞争激烈、利润单一、服务和产品低端化、同质化严重、急需开拓新的中高端市场）以及物流风险（使用第三方物流造成商品的损害消费者的投诉）等网购方面的问题，拉手网都有其应对的措施：

(1) 自检物流提高配送质量；

(2) 提高供应商审核门槛；

(3) 管理方面上下一致，共同发展；

(4) 在技术方面整合社交网络服务。

阅读以上案例回答以下问题：

1. 团购网站和淘宝商城中的 B2C 网站有什么区别?
2. 购物网站应该如何控制风险?
3. 拉手网是如何进行推广的? 如何进行融资的?
4. 拉手网是通过哪些途径来获得盈利的? 这些对于网购网站有什么启发?
5. 拉手网的创业过程给了我们什么启示?

# 附 录

## 附录一　商务部商贸服务管理司公示的电子商务示范企业名单（共87家）(2011年1月27日)

一、北京市

1. 北京京东世纪贸易有限公司(京东商城　http://www.360buy.com/)
2. 凡客诚品(北京)科技有限公司(VANCL 凡客诚品　http://www.vancl.com/)
3. 北京当当网信息技术有限公司(当当网　http://www.dangdang.com/)
4. 北京世纪卓越信息技术有限公司(卓越亚马逊　http://www.joyo.cn/)
5. 北京红孩子互联科技有限公司(红孩子商城　http://www.redbaby.com.cn/)
6. 北京乐友达康科技有限公司(乐友母婴用品网　http://www.leyou.com/)
7. 艺龙网信息技术(北京)有限公司(艺龙旅行网　http://www.elong.com/)
8. 北京慧聪国际资讯有限公司(慧聪网　http://www.hc360.com/)
9. 北京敦煌禾光信息技术有限公司(敦煌网　http://seller.dhgate.com/)
10. 中粮创新食品(北京)有限公司(中粮我买网　http://www.womai.com/)
11. 北京京卫元华医药科技有限公司(药房网　http://www.yaofang.com/)
12. 北京王府井百货(集团)股份有限公司(王府井百货集团网上商城连锁　http://www.goonow.com/)
13. 北京金象在线网络科技有限公司(金象网　http://www.jxdyf.com/)
14. 北京千纸鹤电子技术发展有限公司(千纸鹤　http://www.qianzhihe.com.cn/)

二、天津市

15. 环渤海金岸(天津)集团股份有限公司(环渤海宜家网　http://www.hbhyj.com/)

三、河北省

16. 河北玛世电子商务有限责任公司(中国搜丝网　http://www.sosw.net/)
17. 石家庄商商网络有限公司(北国如意购物网　http://www.ruyigou.com/)

四、内蒙古自治区

18. 通辽市草原旭日食品有限责任公司(草原旭日　http://www.cyxr.com/)
19. 内蒙古宇航人高技术产业有限责任公司(宇航人集团　http://www.yuhangren.com/)

20. 呼伦贝尔市友谊有限责任公司(呼伦贝尔市友谊集团　http://www.nmyouyi.com/)

五、辽宁省

21. 沈阳金道网络科技有限公司(中国物流联合网　http://www.un56.com/)
22. 大连大商集团有限公司(大商网　http://www.66buy.cn/)

六、吉林省

23. 长春市购够乐科技有限公司(长春网上购物　http://www.gogo-le.com/)

七、黑龙江省

24. 齐齐哈尔市绿都商贸有限公司绿都电子商务科技分公司(中国农贸交易网　http://www.china-nmjy.com/)
25. 大庆易万贝科技有限公司(大庆易万贝百货大楼　http://www.10000bei.com/)
26. 哈尔滨中央红集团股份有限公司(哈尔滨中央商城　http://www.zysc.com/)
27. 黑龙江省鑫雨农民购销信息专业合作社(农民购销网　http://www.nmgx.cn/)

八、上海市

28. 东方钢铁电子商务有限公司(东方钢铁　http://www.bsteel.com/)
29. 上海陆上货运交易中心有限公司(中国物流交易中心　http://www.56135.com/)
30. 上海钢联电子商务股份有限公司(我的钢铁网　http://www.mysteel.com/)
31. 新蛋贸易(中国)有限公司(中国新蛋网　http://www.newegg.com.cn/)
32. 上海携程商务有限公司(携程旅行网　http://www.ctrip.com/)
33. 上海东方希杰商务有限公司(东方CJ家庭购物　http://www.ocj.com.cn/)
34. 亿贝管理(上海)有限公司(eBay中国官网　http://www.ebay.cn/)
35. 百联电子商务有限公司(百联E城　http://www.blemall.com/)
36. 上海农产品中心批发市场经营管理有限公司(上海农产品中心批发市场　http://www.shncp.com/)
37. 上海家帝豪电子商务有限公司(我爱我买　http://www.525m.com/)

九、江苏省

38. 苏宁电器股份有限公司(苏宁易购　http://www.suning.cn/)
39. 焦点科技股份有限公司(中国制造网　http://cn.made-in-china.com/)
40. 宏图三胞高科技有限公司(宏图三胞网上商城　http://www.pcarm.com/)
41. 苏州同程旅游网络科技有限公司(同程网　http://www.17u.com/)
42. 好享购物有限公司(好享购物　http://www.jsbcmall.com/)
43. 江苏仕德伟网络科技股份有限公司(5R网　http://www.5rchina.com/)

十、浙江省

44. 阿里巴巴(中国)网络技术有限公司(阿里巴巴　http://www.alibaba.com/)
45. 浙江淘宝网络有限公司(淘宝网　http://www.taobao.com/)
46. 浙江网盛生意宝股份有限公司(中国化工网　http://www.chemnet.com.cn/)
47. 义乌市中饰网络科技有限公司(中国饰品网　http://www.jewelchina.com/)
48. 浙江人可工贸有限公司(买特网　http://www.360mart.com/)
49. 浙江绿森数码科技有限公司(绿森数码商城　http://www.lusen.cn/)
50. 浙江搜富网络技术有限公司(中国食品产业网　http://www.foodqs.cn/)
51. 杭州祐康电子商务网络有限公司(杭州网上购物网　http://www.96188.com/)
52. 浙江珍诚医药在线股份有限公司(珍诚医药在线　http://www.zc511.com/)

十一、安徽省

53. 家家购物股份有限公司(家家猫　http://www.jiajiamall.com/)
54. 安徽易商数码科技有限公司(易商数码　http://www.ahtech.cn/)

十二、福建省

55. 安溪中国茶都集团有限公司(茶多网　http://www.chaduo.com/)
56. 福建省讯网网络科技有限公司(环球鞋网　http://www.shoes.net.cn/)
57. 厦门万翔网络商务有限公司(万翔商城　http://www.anport-e.com/)
58. 厦门七匹狼服装营销有限公司(七匹狼官方网站　http://www.septwolves.com/)

十三、山东省

59. 山东省商业集团有限公司(银座小红帽商城　http://www.xhm365.com/)
60. 山东省家家悦集团有限公司(供应宝　http://www.gybao.com/)
61. 利群集团青岛电子商务有限公司(利群网上商城　http://www.liqunshop.com/)
62. 青岛维客集团电子商务分公司(点点网　http://www.weeklydd.com/)
63. 海尔集团电子商务有限公司(海尔商城　http://www.ehaier.com/)

十四、湖北省

64. 武汉中百集团股份有限公司(中百网　http://www.zon100.com/)
65. 安琪酵母股份有限公司(安琪　http://www.angelyeast.com/)

十五、湖南省

66. 快乐购物有限责任公司(快乐购　http://www.happigo.com/)
67. 鹰皇商务科技有限公司(1872 高尔夫俱乐部　http://www.1872.net/)
68. 湖南本地易购网络科技有限公司(本地易购　http://www.bendiyigou.cn/)
69. 长沙钢为网络科技有限公司(中国钢铁现货网　http://www.gtxh.com/)

十六、广东省

70. 环球市场集团(广州龙媒计算机科技有限公司)(环球市场　http://www.global-market.com/)

71. 中国南方航空股份有限公司(中国南方航空　http://www.csair.com/)

72. 广东新环球汽车用品有限公司(汽车用品网　http://www.car2100.com/)

73. 广东盛世商潮投资有限公司(易批发　http://www.e-pifa.com/)

74. 广州市广百股份有限公司(广百商城　http://www.igrandbuy.com/)

75. 深圳市腾讯计算机系统有限公司(拍拍网　http://www.paipai.com/)

十七、海南省

76. 中国国旅(海南)国际旅行社有限公司(E假海南旅行网　http://www.ethainan.com/)

十八、重庆市

77. 重庆龙文实业(集团)有限公司(龙文钢材网　http://www.cqlw.com/)

78. 重庆易易商电子商务有限公司(全球制造网　http://www.easyeb.com/)

79. 重庆奇易网络信息咨询服务有限公司(奇易网　http://www.6695.com/)

十九、四川省

80. 成都九正科技实业有限公司(建材第一网　http://www.jc001.cn/)

81. 成都天地网信息科技有限公司(中药材天地网　http://www.zyctd.com/)

二十、贵州省

82. 大唐高鸿数据网络技术股份有限公司(高鸿商城　http://www.tao3c.com/)

83. 贵州茅台酒销售有限公司(茅台网上商城　http://www.emaotai.cn/)

二十一、云南省

84. 昆明市任达天科技开发有限公司(大方购物　http://www.dafawa.com.cn/)

二十二、陕西省

85. 陕西黄马甲物流配送股份公司(96128购物网　http://www.96128.com/)

86. 西安艾派信息技术有限公司(农商网　http://www.nongshang168.com/)

二十三、甘肃省

87. 甘肃陇萃堂营养保健食品有限公司(陇萃堂　http://www.lct.net.cn/)

# 附录二　本书知识点汇总

## 第 1 章　电子商务概述

**1. 电子商务**

广义的电子商务(Electronic Business,EB)是利用网络实现所有商务活动业务流程的电子化,不仅包括电子商务的面向外部的业务流程(如网络营销、电子支付、物流配送等),还包括企业内部的业务流程(如企业资源计划、管理信息系统、客户关系管理、供应链管理、人力资源管理、网上市场调研、战略管理及财务管理等)。

狭义的电子商务(Electronic Commerce,EC)我们一般也将其称为电子交易,是指通过Internet 进行的商务活动。

**2. 电子商务的特点**

(1) 交易虚拟化。

(2) 交易成本低。

(3) 交易效率高。

(4) 交易透明化。

**3. 电子商务的功能**

(1) 广告宣传。

(2) 咨询洽谈。

(3) 网上订购。

(4) 网上支付。

(5) 电子账户。

(6) 服务传递。

(7) 意见征询。

(8) 交易管理。

**4. 电子商务作用**

(1) 降低企业经济活动成本,提高经济效益。

(2) 降低信息的获得成本,改善经营环境。

(3) 推动产品创新,带动市场创新。

(4) 提高管理水平,改善管理环境。

(5) 扩大企业影响力,构成企业未来的竞争优势。

**5. 电子商务的特性**

(1) 普遍性。

(2) 方便性。

(3) 整体性。

(4) 安全性。

(5) 协调性。

**6. 电子商务的分类**

(1) B2B 模式。

(2) B2C 模式。

(3) B2G 模式。

(4) C2C 模式。

(5) C2G 模式。

**7. 电子商务存在的问题**

(1) 法律问题。

(2) 标准化问题。

(3) 税收问题。

(4) 安全问题。

(5) 支付问题。

(6) 物流问题。

(7) 人才问题。

**8. 我国应当采取的对策**

(1) 政府应当把握好自己在电子商务发展过程中的地位。

(2) 加快建立适应电子商务的法律法规。

(3) 加强基础设施建设和网络信息服务。

(4) 积极参与国际对话。

(5) 加强标准制定和安全技术研究。

(6) 加速金融电子化进程。

(7) 加强宣传、电子商务意识的普及和人才培养工作。

## 第 2 章　电子商务与现代物流

**1. 电子商务物流**

电子商务物流就是在电子商务的条件下，依靠计算机技术、互联网技术、电子商务技术以及信息技术等所进行的物流(活动)。

**2. 电子商务物流的特点**

(1) 实体性与虚拟性并存。

(2) 实时性与预测性并存。

(3) 合作性与竞争性并存。

(4) 个性化与大众化并存。

(5) 安全性和开放性并存。

(6) 信誉与服务水平并存。

**3. 现代物流对电子商务的影响**

(1) 物流是电子商务概念模型的基本要素。

(2) 物流是电子商务的重要组成部分。

(3) 物流是电子商务的支点。

(4) 物流是电子商务所具优势正常发挥的基础。

(5) 物流是实施电子商务的关键。

(6) 物流是电子商务中实现"以顾客为中心"理念的根本保证。

(7) 物流是实现电子商务跨区域物流的重点。

(8) 我国物流现状已成为电子商务发展的瓶颈。

**4. 电子商务对物流的影响**

(1) 电子商务为物流创造了一个虚拟性的运动空间。

(2) 电子商务将改变物流企业对物流的组织和管理。

(3) 电子商务将改变物流企业的竞争状态。

(4) 电子商务将促进物流基础设施的改善。

(5) 电子商务将促进物流技术的进步。

(6) 电子商务将促进物流管理水平的提高。

(7) 电子商务可使物流实现网络的实时控制。

**5. 电子商务物流管理**

简单地说,电子商务物流管理就是研究应用电子商务物流活动规律,对电子商务物流活动全过程、各环节和各方面所进行的计划、组织、指挥、协调、控制和决策等。

**6. 电子商务物流管理的职能**

(1) 计划职能。

(2) 组织职能。

(3) 协调职能。

(4) 控制职能。

(5) 激励职能。

(6) 决策职能。

**7. 电子商务时代物流管理的趋势**

(1) 由顾客服务转向关系管理。

(2) 由对立转向联合。

(3) 由预测转向终测。

(4) 由功能整合转向程序整合。

(5) 由垂直整合转向虚拟整合。

(6) 由信息保密转向信息分享。

(7) 完善对物流科学的研究。

## 第3章 电子商务物流模式

**1. 电子商务物流模式**

(1) 企业自营物流模式。

(2) 第三方物流模式。

(3) 物流联盟模式。

(4) 第四方物流模式。

(5) 物流一体化模式。

**2. 企业自营物流的条件**

(1) 业务集中在企业所在城市，送货方式比较单一。

(2) 拥有覆盖面很广的代理店、分销店、连锁店，而企业业务又集中在其覆盖范围内。

(3) 对于一些规模比较大、资金比较雄厚、管理能力强的企业，比较适合自营物流；

(4) 物流对企业具有非常重要的战略地位。

**3. 第三方物流**

第三方物流(Third-Party Logistics，3PL)是由供方和需方以外的物流企业提供物流服务的业务模式。具体来说，是指由物流的实际需求方(第一方)和物流的实际供给方(第二方)之外的第三方部分或者全部利用第三方的资源通过合约向第一方提供的物流服务，因此也称合同物流、契约物流。

**4. 第三方物流的特征**

(1) 第三方物流是合同导向的一系列服务。

(2) 第三方物流是个性化物流服务。

(3) 第三方物流建立在现代信息技术基础上。

(4) 第三方物流企业与用户企业是联盟关系。

**5. 第三方物流的优势**

(1) 企业集中精力于核心业务。

(2) 灵活运用新技术，实现以信息换库存，降低成本。

(3) 减少固定资产投资，加速资本周转。

(4) 提供灵活多样的顾客服务，为顾客创造更多的价值。

**6. 企业选择第三方物流的依据**

(1) 物流对企业成功的影响度和企业对物流的管理能力。

(2) 企业对物流控制力的要求。

(3) 企业产品自身的物流特点。

(4) 企业的规模和实力。

(5) 物流系统总成本。

**7. 物流联盟**

物流联盟是两个或者两个以上的经济组织为实现特定的物流目标而采取的长期联合与合作。换句话说，物流联盟是指在物流方面通过签署合同形成优势互补、要素双向或者多向流动、相互信任、共担风险、共享收益的物流伙伴关系。

**8. 物流联盟的优势**

(1) 大企业通过物流联盟可以迅速地开拓全球市场。

(2) 长期供应链关系发展成为联盟形式，有助于降低企业的风险。

(3) 企业(尤其是中小企业)通过物流服务提供商结成联盟，能有效地降低物流成本，提高企业竞争能力。

(4) 第三方物流企业通过联盟有利于弥补自己在业务范围内服务能力的不足。

**9. 物流联盟的组合方式**

(1) 纵向一体化，即垂直一体化，这种联盟方式是基于供应链一体管理的基础形成的，即从原材料到产品生产、销售、服务形成一条龙的合作关系。

(2) 横向一体化，即水平一体化，由处于平行位置的几个物流企业结成联盟，包括第三方物流。

(3) 混合模式，既有处于上下游位置的物流企业，也有处于平行位置的物流企业的加盟；

(4) 基于 Web 的动态联盟。

**10. 第四方物流**

第四方物流是一个调配和管理组织自身的及具有互补性服务提供商的资源、能力与技术，以此来提供全面的供应链解决方案的供应链集成商。

**11. 第四方物流的功能**

(1) 供应链管理功能，即管理从货主、托运人到用户、顾客的供应全过程。

(2) 运输一体化功能，即负责管理运输企业、物流企业之间在业务操作上的衔接与协调问题；

(3) 供应链再造功能，即根据货主或者托运人在供应链战略上的要求，及时改变或者调整战略战术，使其经常高效率地运作。

**12. 第四方物流的运作模式**

(1) 协同运作模式。

(2) 方案集成商模式。

(3) 行业创新者模式。

**13. 物流一体化**

物流一体化(Integrated Logistics)，是指以物流系统为核心，由生产企业、物流企业、销售企业、直至消费者的供应链整体化和系统化。

**14. 物流一体化的优势**

(1) 有利于重建产销关系，把生产与流通结合成为经济利益共同体，可扭转生产与流通行业的利益对立状况，形成生产与流通相互调控。

(2) 促使流通部门从共同利益出发，发挥“蓄水池”作用，协调产供销矛盾，平衡市场供应。

(3) 通过相互参股等形式，不仅优化社会资源配置，还可优化社会整体经济运作环境，使市场真正活起来，宏观调控更加有效和畅通。

## 第4章　电子商务物流系统

**1. 电子商务物流系统**

电子商务物流系统，是指在一定的空间和时间里，物流活动所需的机械、设备、工具、设施和线路等物质资料要素相互联系、相互制约的有机整体。

**2. 电子商务物流系统的基础设施**

(1) 物流设施。

物流设施是组织电子商务物流系统运行的基础物质条件，包括物流站场、物流配送中心、仓库等建筑物、公路、铁路、港口和机场等。

(2) 物流装备。

物流装备是保证电子商务物流系统运作的条件，包括仓库货架、进出库设备、加工设备、运输设备和装卸机械等。

(3) 物流工具。

物流工具是电子商务物流系统运行的物质条件,包括包装工具、维护保养工具、修理工具、清洁工具和办公设备等。

(4) 信息网络。

信息网络是物流企业掌握和传递物流信息的手段,根据所需信息水平的不同,包括通信设备及线路、传真设备、计算机及网络设备等;保证从订货到发货的信息流畅通无阻,把物流信息迅速、及时地反馈给采购部门、生产部门和营销部门,提高对客户要求的反应速度。

**3. 电子商务物流系统的特点**

(1) 功能集成化。

(2) 系统复杂化。

(3) 服务系列化。

(4) 手段现代化。

(5) 流程自动化。

(6) 组织网络化。

(7) 经营市场化。

(8) 目标分散化。

(9) 企业信息化。

(10) 管理法制化。

**4. 电子商务物流系统的设计要素**

(1) 所研究商品的品种、规格以及特殊的配送需求等。

(2) 商品数量的多少以及年度销售目标的规模和价格。

(3) 商品的流向以及各配送中心的销售量等。

(4) 服务水平、产品的配送速度和商品质量等。

(5) 时间以及不同的季度、月、周、日、时各种产品的销售量的波动和特点等。

(6) 物流成本。

**5. 电子商务物流系统的评价标准**

(1) 经济性。

经济性包括初始投资、每年的运营费用、直接或者间接的经济效益、投资回收期以及全员劳动生产率等。

(2) 可靠性。

可靠性包括电子商务物流系统各个环节的可靠性和整个系统的可靠性、技术的成熟程度、设备故障率和排除故障所需时间。

(3) 灵活性。

灵活性包括电子商务物流系统各环节与企业销售节奏相匹配的能力以及调整物流路线的可能性。

(4) 安全性。

安全性包括商品的安全和人员的安全以及在正常运行和紧急状态下的安全保障。

(5) 易操作性。

易操作性操作简单,不容易发生错误,只需要少量指令就可以使设备和整个系统投入运行。

(6) 可扩展性。

可扩展性,是指电子商务物流系统的服务范围和吞吐能力方面有进一步扩大的可能性。

(7) 劳动强度。

劳动强度,是指电子商务物流系统需要劳动力的数量以及可能引起的劳动者的劳动疲劳程度。

(8) 服务水平。

服务水平,是指电子商务物流系统对于顾客要求做出快速响应的能力。

(9) 敏感性。

敏感性,是指电子商务物流系统对于外界环境条件发生变动的敏感程度。

## 第5章 电子商务物流硬技术

**1. 条形码技术的优点**

(1) 输入速度快。

(2) 可靠性高。

(3) 采集信息量大。

(4) 灵活实用。

(5) 条形码标签易于制作。

**2. 射频识别技术**

射频识别技术(Radio Frequency Identification,RFID)是一种非接触的自动识别技术,其基本原理是利用射频信号和空间耦合(电感或者电磁耦合)或者雷达反射的传输特性,实现对被识别物体的自动识别。

**3. RFID技术的典型应用领域**

(1) 车辆自动识别治理。

(2) 高速公路收费及智能交通系统。

(3) 货物的跟踪、治理及监控。

(4) 仓储、配送等物流环节。

(5) 电子钱包和电子票证。

(6) 生产线产品加工过程自动控制。

(7) 动物跟踪和治理。

**4. 电子数据交换**

电子数据交换,是指按照同一规定的一套通用标准格式,将标准的经济信息,通过通信网络传输,在贸易伙伴的电子计算机系统之间进行数据交换和自动处理。由于使用EDI能有效地减少直到最终消除贸易过程中的纸面单证,因而EDI也被俗称为“无纸交易”。

**5. 电子数据交换的工作步骤**

(1) 买方标明要购买的货物的名称、规格、数量、价格和时间等,这些数据被输入采购应用系统,该系统的翻译软件制作出相应的EDI电子订单,这份订单被电子化后传递到卖方。

(2) 卖方的计算机接到订单后，EDI 软件把订单翻译成卖方的格式，同时自动生成一份表明订单已经收到的功能性回执。这份回执被电子化后传递到买方。

(3) 卖方也许还会产生并传递一份接收订单通知给买方，表示供货的可能性。

(4) 买方的计算机收到卖方的功能性回执以及接收订单通知后，翻译软件将它们翻译成买方的格式，这时订单被更新了一次。

(5) 买方根据订单的数据，产生一份电子的"了解情况"文件，并电子化传递到卖方。

(6) 卖方的计算机收到了买方的"了解情况"文件，把它翻译成卖方的格式，并核查进展情况。

## 第 6 章　电子商务物流软技术

### 1. 供应链管理

供应链管理，是指人们在掌握了供应链各环节内在规律和相互联系的基础上，利用管理的计划、组织、指挥、协调、控制和激励职能，对产品生产和流通过程中各个环节所涉及的物流、信息流、资金流以及业务流进行的合理调控，以期达到最佳组合和最高效率，通过前馈的信息流(如订货合同、采购订单等)和反馈的信息流(如提货单、完工报告等)将供应商、核心企业、直至消费者联成一个整体的管理模式。

### 2. 供应链管理的特点

(1) 供应链管理把所有的节点企业看做是一个整体，实现全过程的战略管理。

(2) 供应链管理是一种集成化的管理模式。

(3) 供应链管理提出了全新的库存观念。

(4) 供应链管理以最终客户为中心，这也是供应链管理的经营导向。

### 3. 供应链管理的步骤

第一步是企业资源计划(ERP)。

第二步是数据同步采集与实时分析，即 B2B、EAI、EIP 等。通过 B2B 的方式，把所有的数据采集回来，有了数据之后，才能去评估供应链到底做得好不好。

第三步开始做接单，即电子订单系统。

第四步是供应链规划。

第五步是所谓的电子采购系统(SRM)，包括采购订单的管理。

最后一步就是 VMI(Vendor Managed Inventory)，即供应商管理的库存。

### 4. 企业资源计划

企业资源计划(ERP)，是指利用计算机技术，把企业的物流、人流、资金流和信息流统一起来进行管理，把客户需要和企业内部的生产经营活动以及供应商的资源整合在一起，为企业决策层提供解决企业产品成本、提高作业效率和资金的运营情况一系列问题，使之成为能完全按用户需求进行经营管理的一种全新的行之有效的管理方法。

### 5. ERP 管理理念

(1) ERP 管理理念体现了对整个供应链资料进行有效管理的思想，实现了对整个企业供应链上的人、财、物等所有资源及其流程的管理。

(2) ERP 管理理念体现了精益生产、同步工程和敏捷制造的思想。面对激烈的竞争，企业需要运用同步工程组织生产和敏捷制造，保持产品高质量、多样化、灵活性，实现精益生产。

(3) ERP 管理理念体现事先计划与事中控制的思想，ERP 系统中的计划体系主要包括生产计划、物料需求计划、能力需求计划等。

(4) ERP 管理理念体现业务流程管理的思想，为提高企业供应链的竞争优势，必然带来企业业务流程的改革，而系统应用程序的使用也必须随业务流程的变化而相应调整。

**6. ERP 应用成功的标志**

(1) 系统运行集成化，软件的运作跨越多个部门。

(2) 业务流程合理化，各级业务部门根据完全优化后的流程重新构建。

(3) 绩效监控动态化，绩效系统能即时反馈以便纠正管理中存在的问题。

(4) 管理改善持续化，企业建立一个可以不断自我评价和不断改善管理的机制。

**7. 客户关系管理(Customer Relationship，CRM)的三层含义**

(1) CRM 体现为新态企业管理的指导思想和理念。

(2) CRM 是创新的企业管理模式和运营机制。

(3) CRM 是企业管理中信息技术，软、硬件系统集成的管理方法和应用解决方案的总和。

**8. 实施 CRM 的主要步骤**

(1) 确立业务计划。

(2) 建立 CRM 员工队伍。

(3) 评估销售和服务过程。

(4) 明确实际需求。

(5) 选择供应商。

(6) 开发与部署。

**9. 有效客户反应**

有效客户反应(Efficient Consumer Response，ECR)系统，是指为了给消费者提供更高利益，以提高商品供应效率为目标，广泛应用信息技术和沟通工具，在生产厂商、批发商和零售商相互协作的基础上而形成的一种新型流通体制。

**10. 快速反应**

快速反应(Quick Response，QR)是供应链成员企业之间建立战略合作伙伴关系，利用 EDI 等信息技术进行信息交换与信息共享，用高频率、小数量配送方式补充商品，以实现缩短交货周期、减少库存、提高顾客服务水平和企业竞争力为目的的一种供应链管理策略。

**11. QR 实施的三个阶段**

(1) 对所有的商品单元条码化，利用 EDI 传输订购单文档和发票文档。

(2) 增加内部业务处理功能，采用 EDI 传输更多的文档，如发货通知、收货通知等。

(3) 与贸易伙伴密切合作，采用更高级的策略(如联合补库系统等)，以对客户的需求作出迅速的反应。

**12. 成功实施 QR 的条件**

第一，改变传统的经营方式、企业经营意识和组织结构。

第二，开发和应用现代信息处理技术。

第三，与供应链各方建立战略伙伴关系。

第四,改变传统的对企业商业信息保密的做法。

第五,供应方必须缩短生产周期,降低商品库存。

**13. QR 与 ECR 的差异**

(1) 侧重点不同。

QR 侧重于缩短交货提前期,快速响应客户需求;ECR 侧重于减少和消除供应链的浪费,提高供应链运行的有效性。

(2) 管理方法的差别。

QR 主要借助信息技术实现快速补发,通过联合产品开发缩短产品上市时间;ECR 除新产品快速有效引入外,还实行有效商品管理、有效促滚动。

(3) 适用的行业不同。

QR 适用于产品单位价值高、季节性强、可替代性差、购买频率低的行业,ECR 适用于产品单位价值低、库存周转率高、毛利少、可替代性强、购买频率高的行业。

(4) 改革的重点不同。

QR 改革的重点是补货和订货的速度,目的是最大限度地消除缺货,并且只在商品需求时才去采购;ECR 改革的重点是效率和成本。

**14. QR 与 ECR 的共同特征**

(1) 贸易伙伴间商业信息的共享。

(2) 商品供应方进一步涉足零售业,提供高质量的物流服务。

(3) 企业间订货、发货业务全部通过 EDI 来进行,实现订货数据或者出货数据的传送无纸化。

**15. 准时制生产**

准时制生产,是指在所需要的时刻,按照所需要的数量生产所需要的产品(或者零部件)的生产模式。准时制生产的目的是加速半成品的流转,将资金的积压减少到最低的限度,从而提高企业的生产效益。

**16. 电子订货系统**

电子订货系统(Electronic Ordering System,EOS)是指将批发、零售商场所发生的订货数据输入计算机,即通过计算机通信网络连接的方式将资料传送至总公司、批发商、商品供货商或者制造商处。

**17. EOS 系统的特点**

(1) 商业企业内部计算机网络应用功能完善,能及时产生订货信息。

(2) POS 与 EOS 高度结合,产生高质量的信息。

(3) 满足零售商和供应商之间的信息传递。

(4) 通过网络传输信息订货。

(5) 信息传递及时、准确。

(6) EOS 是许多的零售商和供应商之间的整体运作系统,而不是单个零售店和单个供应商之间的系统。

**18. EOS 的操作流程**

(1) 在零售店的终端利用条码阅读器获取准备采购的商品条码,并在终端机上输入订货资料,利用电话线通过调制解调器传到批发商的计算机中。

(2) 批发商开出提货传票,并根据传票开出拣货单,实施拣货,然后根据送货传票进行商品发货。

(3) 送货传票上的资料变成零售商店的应付账款资料和批发商的应收账款资料,并接到应收账款的系统中去。

(4) 零售商对送到的货物进行检验后就可以陈列出售了。

**19. 销售时点信息系统**

销售时点信息(Point of Sale,POS)系统,是指通过自动读取设备(如收银机)在销售商品时直接读取商品销售信息(如商品名、单价、销售数量、销售时间、销售店铺和购买顾客等),并通过通信网络和计算机系统传送至有关部门进行分析加工以提高经营效率的系统。

**20. 自动补货系统**

自动补货系统(Continuous Replenishment Program,CRP)是一种库存管理方案,是以掌握销售信息和库存量作为市场需求预测和库存补货的解决方法,由销售信息得到消费需求信息,供应商可以更有效地计划、更快速地反应市场变化和用户需求。

## 第 7 章　电子商务企业的运营战略

**1. 网上商店的五个特点**

(1) 缩短了企业开展电子商务的周期,也减少了前期的资金投入。

(2) 简化了开展电子商务的复杂过程。

(3) 增加了网上展示产品的窗口。

(4) 可以直接获得网上销售收入而不仅仅是进行产品宣传。

(5) 网上商店的经营不需要太多的专业知识,便于进行管理和维护。

**2. 网上商店的种类**

(1) 综合商城。

(2) 百货商店。

(3) 垂直商店。

(4) 复合品牌店。

(5) 轻型品牌店。

(6) 服务型网店。

(7) 导购引擎型。

**3. 电子支付**

电子支付,是指单位、个人(以下简称客户)直接或授权他人通过电子终端发出支付指令,实现货币支付与资金转移的行为。

**4. 电子支付的特征**

(1) 电子支付采用现代技术通过数字流转来完成支付信息传输,支付手段均是数字信息;而传统的方式则是通过现金的流转、票据的转让以及银行转账等实体形式的变化实现的。

(2) 电子支付是基于开放的系统平台(即互联网)的,而传统支付则在较为封闭的环境中(银行专网)进行。

(3) 电子支付使用最先进的通信手段,因此对软、硬件的要求很高;而传统的支付方式对于技术的要求不如电子支付的高,且多为局域网络,无须连入互联网。

(4) 电子支付具有方便、快捷、高效、经济的优势。电子支付可以完全突破时间和空间的限制,可以满足 24/7(每天 24 小时,每周 7 天)的工作模式,其效率之高是传统的支付方式望尘莫及的,而支付费用仅相当于传统支付的几十分之一,甚至几百分之一。

**5. 电子支付方式的分类**

按照电子支付指令发起方式的不同,电子支付可分为网上支付、电话支付、移动支付、销售点终端支付、自动柜员机交易和其他电子支付。

**6. 电子现金**

电子现金(Electronic Cash)又称数字现金,是一种以电子数据形式流通的能被客户和商家普遍接受的,在通过互联网购买商品和服务时使用的货币。电子现金是一种隐形货币,表现为由现金数值转换成为一系列的电子加密序列数,通过这些序列数来表示现实中各种金额的币值。

**7. 电子钱包**

所谓电子钱包,英文为 E-Wallet 或者 E-Purse,它是一个客户用来进行安全网络交易特别是安全网络支付并储存交易记录的特殊计算机软件或者硬件设备,如同生活中随身携带的钱包一样,特别在涉及个体的、小额网上消费的电子商务活动中,其应用起来很方便而又具有效率。

**8. 电子支票**

所谓电子支票,英文一般描述为 E-Check,也称数字支票,是客户向收款人签发的、无条件的数字化支付指令,它可以通过计算机网络来完成传统支票的所有功能,即将传统支票的全部内容电子化和数字化,形成标准格式的电子版,借助计算机网络(Internet 与金融专网)完成其在客户之间、银行与客户之间以及银行与银行之间的传递与处理,从而实现银行客户间的资金支付结算。简单地说,电子支票就是传统纸质支票的电子版。

**9. 移动电子商务**

移动电子商务就是利用手机和 PDA 等无线终端进行的 B2B、B2C 或者 C2C 的电子商务。移动电子商务将互联网、移动通信技术、短距离通信技术及其他技术完美地进行结合,使人们可以在任何时间、任何地点进行各种商贸活动,实现随时随地的线上线下购物与交易、在线电子支付以及各种交易活动、商务活动、金融活动和相关的综合服务活动等。

## 第 8 章 物流企业的电子商务化战略

**1. 快递业**

所谓快递业,是指承运方通过铁路、公路和航空等交通方式,运用专用工具、设备和应用软件系统,对国内、国际及港澳台地区的快件揽收、分拣、封发、转运、投送、信息录入、查询、市场开发、疑难快件进行处理,以较快的速度将特定的物品运达指定地点或者目标客户手中的物流活动。

**2. 电子商务物流配送**

电子商务物流配送,是指物流配送企业采用网络化的计算机技术和现代化的硬件设备、软件系统以及先进的管理手段,针对客户的需求,根据客户的订货要求,进行一系列分类、编码、整理、配货等理货工作,按照约定的时间和地点将确定数量和规格要求的商品传递到客户的活动以及过程。

**3. 电子商务物流配送模式的优势**

(1) 能够实现货物的高效配送。

(2) 能够实现配送的适时控制。

(3) 物流配送过程得到了简化。

**4. 推动我国电子商务物流配送发展的对策**

(1) 完善适应电子商务需要的物流配送基础设施。

(2) 加强对电子商务物流配送体系建设的支持力度。

(3) 加强软、硬件建设,提高电子化、集成化管理水平。

(4) 大力培育高层次的电子商务物流配送人才。

**5. 城市物流**

城市物流(Urban Logistics),是指为城市服务的物流,它服务于城市经济发展的需要,即物品在城市内部的实体流动、城市与外部区域的货物集散以及城市废弃物清理的过程,并存在不同的模式、体系和存在形态,和其他形式的物流有一定的区别。

**6. 基于电子商务下的城市物流配送中心系统的构建步骤和内容**

(1) 城市物流配送中心建设项目的立项。

(2) 确定城市物流配送中心总体规模。

(3) 城市物流配送中心的选址。

(4) 城市物流配送中心内部布局的设计。

(5) 城市物流配送中心内部设施的构造。

(6) 城市物流配送中心信息系统的设计。

**7. 电子商务物流成本**

电子商务物流成本,是指在进行电子商务物流活动过程中所发生的人力、财力和物力耗费的货币表现,是衡量电子商务物流经济效益高低的一个重要指标。

**8. 电子商务物流成本控制途径**

(1) 从物流运作全过程的视点来降低物流成本。

(2) 借助于现代信息系统的构筑来降低物流成本。

(3) 通过效率化的配送来降低物流成本。

(4) 通过不断与客户沟通协调来降低物流成本。

(5) 通过削减退货来降低物流成本。

(6) 通过采用第三方物流来降低物流成本。

**9. 网络营销**

网络营销(Electronic Marketing)是企业整体营销战略的一个组成部分,是借助于互联网、电脑通信技术和数字交互式媒体来实现营销目标的一种营销方式,包括网络调研、网络促进和网络销售等一系列营销活动。

# 参考文献

1. 周长青. 电子商务与物流[M]. 北京：北京大学出版社，2006.
2. 张文杰. 电子商务下的物流管理[M]. 北京：清华大学出版社，2003.
3. 陈汉文. 电子商务物流[M]. 北京：机械工业出版社，2005.
4. 王之泰. 现编现代物流学[M]. 北京：首都经济贸易大学出版社，2004.
5. 赵静，陈旭东. 电子商务原理与应用[M]. 北京：北京大学出版社，2010.
6. 何倩茵. 物流案例与实训[M]. 北京：机械工业出版社，2004.
7. 屈冠银. 电子商务物流管理[M]. 北京：机械工业出版社，2007.
8. 刘萍. 电子商务物流[M]. 北京：电子工业出版社，2005.
9. 张铎. 电子商务与现代物流[M]. 北京：北京大学出版社，2002.
10. 郑承志. 电子商务与现代物流[M]. 大连：东北财经大学出版社，2006.
11. 金锡万. 物流管理信息系统[M]. 广州：东南大学出版社，2006.
12. 付淑文. 物流成本管理[M]. 北京：人民邮电出版社，2011.
13. 林自葵. 物流信息系统[M]. 北京：北京交通大学出版社，2004.